高职高专汽车专业"十三五"教材

混合动力汽车构造原理与检修

赵振宁 邱 洁 刘凤珠 编
李春明 主 审

机械工业出版社

《混合动力汽车构造原理与检修》包括丰田、本田、大众、上汽等混合动力汽车技术，主要介绍了第三代混合动力技术，内容包括混合动力汽车简介、劳动安全和作业流程、米勒发动机诊断、电池管理系统（BMS）检修、高压配电箱诊断、电机及电机逆变器诊断、混合动力控制系统检修、DC/DC变换器诊断、线控换档模块、奥迪Q5和大众途锐混合动力汽车技术；书后附有第三代丰田普锐斯部分关键电路图（彩插）。本书配有视频微课二维码。

本书可作为高职高专学校新能源汽车技术、汽车检测与维修等专业教材，也可供相关专业工作的技术人员学习参考。

本书配备教学课件，选用本书作为教材的教师可在机械工业出版社教育服务网（www.cmpedu.com）注册后免费下载，或添加客服人员微信获取（微信号码：13070116286）。

图书在版编目（CIP）数据

混合动力汽车构造原理与检修/赵振宁，邱洁，刘凤珠编．—北京：机械工业出版社，2019.1（2025.1重印）
高职高专汽车专业"十三五"教材
ISBN 978-7-111-61909-3

Ⅰ.①混… Ⅱ.①赵… ②邱… ③刘… Ⅲ.①混合动力汽车－构造－高等职业教育－教材②混合动力汽车－车辆修理－高等职业教育－教材 Ⅳ.①U469.7

中国版本图书馆CIP数据核字（2019）第021570号

机械工业出版社（北京市百万庄大街22号　邮政编码100037）
策划编辑：齐福江　　责任编辑：齐福江
责任校对：刘志文　　封面设计：陈　沛
责任印制：邓　敏
中煤（北京）印务有限公司印刷
2025年1月第1版第8次印刷
184mm×260mm・12.25印张・6插页・321千字
标准书号：ISBN 978-7-111-61909-3
定价：45.00元

凡购本书，如有缺页、倒页、脱页，由本社发行部调换
电话服务　　　　　　　　　　网络服务
服务咨询热线：010-88379833　　机 工 官 网：www.cmpbook.com
读者购书热线：010-68326294　　机 工 官 博：weibo.com/cmp1952
　　　　　　　　　　　　　　　教育服务网：www.cmpedu.com
封面无防伪标均为盗版　　　　　金　书　网：www.golden-book.com

前 言

  新能源汽车在现阶段主要是电动汽车,电动汽车包括油电混合动力汽车、纯电动汽车和燃料电池汽车三种。

  目前各学校的教具主要是针对第二代普锐斯混合动力汽车开发的,而在实际工作中,第三代普锐斯混合动力汽车已在我国销售近10年,所以编写第三代普锐斯混合动力汽车构造原理与检修,以适应现在汽车技术发展的需要已迫在眉睫。

  德国和日本两国混合动力汽车技术差异很大,技术含量不尽相同,加之作者水平有限,难免会有错漏之处,希望读者不吝指正。本教材由"百慕大汽车(bmdcar.com)"提供讲解视频和后台制作的资源,加QQ群763791638了解更多。

  本书为机械工业出版社高职高专汽车专业"十三五"教材。本书编写分工:邱洁编写第1、2章,刘凤珠编写第9、10章,其他章节由长春汽车工业高等专科学校教师赵振宁编写。本书由长春汽车工业高等专科学校校长李春明主审,在此表示感谢。

  未经作者同意,严禁对本书内容进行部分复制和传播,否则追究法律责任。

  谨将此书献给多年来帮助作者的各界朋友及广大读者。

赵振宁

CONTENTS 目 录

前 言

第一章 混合动力汽车简介 ·· 1

第一节 混合动力汽车发展历史 ·· 1
第二节 混合动力汽车定义和分类 ·· 5
第三节 混合动力汽车的动力提升 ·· 9
第四节 典型混合动力汽车结构 ·· 11

第二章 混合动力汽车使用和维护劳动安全 ··· 25

第一节 汽车使用 ··· 25
第二节 维护劳动安全 ·· 27

第三章 米勒发动机系统 ··· 36

第一节 操作前注意事项 ·· 36
第二节 系统原理图和症状表 ·· 38
第三节 米勒发动机系统诊断与维修 ··· 45
第四节 米勒发动机诊断 ·· 72
第五节 米勒发动机系统示波诊断 ··· 76

第四章 电池管理系统 ··· 81

第一节 主要零部件位置 ·· 81
第二节 电池管理系统检修 ·· 86

第五章 高压配电箱诊断与检修 ··· 95

第六章 电机系统诊断与检修 ··········· 101

第一节 普锐斯逆变器概述 ··········· 101
第二节 电机传感器诊断与检修 ··········· 104
第三节 电机/逆变器冷却系统诊断与维修 ··········· 107

第七章 动力管理系统 ··········· 109

第一节 混合动力汽车主要部件 ··········· 109
第二节 动力管理系统检查及操作注意事项 ··········· 114
第三节 动力管理系统的基本操作及主要故障 ··········· 116

第八章 DC/DC 变换器的诊断与检修 ··········· 127

第一节 增压 DC/DC 变换器的诊断与检修 ··········· 127
第二节 降压 DC/DC 变换器的诊断与检修 ··········· 128

第九章 线控换档模块 ··········· 131

第一节 选档和换档控制 ··········· 131
第二节 驻车制动控制 ··········· 134

第十章 奥迪 Q5 混合动力汽车技术特点 ··········· 137

第一节 奥迪 Q5 混合动力汽车简介 ··········· 137
第二节 奥迪 Q5 混合动力汽车动力系统 ··········· 139
第三节 奥迪 Q5 混合动力汽车转向和制动系统 ··········· 143
第四节 奥迪 Q5 混合动力汽车电气系统 ··········· 145
第五节 奥迪 Q5 混合动力汽车电机 ··········· 153
第六节 奥迪 Q5 混合动力汽车空调 ··········· 155
第七节 奥迪 Q5 混合动力汽车高压系统 ··········· 157
第八节 奥迪 Q5 混合动力汽车显示和操纵单元 ··········· 163

第九节　售后服务和车间设备 …………………………………………… 168

第十一章　大众途锐混合动力汽车技术特点 ………………………………… 172

第一节　途锐混合动力汽车系统简介 …………………………………… 172
第二节　途锐混合动力汽车动力机械装置 ……………………………… 177
第三节　途锐混合动力汽车 12V 电源系统 ……………………………… 182
第四节　途锐混合动力汽车电动空调 …………………………………… 182
第五节　途锐混合动力汽车第二冷却系统 ……………………………… 184
第六节　自动离合器和电动真空泵 ……………………………………… 185
第七节　途锐混合动力汽车电路和修理工具 …………………………… 187

参考文献 …………………………………………………………………………… 190

附录　第三代丰田普锐斯电路图（节选） ……………………………… 见书后插页

第一章 混合动力汽车简介

> **情境引入**

20岁的汽车专科学生小林毕业后不想长期从事劳动密集型工作,他认为劳动密集型工人的工作很容易被他人或机械替代,为自己以后的发展打算从事技术密集型工作。他自知技术,特别是现在学的新能源汽车技术非常有前途,因此下定决心,努力学习好本学科。

他想:"如果我见到一辆油电混合动力汽车,怎么能看出它与同类车型的区别是什么呢,各自优点和缺点又是什么呢。"

> **学习目标**

1. 纯电动汽车和油电混合动力汽车的定义。
2. 油电混合动力汽车分类及构型图。
3. 微混型、轻混并联型、中混并联型、重混混联型、混合动力汽车的构型。
4. 重混混联型混合动力汽车丰田普锐斯的工作过程。

第一节 混合动力汽车发展历史

今天的混合动力汽车,被视作由传统内燃机汽车发展到未来纯电动汽车的中间形态,但在汽车发展史上,第一辆混合动力汽车却是出现在纯电动汽车诞生后的近20年。令人惊讶的是,它所采用的工作原理,直到今天仍被用于最新型的混合动力汽车甚至概念车上。

混合动力汽车的历史要追溯到1900年,世界第一辆混合动力汽车"罗尼尔-保时捷"在当年诞生。它的设计师是25岁的费迪南德·保时捷,这个年轻人未来将作为第一代大众甲壳虫的设计师、保时捷品牌的开创者而扬名天下。但1900年时,他只是位于维也纳的雅各布·罗尼尔公司的一位重要雇员,这是他的第一份工作。这家公司原本是一家豪华马车制造商,从19世纪末开始生产电动汽车。

在"罗尼尔-保时捷"上,费迪南德采用了串联式混合动力,由汽油内燃机为发电机提供能量,安装在前轮内的两个轮毂电机提供驱动力(图1-1),最大功率为7.355~10.297kW。今天的雪佛兰Volt就采用了这种汽油机驱动发电机的形式,而轮毂电机驱动则被近来很多纯电动概念车所使用。"罗尼尔-保时捷"有双座和四座两种车身形式,也有以蓄电池为能量源的纯电动型号,在此基础上费迪南德还开发出装备4个轮毂电机的四驱车型。

这辆充满灵感的轿车在1900年的巴黎世界博览会上大出风头,受到媒体广泛关注,但并未对其市场推广有什么帮助。"罗尼尔-保时捷"售价高达15000奥匈帝国克朗,而同期最贵的 5.884kW 奔驰 Velo 售价才 5200 德国马克，前者售价是后者的 2.6 倍。虽然在 20 世纪初也有汽油价格上涨现象，但受益者更多是早期电动汽车。作为市内交通工具，纯电动汽车曾在 19 世纪末到 20 世纪 10 年代风行一时，直到 20 世纪 20 年代欧美城际公路网逐渐形成，电动汽车"腿短"的缺点越来越明显（这也是同期蒸汽车被淘汰的原因之一）后才渐渐淡出人们的视野。

图 1-1　保时捷博物馆复原的罗尼尔 - 保时捷 Semper Vivus

在混合动力技术的奠基者中，还应该记住的一个名字是亨利·皮珀，一位德国工程师和发明家。他在 1902 年左右发明了并联式混合动力，甚至开发出了配套的早期动力管理系统。亨利·皮珀将这一成果授权一家比利时汽车公司 Auto - Mixed 生产，在 1906 年到 1912 年推出一系列车型，如 2.574kW 的 Voiturette。但在亨利·皮珀去世后 Auto - Mixed 被另一家公司收购。

在 1915 年，大西洋另一边的北美大陆上也出现了一家颇具超前性的汽车制造商：欧文·麦哥尼茨（Owen Magnetic）。这家公司专门生产混合动力车型，采用串联式混动。在 1916 年纽约车展上 Owen Magnetic 的 6 缸混合动力车型首次与公众见面（图 1-2），由于主顾中包括一些世界闻名的男高音歌唱家，如爱尔兰的约翰·麦考马克和意大利的恩里克·卡鲁索，这个品牌很快就变得广为人知，可以说是早期"明星营销"的成功典范之一。Owen Magnetic 一直生产到 1921 年，它们的最后一款产品是 Model 60 Touring（图 1-3）。

图 1-2　1916 年 Owen Magnetic 混合动力汽车

图 1-3　1921 年 Owen Magnetic Model 60 Touring

在同一时期，另一家电动汽车制造商，芝加哥的伍兹汽车公司也开始生产混合动力车型。1916 年伍兹公司宣称它们的混合动力汽车最高时速可以达到 56km，百千米油耗 4.9L。但与烧汽油的对手相比，混合动力汽车始终存在价格昂贵和动力偏弱的问题，很快被淹没在汽油机汽车的汪洋大海中。以 1913 年美国市场为例，电动汽车加混合动力汽车共销售了 6000 辆，而采用汽油内燃机的福特 T 型车销售了 182809 辆。从 20 世纪 20 年代开始，混合动力汽车进入了一个近 40 年的静默期。

1966 年美国国会通过的一项议案，拂去了电动和混合动力汽车身上的尘埃。为了减轻日益严重的空气污染,这项议案提倡使用电动汽车。1969年,通用汽车推出了它们的应对之策——512系列混合动力实验车。GM 512甚至比微型车还小(图1-4),更像个玩具,只能乘坐2人,后置后驱布局。这款车采用了一套并联式混合动力系统,速度在16km/h以内由电机驱动,16~21km/h为电机和两缸汽油内燃机共同工作,21km/h以上为汽油机单独提供动力,最高车速为64km/h。这种玩具般小车在当时的交通环境里基本没有实际意义,因此有批评者认为通用并不愿意亲手终结盈利颇丰的传统汽车产业,只是用512来缓解对降低空气污染的舆论压力。

但1973年,影响全球范围的第一次石油危机再次将电动和混合动力汽车推到聚光灯下,比起作用缓慢的空气污染,钱包变薄问题更迫在眉睫。到1979年,通用汽车在电动汽车项目上花了2000万美元,并乐观地估计到20世纪80年代中期就可以投入量产,直接跳过混合动力的过渡阶段。丰田在1977年也推出了一款混合动力概念车(图1-5) Sports 800 Hybrid,采用燃气轮机+电机的并联形式。

图1-4　1969年通用的微型混合动力试验车512

图1-5　1977年丰田混合动力试验车

进入20世纪80年代后,各大汽车制造商都在进行新能源领域的尝试,奥迪于1989年展出了在奥迪100 Avent Quattro基础上研发的Duo实验车(图1-6),由9.267kW的电机驱动后轮,能量来自可充电的镍镉电池,100.028kW的2.3L 5缸汽油机驱动前轮。奥迪Duo的尝试一直持续到1997年,基于A4 Avent的第三代Duo正式量产(图1-7),使奥迪成为第

图1-6　1989年奥迪第一代混合动力实验车Duo

图1-7　1997年基于A4 Avent的第三代Duo正式量产

一家生产现代混合动力汽车的欧洲厂商,但这款车型并未得到市场认可而最终停产。宝马则在 1991 年推出了电动概念车 E1(图 1-8),同年日产也发布了它们的电动概念车 FEV(Future Electric Vehicle)(图 1-9),并在 1995 年发布了第二代 FEV(图 1-10)

图 1-8　1991 年宝马电动概念车 E1

图 1-9　日产 1991 年推出第一代 FEV 概念车

20 世纪 90 年代中期,苦心钻研的通用终于修成正果,世界上第一辆现代意义上的量产电动汽车 EV1 在 1996 年上市(图 1-11)。但它短暂的生命似乎证明了电动汽车的生不逢时。EV1 的兄弟,纯电动的雪佛兰紧凑型皮卡 S-10 EV 甚至比它还短命,生产仅 1 年便停产。与 S-10 EV 同样命运的还有福特 Ranger EV,在 4 年的生命周期里仅制造了 1500 辆。

图 1-10　日产 1995 年第二代 FEV

图 1-11　1996 年诞生的 EV1

1996 年诞生的 EV1,在 4 年的生命周期里只生产了 1117 辆。福特在 1998 年也推出了纯电动皮卡 Ranger EV(图 1-12),到 2002 年停产共生产了 1500 辆。在 EV1 奋力求生的同时,1997 年第一代丰田普锐斯上市(图 1-13),只在日本市场发售,少量被出口到英国、澳大利亚和新西兰。迄今为止全球最畅销的混合动力汽车就此诞生,在第一年就卖出 1.8 万辆,而到 2011 年 3 月累计销量达到了 300 万辆。

在混合动力汽车的历史中,丰田普锐斯是一个重要标志。在经历了近百年风雨之后,混合动力汽车终于迎来了自己的春天。

目前世界上已经有 70 余种燃料电池汽车问世,在国外最热门、销量最大的新能源汽车就是混合动力汽车。

1997 年,第一款量产混合动力汽车普锐斯由丰田推向日本市场,当年售出 18000 辆。

1999 年，本田混合动力双门小车 Insight 在美国推出，受到好评。2007 年年底，美国权威机构 Autodata 的统计数据显示，2007 年 10 月美国混合动力汽车的销量与上一年相比，同期增长了 30 个百分点，销量为 24443 辆。混合动力车型甚至成了平淡的美国汽车市场的一大亮点：2007 年，美国市场销售混合动力车型超过 30 万辆。2007 年 5 月 17 日，丰田混合动力汽车全球累计销售突破 100 万辆。

图 1-12　福特在 1998 年推出的纯电动皮卡 Ranger EV

图 1-13　1997 年上市的第一代普锐斯

第二节　混合动力汽车定义和分类

一、混合动力汽车定义

"hybrid" 译为混合，车尾部标有 "hybrid" 字样的汽车即为混合动力汽车。混合动力汽车是个大的概念，范围较广，因为实用的混合动力汽车由内燃机和电机两种动力混合作为输出，所以称为油电混合汽车，本书的 "混合动力汽车" 仅特指油电混合动力汽车。

从能量源来看，"油" 可以代表汽油、柴油，甚至是天然气，"电" 是指以蓄电池、电容、储能飞轮三种形式储能，但三者储存的能量都来源于内燃机带动的发电机，即此时 "电也是油"。

二、油电混合动力汽车分类

（一）按串并联分类

传统的混合动力汽车分为串联式和并联式。1997 年后出现了一种同时具有串并联特征的混合动力汽车，称为混联式混合动力汽车。

1. 串联式

串联式混合动力汽车也称为 "增程式" 电动汽车。图 1-14 所示为串联式混合动力汽车基本结构和简化结构示意图，串联就是与车轮直接机械连接的仅是电机。串联式混合动力汽车的工作方式就是用传统内燃机直接通过发电机为电池充电，然后完全由电机提供的动力驱动汽车。其目的在于使内燃机长时间保持在最佳工作状态，从而达到减排的效果。具体说内燃机输出的机械能首先通过发电机转化为电能，转化后的电能一部分用来给蓄电池充电，另一部分经由电机和传动装置驱动车轮。和燃油车相比，这是一种内燃机辅助型的电动汽车，主要是为了增加车辆的行驶里程。由于在内燃机和发电机之间的机械连接装置中设有离合器，它有一定的灵活性。尽管传动结构简单，但它需要三个驱动装置：内燃机、发电机和电动机。如果串联混合型电动汽车设计时考虑爬长坡，应提供较大功率，三个驱动装置的尺寸就会较大。如果用作短途运行（如当通勤车用）或只是用于购物，相应的内燃机、发电机装置功率较低。这种形式的好处是内燃机可以不受行驶状态的影响，一直处于最佳工作状态，对于改善排放大有好处，但转换效率偏低。丰田曾经将这种串联形式应用在考斯特上，并进行了批量生产。

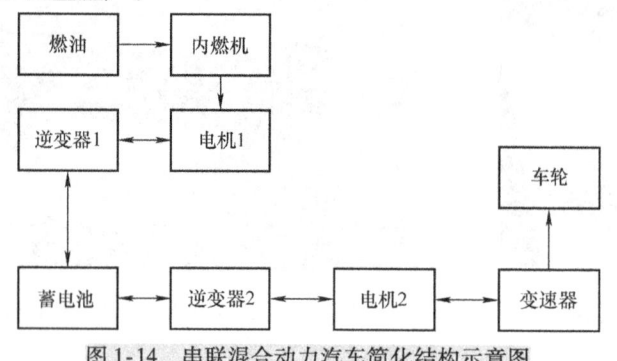

图 1-14 串联混合动力汽车简化结构示意图

图 1-14 微课

工作过程：

1）纯电动工况：蓄电池──→逆变器 2──→电机 2──→变速器──→车轮。
2）内燃机起动：蓄电池──→逆变器 1──→电机 1──→内燃机。
3）车辆原地发电：内燃机──→电机 1──→逆变器 1──→蓄电池。
4）行驶中串联：内燃机──→电机 1──→逆变器 1──→蓄电池──→逆变器 2──→电机 2──→变速器──→车轮。

2. 并联式

图 1-15 所示为并联式混合动力汽车示意图和简化结构。所谓并联式混合动力，就是说电机和内燃机并行排布，动力可以由两者单独提供或是共同提供。在并联混合动力系统中，电动机同时也是发电机，其作用是让内燃机尽量在最佳效率区间工作，从而达到节油的效果。并联混合动力汽车受电机和电池能力的限制，仍然要以内燃机为主要动力。但由于保留了常规汽车的动力传递形式，在效率上更高。

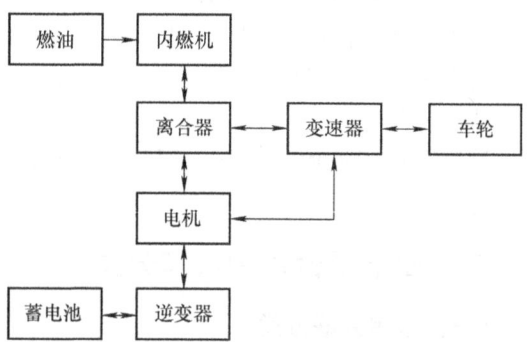

图 1-15 并联式混合动力汽车简化结构

并联式和串联式混合动力汽车的区别是，并联式混合动力汽车采用内燃机和电机两套独立的驱动系统驱动车轮。内燃机和电机通常通过不同的离合器来驱动车轮，可以采用内燃机单独驱动、电力单独驱动或者内燃机和电机混合驱动三种工作模式。从概念上讲，它是电力辅助型的燃油车，目的是为了降低排放和燃油消耗。当内燃机提供的功率大于驱动车辆所需的功率或者

图 1-15 微课

再生制动时，电机工作在发电机状态，将多余的能量充入电池。与串联式混合动力汽车相比，它只需两个驱动装置，即内燃机和电机，而且，在蓄电池放完电之前，如果要得到相同的性能，并联式混合动力汽车的内燃机和电机的体积要比串联式小。即使在长途行驶时，内燃机的功率可以达到最大，而电机的功率只需发出一半即可。

工作过程：

1）纯电动工况：蓄电池——→逆变器——→电机——→离合器（断开）——→变速器——→车轮。

2）内燃机起动：蓄电池——→逆变器——→电机——→离合器（接合）——→内燃机。

3）车辆原地发电：内燃机——→离合器（接合）——→电机——→逆变器——→蓄电池。

4）行驶中并联：第一路为内燃机——→离合器（接合）——→变速器——→车轮，第二路为蓄电池——→逆变器——→电机——→变速器——→车轮。

5）能量回收：车轮——→变速器——→电机——→逆变器——→蓄电池。

3. 混联式

图1-16所示为混联式混合动力汽车简化结构。混联形式结合了并联和串联两种形式的优点。其在并联的基础上，将发电机和电机分离开，这样电机在运转过程中也能进行充电，使车辆能以串联和并联两种形式工作。目前的混合动力汽车基本属于这种模式。具体说：混联式混合动力汽车在结构上综合了串联式和并联式的特点：与串联式相比，它增加了机械动力的传递路线；与并联式相比，它增加了电能的传输路线。尽管混联式混合动力汽车同时具有串联式和并联式的优点，但其结构复杂、成本高，不过，随着控制技术和制造技术的发展，现代混合动力汽车更倾向于选择这种结构。

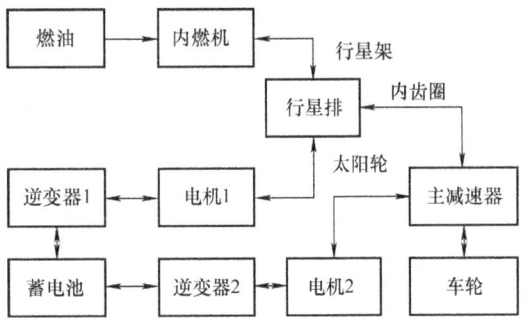

图1-16 混联式混合动力汽车简化结构

图1-16 微课

工作过程：

1）纯电动工况：蓄电池——→逆变器2——→电机2——→主减速器——→车轮。

2）内燃机起动：蓄电池——→逆变器1——→电机1——→行星排太阳轮（内齿轮固定或转动）——→行星架——→内燃机。

3）车辆原地发电：内燃机——→行星排内齿圈（内齿轮固定）——→太阳轮——→电机1——→逆变器1——→蓄电池。

4）行驶中串联：内燃机——→行星排内齿圈（内齿轮转动）——→太阳轮——→电机1——→逆变器1——→蓄电池——→逆变器2——→电机2——→主减速器——→车轮。

5）行驶中并联：内燃机——→行星排的行星架——→行星排内齿圈——→主减速器——→车轮，同时加上串联过程中电机2的输出。

（二）按照混合度分类

混合度指电机功率占动力系统总功率的百分比（动力系统总功率为蓄电池给电机的功率和发动机的功率和），分为微混、轻度混、中度混合、重度混合四种。

1. 微混

混合度小于等于5%的称为微混合动力,"微混"也称"停起"(Stop-Start)式。在交通拥堵的城市,可以实现节油率5%~10%。微混合动力车型的电机基本不具备驱动车辆的功能,一般是用作迅速起动发动机,实现停起功能。

例如Smart for two mhd就属于这种类型。优点是汽车结构改变很小、成本增加不多、易于实现;有可能成为乘用车的标准设置。主要缺点是当停车需要空调时,不起作用;推广"停起式"结构,需要提高公众的节能意识。学术界有人认为"停起式"算不上混合动力系统,这并不是因为混合度的问题,而是因为没有电机和发动机共同驱动的过程。

2. 轻混

混合度在5%~15%的为轻度混合动力。在这种类型中,发动机依然是主要动力,平时主要使用发动机动力,电机在汽车加速爬坡时提供辅助动力,同时具有制动能量回收和停起功能。

别克君越ECO-Hybrid属于这种混合类型。发动机排量可减少10%~20%,节油率可达到10%~15%;技术难度相对较小,成本增加也不多。

轻混合动力汽车的特性:车辆停止时,关闭发动机;起步和加速时电机起辅助发动机作用;减速/制动时,发动机依据传统电控发动机系统控制策略而执行断油模式,并将获得的再生制动能量充入蓄电池;技术结构较简单、成本低、应用广泛。

3. 中混

混合度在15%~40%的为中度混合动力,电机可以单独驱动汽车,其他与轻混相同。

4. 重混

混合度在40%以上的为重度混合动力。汽车起步、倒车和低速行驶时为纯电动行驶;在小负荷时串联,发动机驱动汽车;中负荷以发动机驱动为主;在大负荷或急加速时电机和发动机同时驱动汽车;具有制动能量回收和停起功能;电机的功率约为发动机功率的50%,节油率可达到30%~50%;技术难度较大,成本增加多。典型的车型是丰田普锐斯(Prius)。

(三)按能否外接电源进行充电分类

按能否外接电源进行充电,分为混合动力(Hybrid Electric Vehicle,HEV)和插电式混合动力(Plug-in Hybrid Electric Vehicle,PHEV)两种,如图1-17所示。

1. 混合动力系统(HEV)

混合动力系统(HEV)不能外接充电,蓄电池的电能下降到一定数值,比如60%时,由发动机工作带动高压发电机给蓄电池充电,这种充电大多数情况下是在发动机处于高效率工况时。

2. 插电式混合动力系统(PHEV)

插电式混合动力系统是根据欧美人驾车习惯而来,能外接充电,更有利于节能减排。国外研究机构根据资料统计得出结论,法国城镇居民80%以上日均驾车里程少于50km,美国汽车驾驶者也有60%以上日均行驶里程少于50km,80%以上日均行驶里程少于90km。因此,在车辆上安装一套大的电池组,使其电量足以撑过这一行程,就可以在大部分日常行驶中达到零排放。

插电式混合动力的特征是可由电能单独驱动,并配备一个大容量的可外部充电的蓄电池组,显著的特性是可通过停车场的380V或家庭220V交流电源进行充电,也可通过充电站

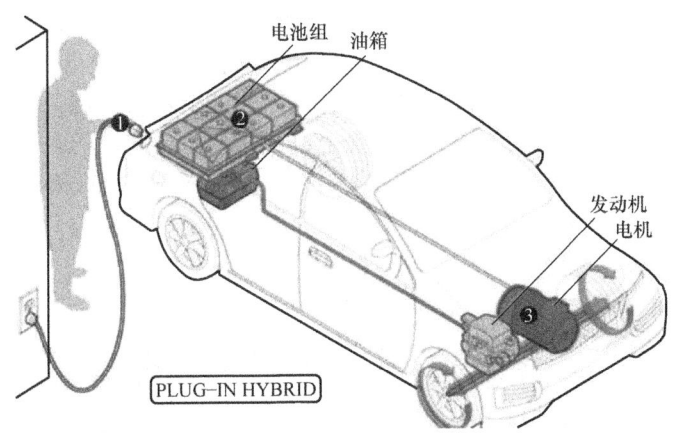

图 1-17 插电式混合动力示意图
1—充电插头 2—蓄电池组 3—电机

的直流充电桩进行快速充电。插电式混合动力汽车电机的功率接近发动机,可实现较长距离的纯电动行驶,电池容量依纯电动行驶里程来选定,电池成本增加较多,节油率在不计电能时最大可达到 100%。

第三节 混合动力汽车的动力提升

从汽车的发展来看,纯电动汽车是未来发展的终极方向(并不是要全部代替燃油车,至少在燃油完全枯竭前)。但就目前来看,电动汽车成本高、充电时间长和续驶里程偏短等因素仍阻碍着电动汽车产业的快速发展,因此从节能和环保两大主题出发的混合动力汽车便发展起来。

从技术上讲,混合动力汽车的纯电动工况就相当于纯电动汽车,要说区别就是混合动力汽车原则上不一定要充电,纯电动汽车必须要充电。

一、混合动力汽车的优势

下面简要介绍混合动力汽车为什么省油和环保。

1. 内燃机在设计上普遍是大马拉小车

汽车为保证其加速和爬坡性能,内燃机的最大功率选定约为车辆以 100km/h 在平路上行驶时需求功率的 10 倍,或者是在 6% 坡度上 100km/h 行驶时需求功率的 3~4 倍。传统汽车为了保证动力性,匹配了过大的内燃机,导致内燃机大部分时间以低负荷工作,出现"大马拉小车"的现象,这是内燃机低效率的主要原因之一。

为了节油,混合动力汽车内燃机采用了 DOWNSIZE 技术,即采用内燃机小排量的技术。

2. 内燃机和车轮间的直接机械连接关系使内燃机效率低

为适应驱动的需要,内燃机工作在变工况环境,所以效率从低到高变化很大,但平均效率仍然很低。

电机和内燃机混合驱动可以提高内燃机效率。原因是内燃机的效率虽很低,但永磁电机的发电和电动效率都在95%左右，混动过程中虽然有更多阶段的能量损失，但由于此时内燃机是在高效率工况下产生的能量，即使经过这些阶段的能量损失，最终也比传统内燃机更高。混合动力汽车利用内燃机在高效率区工作驱动汽车的同时也发出电能保存在蓄电池内，储存的能量会在内燃机进入低效率区域时发挥作用，比如低速时采用纯电动工况，中高速则采用内燃机工作发电的混合动力工况，急加速和高速采用电机电动的混合动力工况。

内燃机在中等转速时，一般汽车恒速在60~90km/h时内燃机效率最高，此时电机参与度下降。

3. 怠速工况耗油

混合动力汽车没有怠速工况，怠速时内燃机需要产生转矩以维持自身运转，基本不向外输出转矩，但这个最低转矩也很大。其次，内燃机转矩要以怠速转矩为基础，在一定范围内，随转速上升其输出转矩上升，这种特性不利于汽车行驶。而电机则在起动开始就能达到峰值转矩，根本不需要怠速。当电机转速上升时，输出转矩也随之降低，这种特性恰好适用于汽车低速大转矩、高速小转矩的动力需求。

4. 制动能量回收

传统汽车在制动过程中没有能量回收功能，而混合动力汽车有能量回收功能。

二、电机的工作特性

图1-18所示为电机在逆变器控制下的机械特性曲线，这是一条受控曲线，不仅与负载有关，还与逆变器的控制输出有关。图中，低速时转矩先大后小，同时电机最高转速时的转矩也不是很低，可以看出电机的机械特性比内燃机更适合驱动汽车。

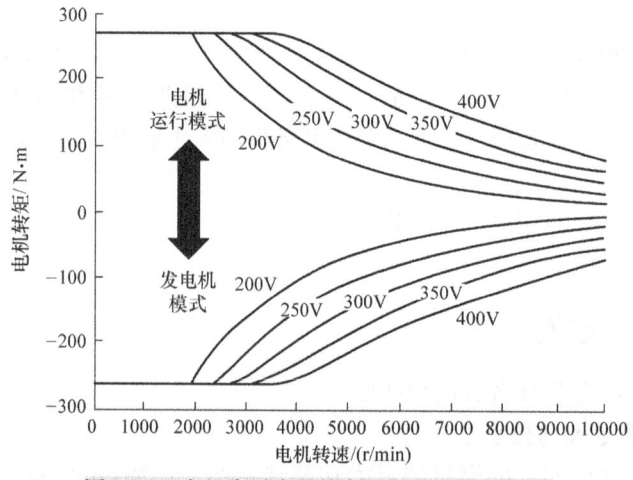

图1-18 电机在逆变器控制下的机械特性曲线

图1-18 微课

三、内燃机的工作特性

图1-19所示为奥迪车型电控直喷内燃机系统的机械外特性曲线，除了内燃机的升功率（接近75kW/L）大大提升外，同时在1800~5000r/min时都能输出最高转矩280N·m，这说明汽车在不同车速下都有良好的加速超车能力，这得益于涡轮增压和可变配气相位技术。

但是，图中800~1800r/min转速时转矩特性不适合汽车大转矩起步的需要，因此更多依赖变速器。

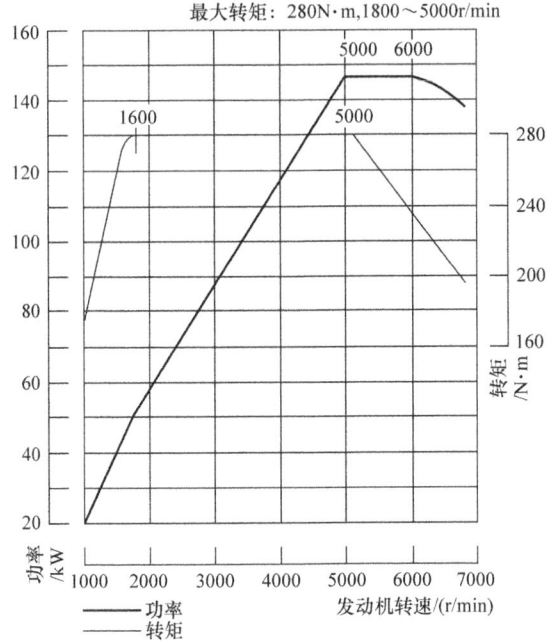

图 1-19 奥迪车型内燃机系统的机械外特性曲线

图 1-19 微课

第四节 典型混合动力汽车结构

一、微混型混合动力

传统燃油汽车的怠速停起功能有强化起动机起动和强化电动机/发电机（ISG）起动两种方式，但只有强化电动机/发电机起动这种类型才属于微混型。

1. ISG（Integrated Starter & Generator，集成起动/发电）电机

采用 36V（也称为 42V 系统）或更高电压的 ISG 电机也称 BSG（Belt Starter & Generator，带传动起动/发电技术）电机，是一种采用带传动方式进行油电混合，具备怠速停机和起动的弱（微）混合动力技术，如图 1-20 所示。若此电机有辅助加速功能就称为混合动力，若仅有起动和能量回收功能则不称为微混。

2. ISG 电机功能

ISG 电机是集成的具有起动机功能的发电机，将 ISG 电机放在传统汽车发电机的位置，通过 ISG 电机驱动带来驱动发动机曲轴帮助发动机实现停起或加速助力，也可利用此 ISG 电机在发动机小负荷时发电，但无法实现纯电驱动。

图1-20 带传动怠速停起系统

这种结构通常被称为 Belt Alternator Starter 或 Belt Starter Generator 系统，即 BAS 或 BSG 混合动力系统，注意只有电机的功率较大时才能称为轻混。

君越 BAS 混合动力系统结构如图 1-21 所示，包括起动机/发电机总成（Motor/Generator Unit，MGU）、起动机/发电机功率控制模块（Starter/Generator Control Module，SGCM）（也称逆变器）、36V 镍氢蓄电池组（Ni–MH）、12V 铅酸蓄电池。

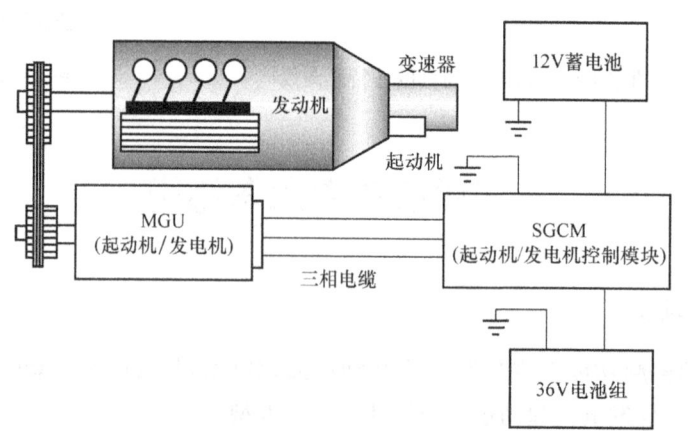

图1-21 君越 BAS 混合动力系统结构　　　　图1-21 微课

3. 工作过程

（1）燃油供给阶段

指发动机正常工作，消耗燃油。

（2）加速电机助力

当驾驶人踩下加速踏板比较深时，通过电机对车辆进行电动助力。

（3）智能充电阶段

指电机由发动机带动旋转，尽可能地在发动机小负荷工作过程中通过发电增加发动机负荷为电池组充电。

（4）减速断油阶段

指当车辆进入滑行阶段或停下来后，发动机燃油供应切断，在某些时候，为了保证转矩的平顺性，电机也将转动。

（5）再生制动阶段

指当车辆减速时，发动机停止供油，变矩器锁止，车辆带动发动机转动，电机此时作为发电机进行发电，相当于车辆的负载，对车辆有制动作用（类似于发动机制动），系统进入再生制动阶段。

二、轻混型混合动力

轻混型混合动力车辆主要功能有怠速停起、再生制动、辅助驱动、发电四种功能。

混合动力控制单元（Hybrid Control Unit，HCU）会根据驾驶人请求（加速踏板踏下深度）、电池箱能量存储单元的状态（能充许放出的电量）、电驱动系统状态（停车、行车）以及整车状态等控制 ISG 电机的工作模式，自动实现以上四种功能。

1. 主要组成及作用

奔驰 IGS 混合动力系统主要零部件如图 1-22 所示。由高压锂离子电池模块、电机功率模块、电机组成了电动助力系统；DC/DC 变换器为直流电压转换系统；转向系统采用了 HEPS 液压电动转向系统；功率控制器如电机控制器和 DC/DC 采用了双电动冷却循环泵的设计；制动系统采用了电动真空泵、真空助力器、ABS 控制单元配合电机实现再生制动；空调采用电控电动压缩机。

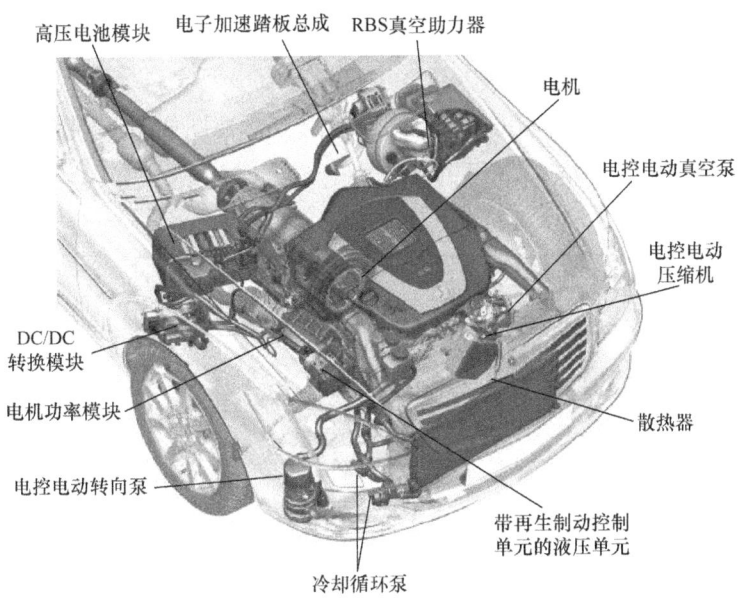

图 1-22 奔驰 ISG 混合动力系统主要零部件

其动力系统结构如图 1-23 所示由六缸发动机、电机、七速自动变速器、锂离子电池、功率控制模块、12V 交流发电机、DC/DC 变换器组成。

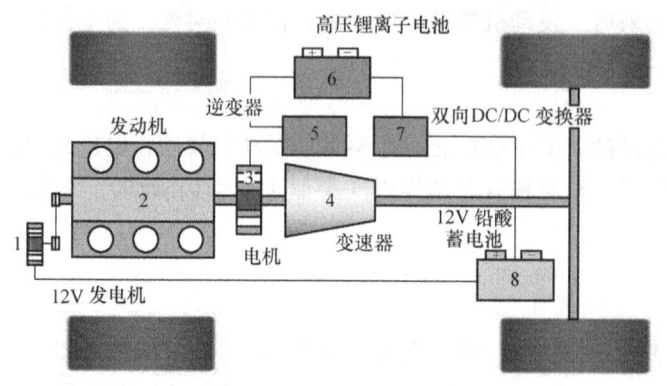

图 1-23　奔驰 400 的混合动力系统结构

图 1-23 微课

2. 工作过程

➢ 起动过程：高压锂离子电池 6 ──→逆变器 5 ──→电机 3 ──→发动机。

➢ 原地充电过程：发动机 2 ──→电机 3 ──→逆变器 5 ──→锂离子电池 6；同时双向 DC/DC7 变换器将高压锂离子电池电压降为 14V 为 12V 铅酸蓄电池 8 充电。

➢ 行驶中：发动机 2 ──→变速器输出──→车轮；这个过程中可以有充电过程。

➢ 高压应急起动：12V 铅酸蓄电池 8 ──→双向 DC/DC 变换器 7 ──→锂离子电池 6 ──→逆变器 5 ──→电机 3 ──→发动机 2。

12V 铅酸蓄电池仍保留传统汽车的发电机，目的是增加电气系统的可靠度。

三、串联式混合动力

1. 串联式混合动力基本结构

串联式混合动力汽车的化学能、电能、机械能传递示意图如图 1-24 所示。

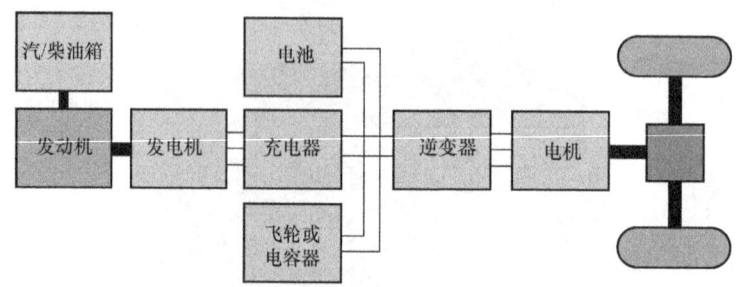

图 1-24　串联式混合动力汽车化学能、电能、机械能传递示意图

2. 沃蓝达（Volt）混动系统简介

（1）Volt 动力系统结构

美国通用公司的 Volt 增程式电动汽车于 2010 年 7 月在北美上市，是世界上首款量产增程式汽车。增程器由 1.4L 汽油发动机和永磁直流发电机组成。在 Volt 中，主驱动电机和发电机与行星齿轮机构集成设计，称之为 Voltec 系统。

两台电机之间通过行星齿轮机构驱动车辆。与前述基本结构不同的是，Volt 还包括两个离合器 C_1、C_2 和一个制动器 B。根据车辆不同的行驶模式，通过控制这些离合器和制动器使得发电机处于不同的工作状态。

(2) 工作模式

通用雪佛兰沃蓝达的化学能、电能、机械能传递过程参考图 1-25 所示。

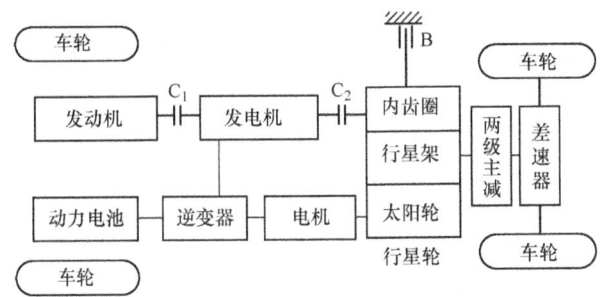

图 1-25　通用雪佛兰沃蓝达（Volt）的化学能、电能、机械能传递过程

图 1-25 微课

1）模式 1（低速纯电力驱动）。在该模式下，齿圈被制动器 B 锁止，而离合器 C_1 与离合器 C_2 均处于脱开状态。故而发电机与发动机以及行星轮均无接触，两者都不工作。太阳轮通过行星轮减速后将动力传输给行星轮架和输出轴驱动车轮，因而车辆仅由主驱动电机驱动。

2）模式 2（高速纯电力驱动）。随着车速提升，主驱动电机的转速也随之加快。考虑到保护主驱动电机 MG_2，为降低转速，就不再适合仅仅由单电机驱动。因此，这一模式被设计成离合器 C_1 分离，离合器 C_2 接合，发电机与齿圈连接，电机 MG_1 和电机 MG_2 合力驱动车辆。此时发电机 MG_1 从动力电池中获取能量以输出动力。而双电机驱动，使得电机转速从 6500r/min 降低至 3250r/min。但是，请注意，内燃机没有参与到提供动力的进程中来。

3）模式 3（低速增程）。当 Volt 的电池组达到其设定的电量剩余临界点时，第三种模式将启动。离合器 C_1 和制动器 B 工作，此时内燃机就会直接去驱动电机 MG_1 进行发电，而由于齿圈固定不转，车辆仍然是由主驱动电机 MG_2 驱动。主驱动电机从电池以及由发动机带动发电机产生的电力组合中获取电能，从而驱动车辆。

4）模式 4（高速增程）。与模式 2 一样，双电机驱动模式将再次启用。制动器 B 脱开，离合器 C_1、C_2 同时接合。车辆的驱动力来自电机和发动机的动力耦合。

四、丰田普锐斯

1. 概述

丰田普锐斯是史上第一款量产的混合动力汽车，1997 年量产上市，不过中国区域普锐斯是在 2001 年上市第一代，到 2004 年推出第二代，2009 年 4 月第三代普锐斯上市。丰田普锐斯是史上第一款销售量超 100 万辆的混合动力汽车，自 1997 年量产上市以来，10 年时间在全球 40 多个国家的销售数量接近 120 万辆，其中美国、日本分别超过 70 万辆、30 万辆，美国市场的月销量接近于 1.5 万辆，占美国同期混合动力汽车市场半壁江山。普锐斯也是丰田混合动力汽车的主力车型，为丰田集团贡献 7 成以上的混合动力汽车销量，而丰田系的凯美瑞、汉兰达，雷克萨斯 RX400h、LS600hl、GS450h 五个混合动力车型的总销量也不及普锐斯的一半。

2. 基本组成特点

（1）HV 蓄电池

第二代普锐斯的 HV 蓄电池有 168 个电池单体（1.2V×6 单体×28 组），额定电压为 DC201.6V。通过内部改进，蓄电池具有紧凑、重量轻的特点。电池和电池间为双点连接，这样的改进使蓄电池的内部电阻得以降低。逆变器总成中配有增压变换器。它可以将 HV 蓄电池输出的额定电压 DC 201.6V，增压到最大值 DC 500V。MG1、MG2 桥电路和信号处理器/保护功能处理器集成在集成动力模块（IPM）中以提高车辆性能。集成在逆变器总成中的空调逆变器为空调系统的电动变频压缩机提供电能。将逆变器散热器和发动机散热器整合为一，更加合理地利用了空间资源。

（2）电机

通过提高 MG1 转子的强度，使其最大可输出转速为 10000r/min，从而提高了充电能力。MG2 转子内的永磁铁变为 V 形结构，使转矩和输出功率增大。

在 MG2 的中速范围内引入了新研制的过调控制系统。

（3）控制系统

HV ECU 中的 CPU 和发动机 ECU 中的 CPU 均由 16 位变为 32 位，提高了处理信号的速度。蓄电池 ECU 优化结构后，更加紧凑。蓄电池 ECU 中的 CPU 和制动防滑控制 ECU 中的 CPU 均由 16 位变为 32 位，提高了处理信号的速度。与 THSII 控制系统相连的主要 ECU（HV ECU、蓄电池 ECU、发动机 ECU 和制动防滑控制 ECU）间采用了 CAN（控制器局域网）通信网络。

（4）发动机

第二代丰田普锐斯采用 1.5L 小型发动机，集合了各式混合动力系统的优势，发动机和电机可根据行驶状况共同驱动或分开单独使用；停驶时自动停止发动机，以减少能量浪费；更有效地控制发动机和电机，加速反应快。

3. 电力无级变速驱动桥结构

混合动力变速驱动桥由发电机 MG1、驱动电机 MG2 和行星齿轮机构组成。普锐斯混联混合动力系统结构如图 1-26 所示。混联式是串并联相结合的系统，这种混合动力系统由点燃式发动机和两台采用永久磁铁的三相交流异步电机组成。三相交流异步电机也可以作为发电机运行（电动机/发电机 MG1 和 MG2）。内燃机与两台电机通过行星齿轮机构相互连接。MG2 和驱动轮的差速器通过传动链条和齿轮连接在一起。通过行星齿轮组传输的发动机输出功率分为两部分：太阳轮→MG1、环齿轮→MG2、行星轮架→发动机输出轴。

变速驱动桥主要包括变速驱动桥阻尼器（带扭转减振器的飞轮）MG1、MG2 和减速装置（包括链、中间轴主动齿轮、中间轴从动齿轮、主减速器小齿轮和主减速器环齿轮，行星齿轮组）。MG1、MG2、变速驱动桥阻尼器和主动链轮都安装在同心轴上，动力从主动链轮传输到减速装置。

4. 工作模式

动力系统工作切换过程如下：

（1）MG1 作为电动机时的发动机起动和 MG1 的发电工况

HV ECU 起动 MG1 从而起动发动机。运行期间，为了防止环齿轮转动并驱动车轮，MG2 处于电动机状态以施加制动，这个功能叫作"反作用控制"或"起动控制"。起动控制时行星齿轮机构中太阳轮、内齿圈、行星架三者的速度关系如图 1-27 所示，三者的速度关

第一章 混合动力汽车简介

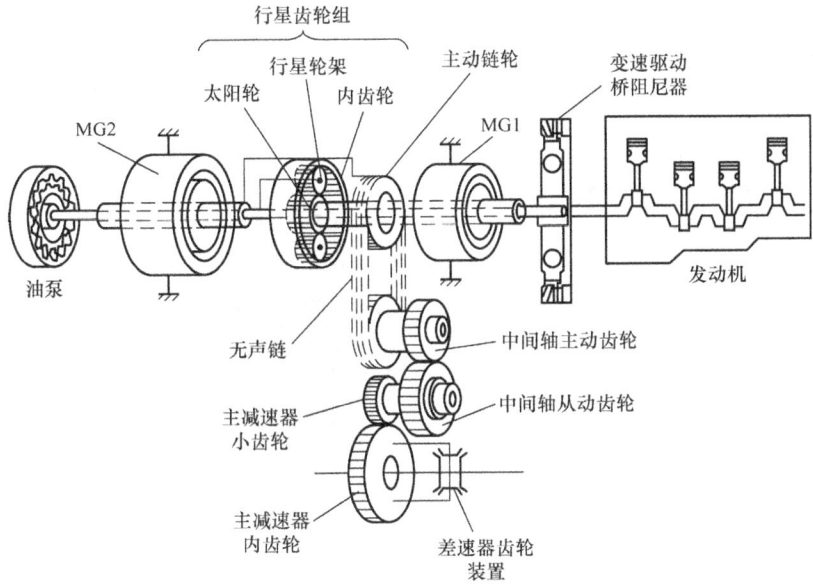

图 1-26 变速驱动桥组成

图 1-26 微课

系永远满足 $n_1 + \alpha n_2 = (1+\alpha)n_3$,$\alpha = z_2/z_1$,$n_1$ 为太阳轮转速,n_2 为行星架转速,n_3 为内齿圈转速,z_2/z_1 为内齿圈齿数和太阳轮的齿数比,通常用 α 表示,是一个大于 1 的数。

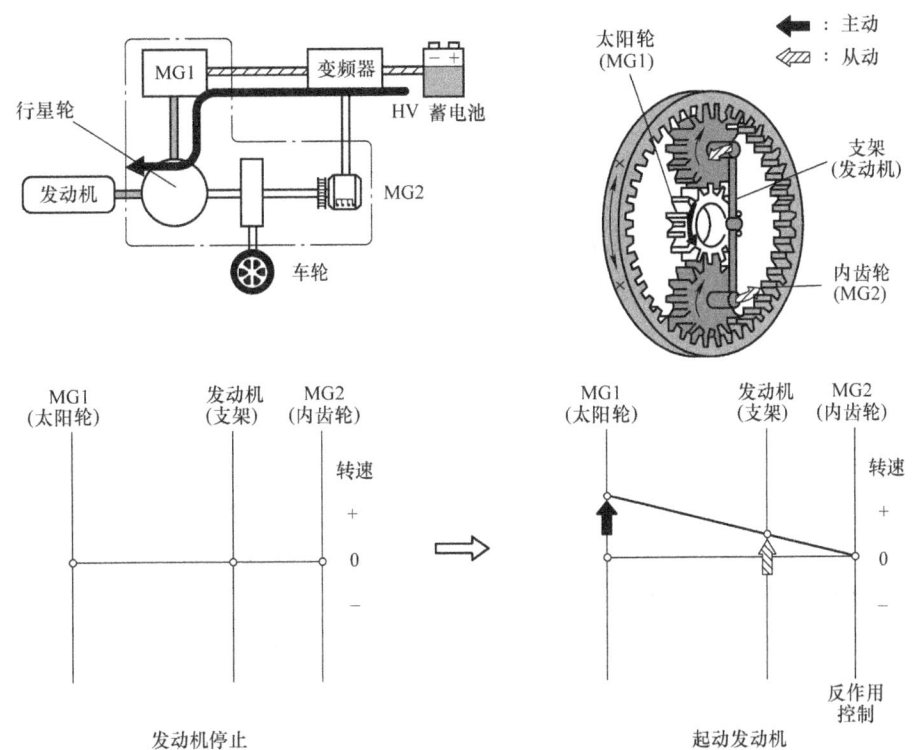

图 1-27 起动控制行星齿轮机构速度图

注:图中行星排的运动状态是从 MG2 向 MG1 方向看的运动状态。

图1-28所示为发动机拖动MG1发电时的行星齿轮机构速度图示。在行驶中发动机转动,带动太阳轮转动,此时MG1作为发电机为HV蓄电池充电。

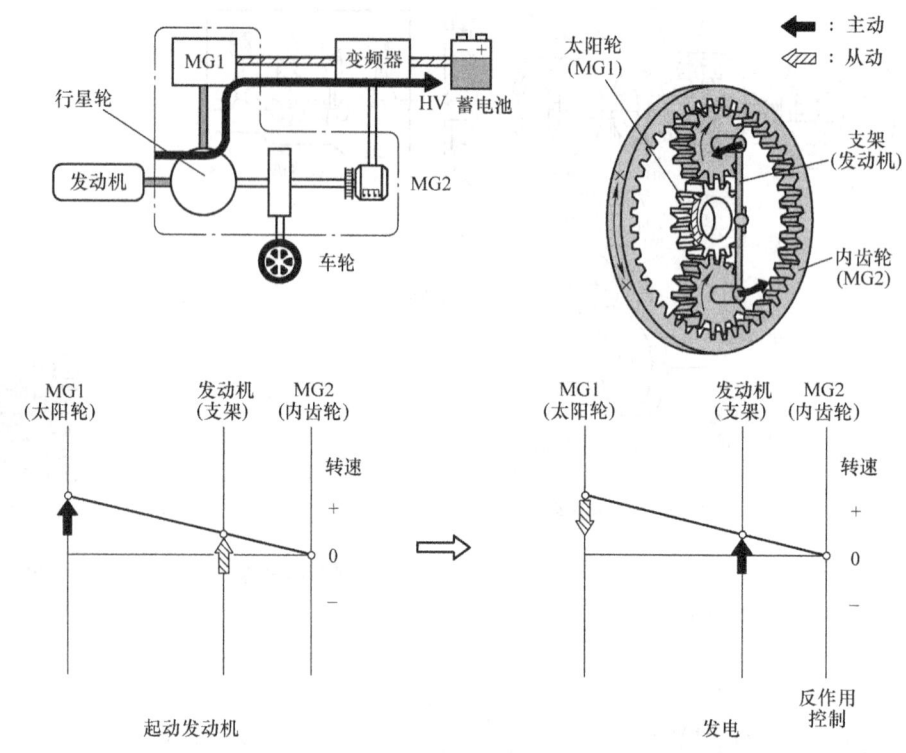

图1-28 发动机拖动MG1发电时的行星齿轮机构速度图

(2) MG2电动时的纯电工况起动

图1-29所示为纯电动工况起动时的行星齿轮机构速度图。MG2驱动车辆起步后,车辆仅由MG2驱动。这时发动机保持停止状态,MG1以反方向旋转而不发电。

(3) 纯电动转混合动力时的发动机起动控制

图1-30所示为纯电动转混合动力时的发动机起动控制行星齿轮机构速度图。纯电动工况只有MG2工作时,如果增加所需驱动转矩,MG1将被起动,此时MG1和MG2共同拖动发动机起动。在纯电动工况不需增加转矩时,如果HV ECU监视的项目如SOC状态、蓄电池温度、冷却液温度和电载荷状态与规定值有偏差,MG1也将被起动,进而起动发动机。

(4) MG1发电和微加速模式

图1-31所示为MG1在小负荷作为发电机使用时的行星齿轮机构速度图。小负荷时已经起动的发动机将使MG1作为发电机为HV蓄电池充电,并向MG2供电。但需要增加驱动转矩时,作为发电机工作的MG1将转变为电动机,这种工况也叫"发动机微加速"模式。

图1-32所示为MG1在微加速模式时作为电动机使用的行星齿轮机构速度图。发动机微加速时,发动机的动力由行星齿轮机构分配。其中一部分动力直接输出,剩余动力用于MG1发电。通过逆变器的电动传输,电力输送到MG2作为MG2的输出动力。

第一章 混合动力汽车简介 19

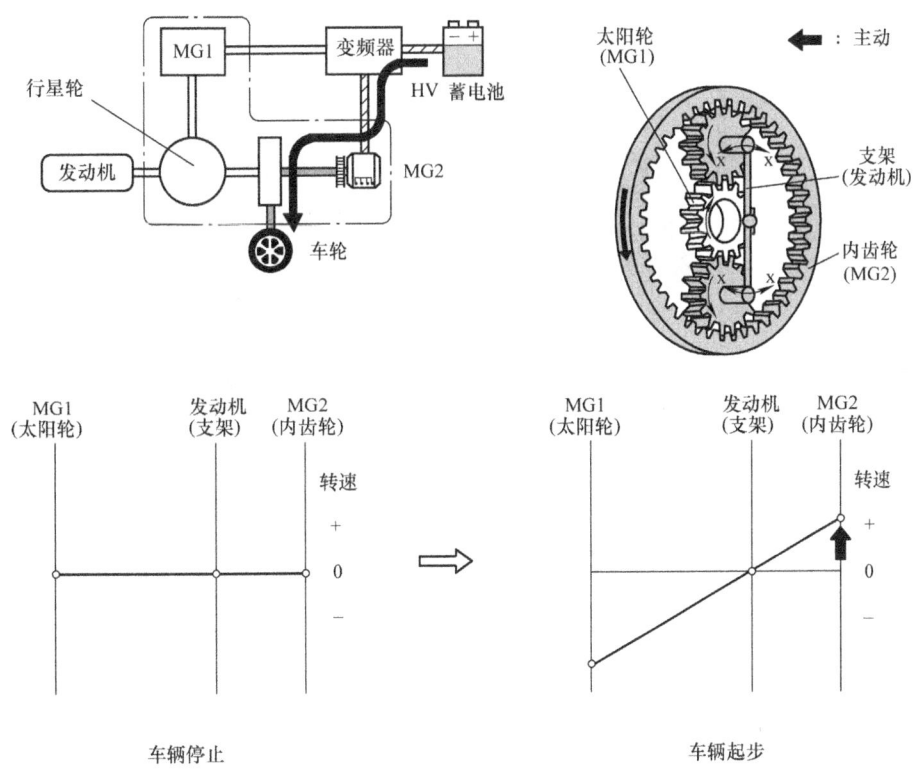

图1-29 纯电动工况起动时的行星齿轮机构速度图

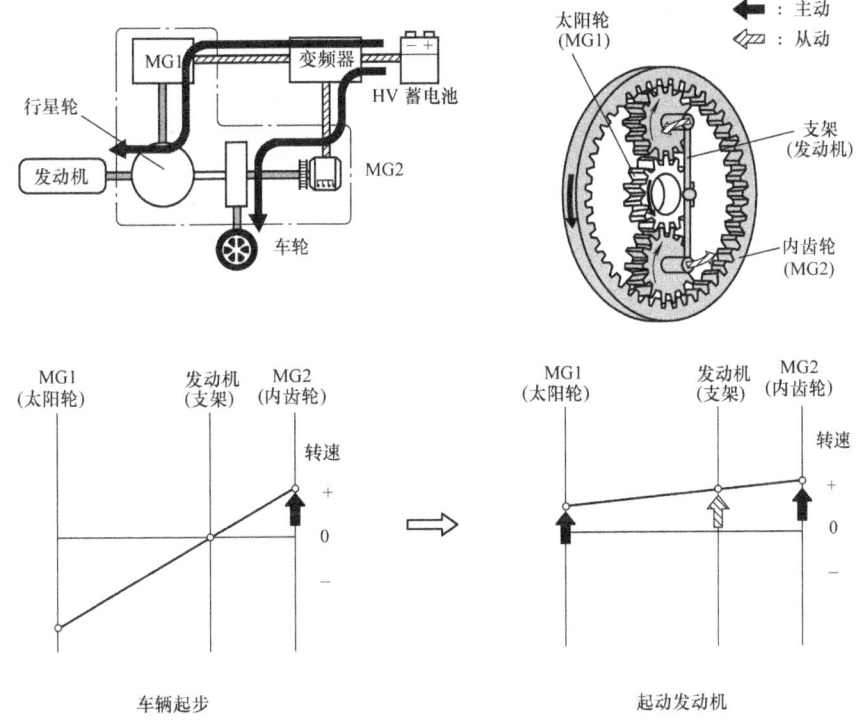

图1-30 纯电动转混合动力时的发动机起动控制行星齿轮机构速度图

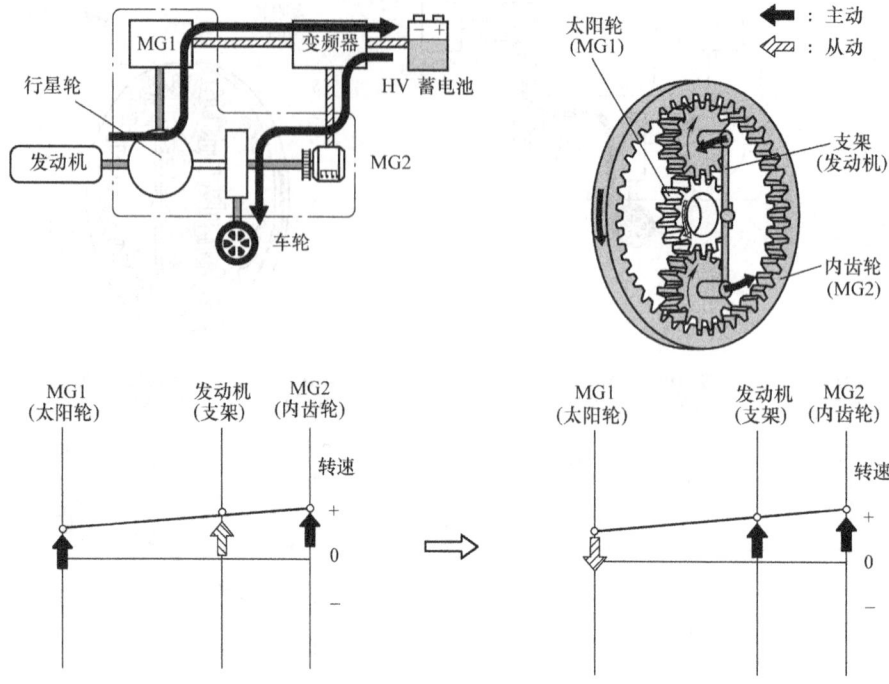

图1-31 MG1在小负荷作为发电机使用时的行星齿轮机构速度图

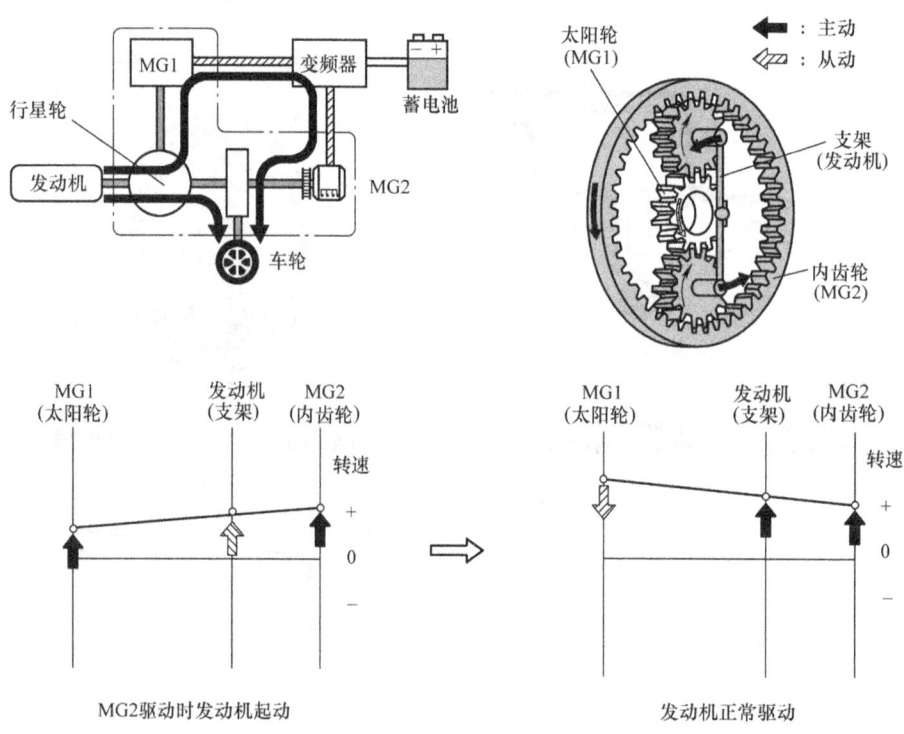

图1-32 MG1在微加速模式时作为电动机使用的行星齿轮机构速度图

(5) 低载荷巡航时

图 1-33 所示为 MG1 在低载荷巡航时的行星齿轮机构速度图。车辆以低载荷巡航时,发动机的动力由行星齿轮机构分配。其中一部分动力直接输出,剩余动力用于 MG1 发电。通过逆变器的电动传输,电力输送到 MG2 作为 MG2 的输出动力。

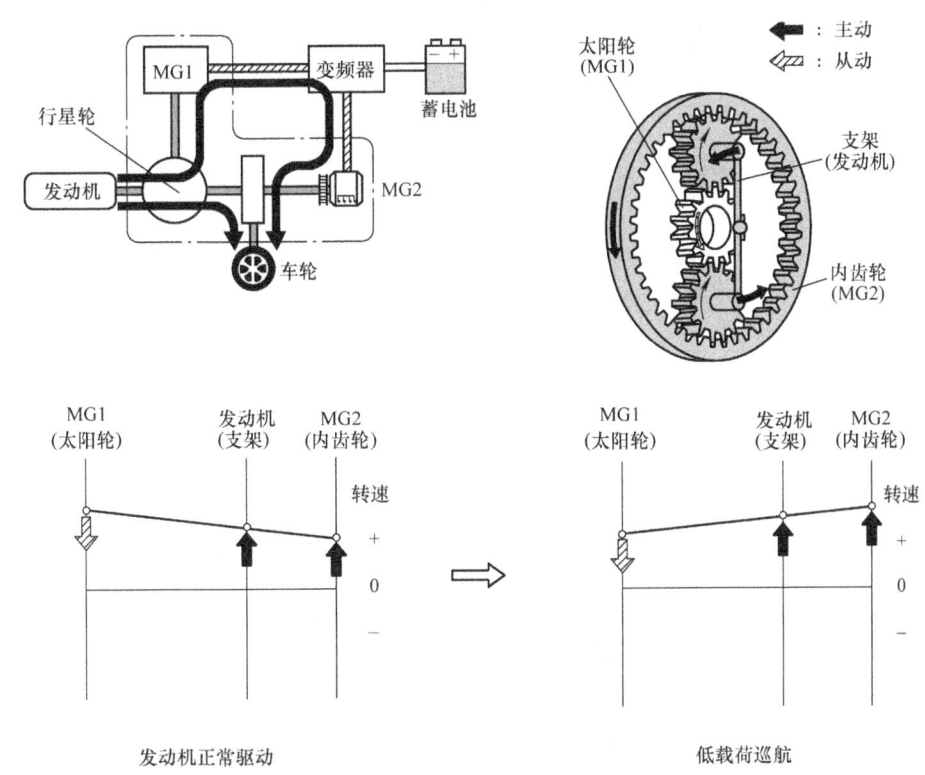

图 1-33　MG1 在低载荷巡航时的行星齿轮机构速度图

(6) 节气门全开加速时

图 1-34 所示为加速工况时的行星齿轮机构速度图。车辆从低载荷巡航转换为节气门全开加速模式时,系统将在保持 MG2 动力的基础上,增加 HV 蓄电池的电动力,此时发动机、MG1、MG2 全部给汽车加力以产生加速转矩。

(7) 减速行驶时

图 1-35 所示为 D 位减速时行星齿轮机构速度图。这种情况分为"D"位减速和"B"位减速行驶两种情况。车辆以 D 位较低车速减速行驶时,发动机停止工作,动力为零。这时,车轮驱动 MG2,使 MG2 作为发电机运行并为 HV 蓄电池充电,太阳轮反转,MG1 不进行发电控制,从而不发电。另外当车辆从较高速度开始减速时,发动机以预定速度继续工作以保护行星齿轮组,防止行星轮转速过高烧毁行星轮轴承。

图 1-36 所示为 B 位减速时行星齿轮机构速度图。车辆以 B 位减速行驶时,车轮能量一部分驱动 MG2,使 MG2 作为发电机工作并为 HV 蓄电池充电,为 MG1 供电,同时 MG1 处

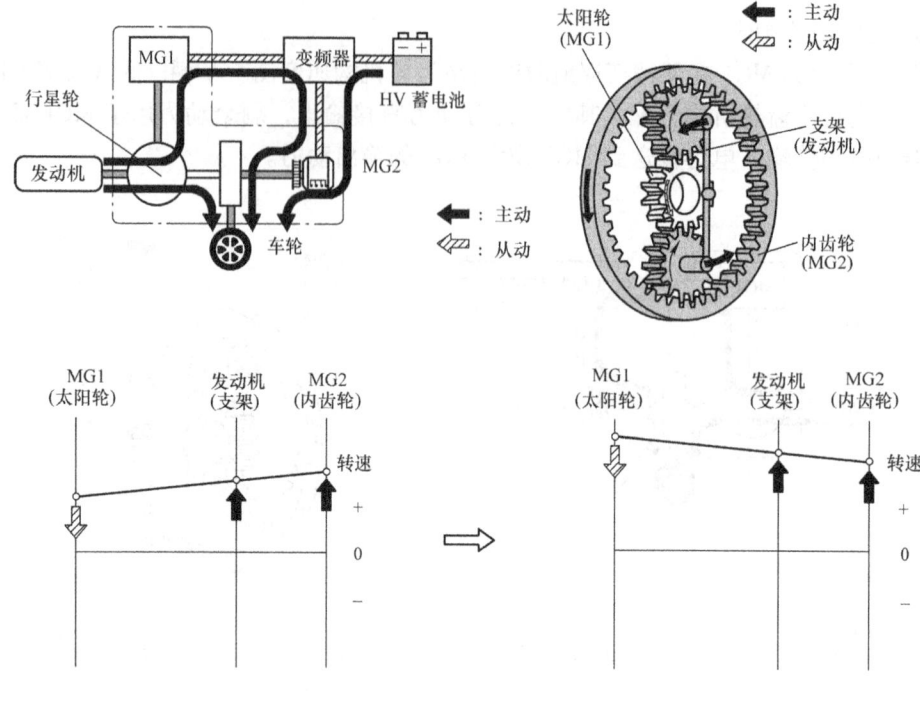

图1-34　加速工况时的行星齿轮机构速度图

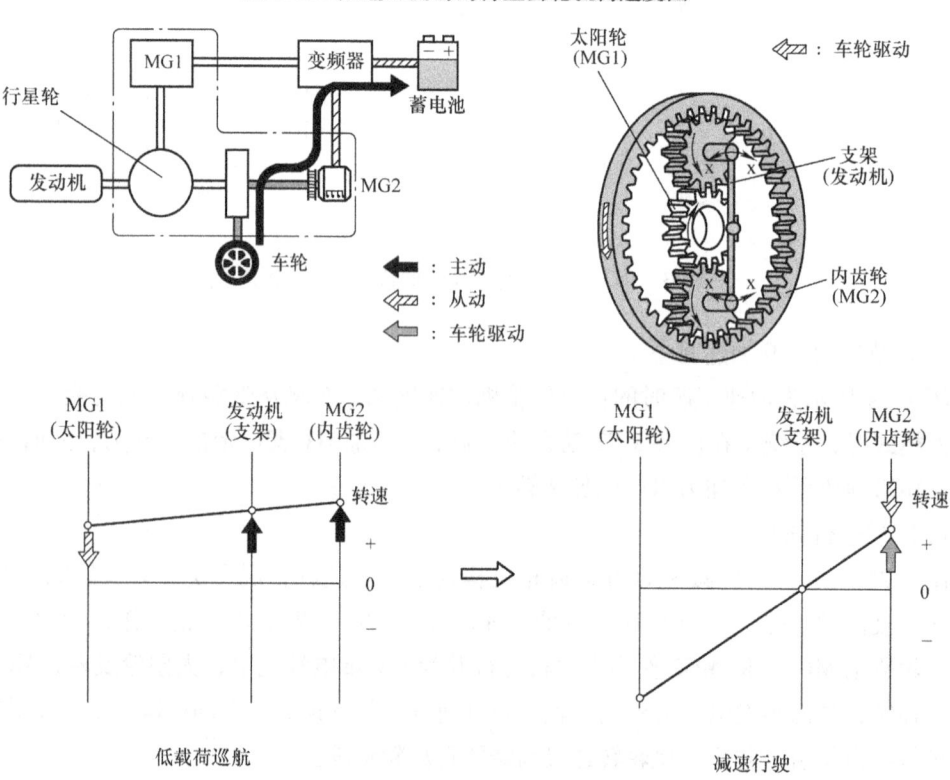

图1-35　D位减速时行星齿轮机构速度图

于电动机状态带动太阳轮正转，齿圈转动能量的另一部分用于发动机制动。这时，发动机燃油供给被切断。

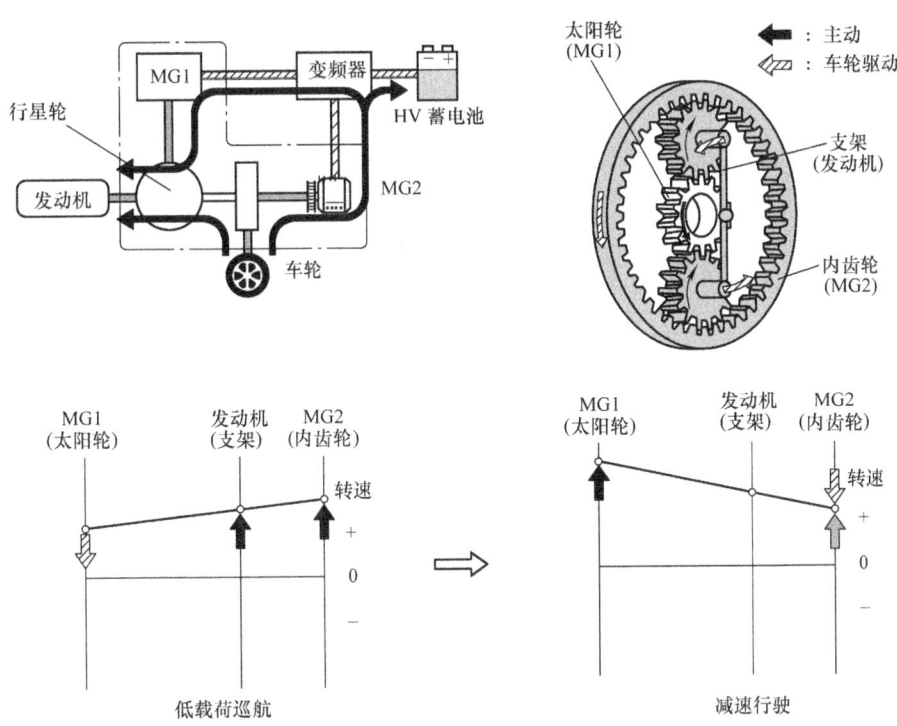

图 1-36 B 位减速时行星齿轮机构速度图

如果驾驶人踩下制动踏板，制动防滑控制 ECU 计算所需的再生制动力并发送信号到 HV ECU，HV ECU 接收到信号后在符合所需再生制动力的范围内增加再生制动力（详细内容参考摩擦制动和电机回馈能量制动的混合制动控制）。这样就可以控制 MG2 产生充足的电量。

（8）倒车工况

车辆倒车时，仅 MG2 为车辆提供动力。这时 MG2 反向旋转，发动机不工作，MG1 正向旋转但并不发电。若 MG2 驱动车辆倒车时需要起动发动机，如果 HV ECU 监视到如 SOC 状态、蓄电池温度、冷却液温度和电载荷状态与规定值有偏差，MG1 将作为电动机使用进而起动发动机。倒车时，发动机带动 MG1 作为发电机工作为 HV 蓄电池充电。

复 习 题

1. 纯电动汽车和油电混合动力汽车各是如何定义的？
2. 油电混合动力汽车按串并联分类分为几类？画出每类的构型图。
3. 油电混合动力汽车按混合度分为几类？每类的特点是什么？
4. 油电混合动力汽车按是否充电分为几类？每类的特点是什么？

5. 画出微混型混合动力汽车的构型。
6. 画出轻混并联型混合动力汽车的构型。
7. 画出中混并联型混合动力汽车的构型。
8. 画出重混混联型混合动力汽车的构型。
9. 说出重混混联型丰田普锐斯混合动力汽车的工作过程。

第二章 混合动力汽车使用和维护劳动安全

情境引入

21岁的汽车专科学生小林毕业后打算先从汽车技术干起,为将来的发展打下坚实的技术基础。因此毕业后他应聘进入了日本丰田服务站,他想在这里可以学到先进的混合动力汽车技术。小林刚进入汽车维修车间的前两周,你知道他要用到哪些知识吗?

学习目标

1. 混合动力汽车如何使用。
2. 一般工作流程和识别信息。
3. 维修注意事项。
4. 混合动力车辆蓄电池放电时的处理措拖。
5. 车辆撞击损坏后应采取的措施。

第一节 汽车使用

一、混合动力汽车驾驶

1. 加速踏板控制

驾驶人通过控制加速踏板踏下的深度可以向混合动力汽车的管理系统提出一个转矩申请,混合动力汽车管理系统通过控制电机和发动机来协调完成动力输出。

2. 制动踏板控制

为了使驾驶人在不同车型转换使用时不会产生制动力区别,也为了满足法规的需求,混合动力汽车要有和传统汽车相同的制动减速度和操纵轻便度。

3. 换档控制

混合动力汽车变速器必须是自动变速器。

轻混型汽车通常以液力自动变速器(AT)、机械式自动变速器(AMT/DSG)或无级变速器(CVT)作为变速器,在发动机和变速器之间增加离合器,这时变速杆通常仍包括P位、R位、N位、D位,与传统汽车相同。

对于采用行星排的电力无级变速器车型,变速杆多包括R位、N位、D位、B位,其中B位是为了实现发动机制功能而设计的。原来P位控制棘轮和棘爪的直接操纵机构换为线控驻车档,即由P按钮来进行线控驻车申请,变速器控制单元控制减速电动机完成驻车功能。

二、行驶模式

1. EV 行驶模式控制

EV 行驶模式可降低车辆噪声，如在进入或离开车库时，还可减少车库内产生的废气量。驾驶人操作 EV 行驶模式开关时，如果满足工作条件，动力管理控制 ECU（HV ECU）仅使用 MG2 驱动车辆。

满足所有工作条件时，按下 EV 行驶模式开关可进入 EV 行驶模式，并且 EV 行驶模式指示灯将点亮。如果未满足任一工作条件而按下 EV 行驶模式开关，多信息显示屏上将显示信息以告知驾驶人 EV 行驶模式开关操作被拒绝，无法进入 EV 行驶模式。

车辆在 EV 行驶模式下行驶时，如果未满足任一工作条件，EV 行驶模式指示灯将闪烁 3 次且蜂鸣器鸣响以告知驾驶人 EV 行驶模式即将取消。EV 行驶模式自动取消后，将再显示一条信息，提示 EV 行驶模式已取消。

只有满足所有所需条件（以下列出部分条件）时，方可使用 EV 行驶模式。

1）混合动力系统温度不高（车外气温高时或车辆爬坡行驶或高速行驶后，混合动力系统温度会升高）。

2）混合动力系统温度不低（车外气温低且车辆长时间未使用时，混合动力系统温度会降低）。

3）发动机冷却液温度大约为 0℃ 或更高。

4）SOC 大约为 50% 或更高。

5）发动机冷机状态车速大约为 30km/h 或更低。

6）发动机暖机状态车速大约为 45km/h 或更低。

7）加速踏板踩下量为特定值或更低。

8）除霜器关闭。

9）巡航控制系统未工作。

提示：EV 行驶模式期间的续驶里程根据 HV 蓄电池的 SOC 和行驶条件（如路面和山坡）的不同而不同。但是，通常在数百米和 2km 之间。

2. PWR 模式

PWR（动力）模式下（图 2-1），动力管理控制 ECU 通过增大比正常控制模式下的加速踏板开度中间范围的原动力来优化加速性能。

3. ECO 模式控制

ECO（经济）模式下（图 2-1），动力管理控制 ECU 通过缓慢产生原动力（与加速踏板操作相比）来优化燃油经济性和行驶性能。同时，通过优化空调性能来支持环保驾驶。

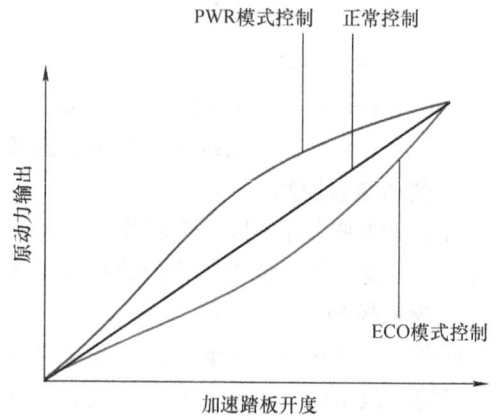

图 2-1 PWR 模式和 ECO 模式控制

第二节 维护劳动安全

一、一般工作流程

维修操作分为以下三个主要过程:
1) 诊断。
2) 拆卸、安装、更换、拆解/重新装配、检查和调节。
3) 最终检查。

二、识别信息

1. 车辆识别号

车辆识别号压印在车身和认证标签上。A 为车辆识别（图2-2），B 为认证标签（图2-3）。

图2-2 车辆识别

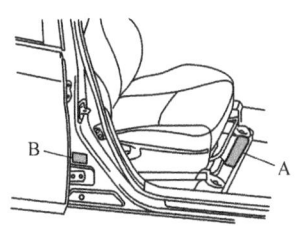

图2-3 认证标签

2. 发动机系列号和传动桥系列号

发动机系列号压印在发动机气缸体上。A 为5ZR－FXE发动机系列号（图2-4），传动桥代码压印在壳体上，A 为P410传动桥代码（图2-5）。

图2-4 5ZR－FXE发动机系列号

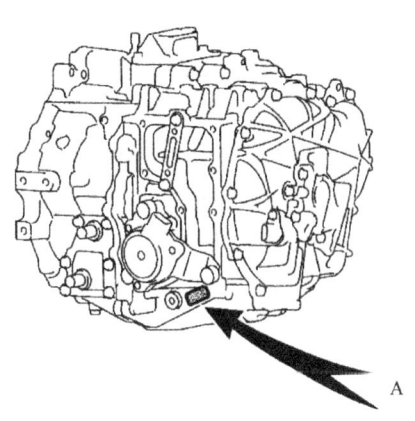

图2-5 P410传动桥代码

三、维修注意事项

维修注意事项如图 2-6 所示。

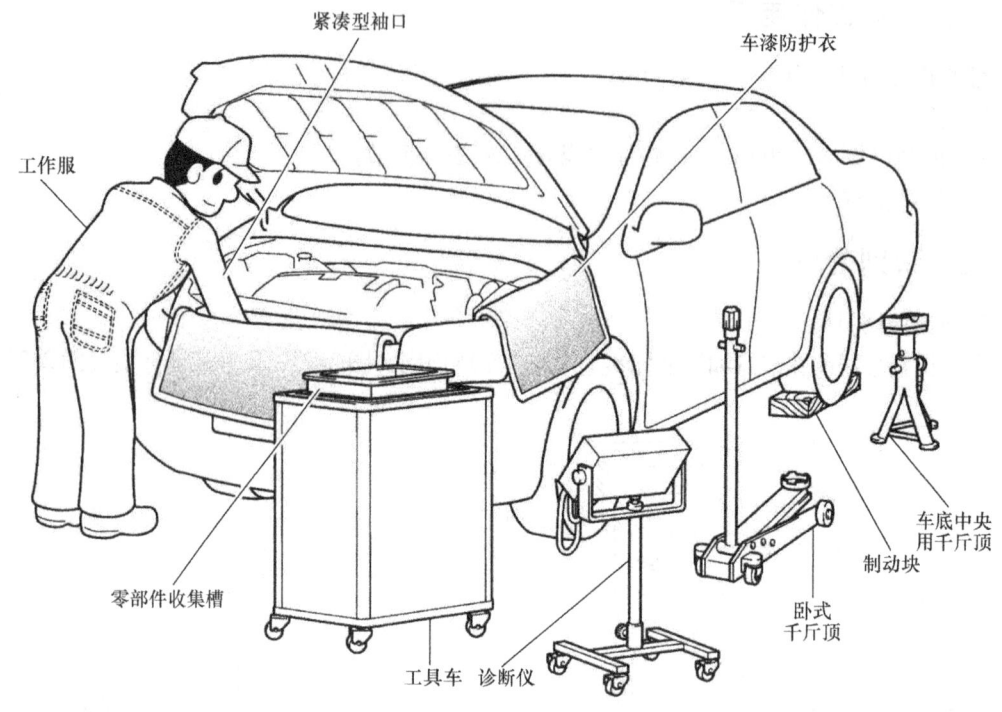

图 2-6　维修注意事项

1. 着装

身着清洁的工作服,戴好帽子,穿好安全鞋,戴好手套。从事高压电操作前一定要进行下电操作,待逆变器中电容放电后再从事电池箱以外的高压线路或高压产品操作。

2. 车辆保护

开始工作前,准备好散热器格栅罩、翼子板保护罩、座椅防护罩及地板垫。

3. 安全操作

与两个或两个以上人员一起工作时,务必要相互检查安全情况,特别是在从事高压操作时。在发动机运转的情况下进行工作时,要确保修理车间中具备通风装置,以排出废气,防止 CO 或 NO_x 中毒。维修高温、高压、旋转、移动或振动的零件时,一定要佩戴适当的安全设备,并且要格外小心不要使自己或他人受到伤害。顶起车辆时,务必顶在车辆底部的安全支撑规定部位。举升车辆时,使用适当的安全设备。

4. 准备工具和测量设备

开始工作前,准备好所需工具台、专用工具、测量设备(万用表、示波器和诊断仪)、油液和全部更换零件。

5. 拆卸和安装、拆解和装配操作

在充分了解正确的维修程序和报修故障之后,对故障进行诊断。拆卸任何零件前,都要检查总成的总体状况以确认是否变形和损坏。如果程序复杂,要做记录。例如,记录拆下的电气插接器、螺栓或软管的总数。加上装配标记,以确保将各零部件重新装配到其原来位置。如有必要,可暂时对软管及其管接头做出标记。标记方法有记号笔记号、贴纸记号或手机照相记号等。如有必要,清洗拆下的零件,彻底检查后,再装配这些零件。

6. 拆下零件的检查

应将拆下的零件放在一个单独干净的铁盘内,避免与新零件混淆或弄脏新零件。对于不可重复使用的零件,如衬垫、O 形圈和自锁螺母等要按照厂家提供手册中的说明用新件进行更换。如客户要求保留拆下的零件时,应保留拆下的零件,以备客户检查,不可欺骗客户或藏匿部件,或以其他车辆的旧部件给客户检查,要注意对企业形象的影响。

7. 工作完成后检查

确保要更换的部件全部都正确安装,力矩准确。例如在更换发动机机油过程中,要拧紧拆下和安装的零件(机油加注口盖、机油尺、地板垫等)。确保使用的抹布或工具没有遗留在发动机室或车内。检查并确认没有机油泄漏。

四、高压维修注意事项

1. 下电操作

在检查或维修高压系统之前,务必遵守所有安全措施,例如需要在戴好绝缘手套后,才能拆下检修塞,以防止电击。将拆下的检修塞装在自己的口袋里,以防止其他技师在维修车辆时将其意外重新连接。拆下检修塞把手后(图2-7),除非修理手册规定,否则请勿将电源开关置于 ON (READY) 位置,因为这样可能会导致混合动力管理控制单元故障。拆下检修塞把手后,在接触任何高压插接器和端子前,等待 10min 以使带变换器的逆变器总成内的高压电容器充分放电。

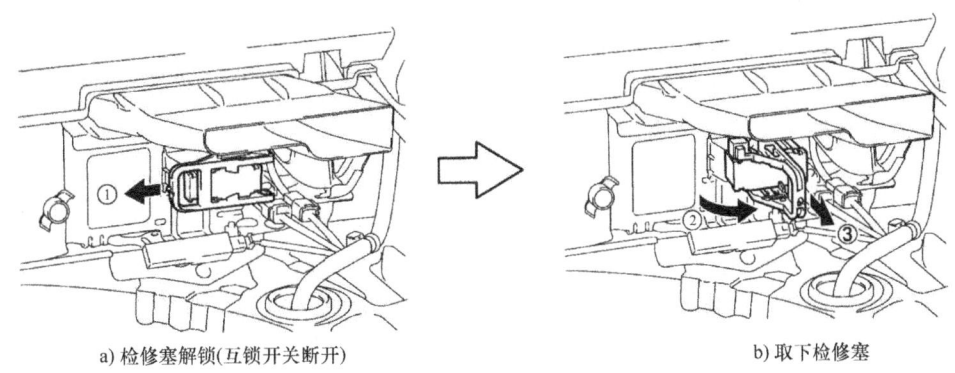

a) 检修塞解锁(互锁开关断开)   b) 取下检修塞

图 2-7 检修塞拆卸

2. 带电操作时

带电操作时务必佩戴绝缘手套、护目镜,穿好安全鞋。对电池箱内元件进行带电操作时,必须使用绝缘手套。

为了检查手套是否有裂口,请按所示 4 步检查(图 2-8):按 a)图所示将手套侧放,然后按 b)图所示向上卷开口 2 次或 3 次,再按 c)图对折开口以将其封死,最后按图 d)所示放在耳侧用手捏听是否有气体溢出,确保没有空气泄漏。通过以上四步来检查手套是否有破裂、磨损或其他类型的损坏。

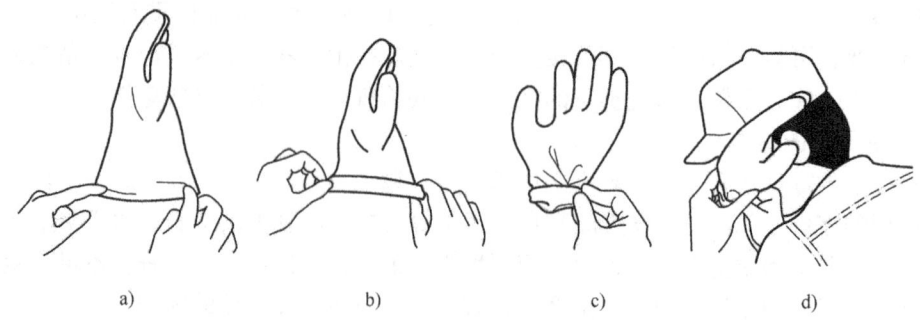

图2-8 手套裂口的检查

维修车辆时，特别是在高压配电箱中带电操作时，不要携带自动铅笔或刻度尺之类的金属物品，以免这些物品意外掉落导致短路。在接触如配电箱中裸露的高压端子之前，要戴好绝缘手套，并用检测仪确定该端子的电压为0V。需要长期暴露高压插接器或端子时，要立即使用保鲜膜包住，再用绝缘胶带将其包住绝缘，防止人为导致检修塞处意外接通的触电。使用保鲜膜的目的是防止绝缘胶带的黏性物质粘在端子上不易清除，也防止因手上的盐渍或其他污染物造成腐蚀产生电阻。应将高压端子的螺栓和螺母紧固至规定力矩。力矩过大（损坏母孔导致松动）和不足（出现虚接电阻）均可能导致生成电阻故障，这个电阻在过大时会产生失火故障，是十分危险的。如果短时拆下端子，只要检修塞下电操作完成，并完成验电无电的操作后，可不必用绝缘胶带将其包住（图2-9），但不要用手接触金属部分，防止因手上的盐渍或其他污染物造成腐蚀产生电阻。

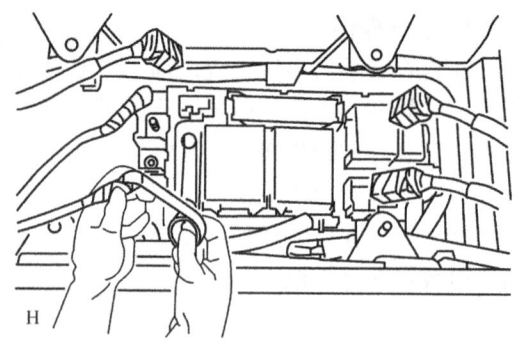

图2-9 高压电缆的端子防腐蚀保护和绝缘隔离

使用"警告：高压请勿触碰"的标牌告知其他技师正在检查和/或维修高压系统。

在维修高压系统之后和重新安装检修塞之前，再次检查并确认以下内容：一是有没有任何零件或工具遗留在高压系统内。二是所有拆过的高压端子紧固是否良好，电缆的正、负极插接器连接是否正确。三是进行包括高压线束的作业时，使用缠有乙烯绝缘胶带的工具或绝缘工具。安装混合动力系统零部件时，例如HV蓄电池，确保连接的所有极性正确。

五、检查或维修发动机室时应遵守的注意事项

仪表板上的"READY"高压上电就绪灯点亮时（图2-10），车辆的发动机会进入自动起动和自动停止控制，这个自动过程依据用电负荷的大小。为避免受伤，在发动机舱内作业时要确保电源开关内的指示灯和仪表上的READY灯都是熄灭的状态。

如果主警告灯（图2-10）、MIL（Malfunction Indication Lamp，故障灯）和充电警告灯中有一个点亮，则将智能检测仪连接到DLC3检查DTC（诊断故障码）。然后，参考维修手册中适用的故障排除步骤来检查和维修受影响的部位。如果尝试将电源开关置于ON（READY）位置时，READY灯未点亮，也需要执行上述操作。

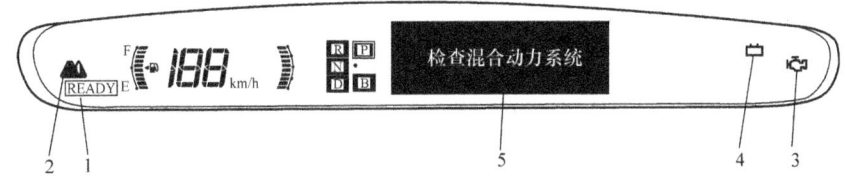

图 2-10 仪表主要指示灯

1—READY 灯 2—主警告灯 3—MIL 4—充电警告灯 5—多信息显示屏

仪表绿色的 READY 灯在将电源开关置于 ON（READY）位置时点亮，表示车辆已为驾驶准备就绪，高压电已经过高压配电箱的正、负极继电器加电到逆变器。

主警告灯特征是三角内有个感叹号。主警告灯点亮或闪烁，表示多信息显示屏正显示当前警告。根据警告，蜂鸣器也可能鸣响。混合动力系统或混合动力蓄电池系统发生任何故障时，主警告灯点亮或闪烁，蜂鸣器鸣响，多信息显示屏上显示警告"检查混合动力系统"。

发动机 MIL 为黄色的故障灯，当发动机控制系统中出现故障时点亮。将电源开关置于 ON（IG）位置和 ON（READY）时也会点亮。

当电源开关置于 READY 时，蓄电池形状的 12V 充电警告灯点亮，代表 DC/DC 转换系统出现故障，相当于传统汽车的发电机未给蓄电池充电。如果此灯连同主警告灯一同点亮，则务必检查故障码（DTC）。

六、12V 蓄电池放电时应采取的措施

丰田普锐斯混合动力汽车使用标称为 12V 的铅酸蓄电池和标称为 201.6V 的镍氢蓄电池。12V 铅酸蓄电池为汽车的 12V 电系供电，镍氢蓄电池为高压电系供电，当两种蓄电池放电时要使用不同方法重新充电。

标称为 12V 的铅酸蓄电池的电量完全耗尽时执行下列程序：切勿使用快速充电器，因为电流调节过大，导致充电电压过高时车上的许多控制单元可能无法正常工作或损坏车上元件。为此，要使用车下充足电的蓄电池并联车内馈电的蓄电池，因为蓄电池一般不在发动机机舱内，所以要通过发动机舱内的熔丝盒内辅助正极端子和车身搭铁来并联为车上蓄电池充电。方法是车辆处于驻车制动状态，将电源开关置于 OFF 位置，并将钥匙移出车内检测区域。拆下发动机舱内的继电器盒盖（图 2-11），通常在一个标有红色正号的盖子下面找到熄火车辆的起动辅助正极端子，接上起动电缆，另一头接救援车辆的辅助蓄电池正极端子。然后，找到救援车辆的辅助蓄电池负极端子接上起动电缆，并在熄火车辆上找到良好的搭铁点，一般用发动机上的吊钩作为搭铁。这时救援车辆的 12V 蓄电池与熄火车辆的辅助蓄电池相连接，汽车的电控单元在 12V 供电状态下处于可工作状态，可以起

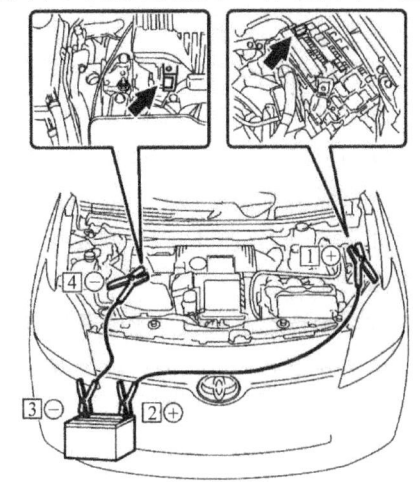

图 2-11 用车下铅酸蓄电池为车上铅酸蓄电池并联充电

动救援车辆的发动机,使发动机在略高于正常的转速下运行。将电源开关置于 ON（READY）位置。

在混合动力系统起动后。按照与连接时相反的顺序立即断开起动辅助电缆。不要使起动辅助电缆一直保持连接状态,因为这时的外接蓄电池会成为用电设备,延长了原车电池恢复电能的时间。

七、混合动力车辆蓄电池放电时

12V 蓄电池有电的情况下,如果未能起动混合动力系统,并且显示 HV 蓄电池警告,蓄电池符号内部或侧面标有叹号时,则 HV 蓄电池可能放电。

混合动力车辆蓄电池放电或电量较低,或如果显示"Low Traction Battery"（低牵引能力的电池）,应更换混合动力车辆蓄电池总成。

八、车辆撞击损坏后应采取的措施

1. 工作安全

车辆配备了高电压下工作的混合动力系统。混合动力系统使用 HV 蓄电池,采用镍氢蓄电池时电解液为含氢氧化钾的强碱溶液。务必按照维修手册中的说明正确操作该系统。否则,可能会导致严重伤害或电击。

事故现场应准备的用品：防护服（绝缘手套、橡胶手套、护目镜和安全鞋）；20L 饱和硼酸溶液（将 800 g 硼酸粉末放在容器中用水溶解）；红色石蕊试纸；ABC 灭火器（可有效扑灭油火及电火）；抹布或布条（用于擦除电解液）；绝缘胶带（用于电缆绝缘）和汽车诊断仪。

在事故现场应采取的措施：不要接触可能为高压电缆的裸露电缆。如果必须接触电缆或不可避免意外接触该电缆,则戴好绝缘手套并用绝缘胶带将电缆绝缘。

如果车辆起火。则用 ABC 灭火器将火扑灭。如果试图用少量的水灭火,不但不起作用,反而会更加危险。需用大量的水灭火或等待消防队员灭火。

目视检查 HV 蓄电池及其周围区域是否有电解液泄漏。请勿接触任何泄漏的液体,因其可能是强碱性电解液。戴好橡胶手套和护目镜,用饱和硼酸溶液中和泄漏的液体,然后用红色石蕊试纸测试该液体。检查并确认试纸未变成蓝色。用抹布或布条擦净中和的液体。请勿接触任何泄漏的液体,因其可能是强碱性电解液。如果皮肤接触到电解液,则可用饱和硼酸溶液或大量清水进行冲洗。如果衣物接触到电解液。则要立即将该衣物脱掉。

如果电解液进入眼睛,则要大声呼救。不要揉擦眼睛。应立即用大量清水冲洗眼睛,然后去医院就医。

拆下 HV 蓄电池后,应使其远离水。镍氢蓄电池暴露在水中可能会使 HV 蓄电池产生热量,从而导致起火。只有将车辆从水中拖出之后,才可以处理车辆。

如果怀疑任一高压零部件和电缆损坏,则按照以下程序切断高压电路。过程中务必佩戴绝缘手套、护目镜,穿好安全鞋。将电源开关置于 OFF 位置。如果不能将电源开关置于 OFF 位置,则从发动机室继电器盒和接线盒总成上拆下动力管理系统的供电熔丝,例如 IGCT 熔丝和 AM2 熔丝。并确认 READY 灯熄灭。然后从辅助蓄电池负极（-）端子上断开电缆。佩戴绝缘手套,然后拆下检修塞。

拆下检修塞把手后，除非修理手册规定，否则请勿将电源开关置于 ON（READY）位置，因为这样电控单元会检测到检修塞上互锁开关断开的故障，这个故障一旦储存，在检修塞插回时，系统也无法上电就绪，要等诊断仪清除故障码后才可能上电就绪。

2. 移走损坏车辆

出现以下四个条件之一时用拖车拖走车辆：一是一个或多个高压零部件及电缆损坏；二是与驱动系统、传动桥或燃油系统有关的零部件损坏；三是主警告灯点亮；四是尝试将电源开关置于 ON（READY）位置时 READY 灯不亮。

在用拖车拖走车辆之前，要从辅助蓄电池的负极（-）端子上断开电缆，并拆下检修塞把手，以对高压系统下电处理。

3. 车辆牵引

如果 READY 灯熄灭或者在驾驶时出现异常噪声、异味或强烈振动。则执行以下程序：

1) 先将车辆停放在安全位置，防止追尾发生，或影响交通。
2) 施加驻车制动，然后按下 P 位置开关。
3) 将电源开关置于 OFF 位置，断开行李舱内右侧铅酸蓄电池负极（-）端子上的电缆。
4) 在佩戴绝缘手套的情况下拆下检修塞把手。

牵引车辆时应遵守的注意事项：牵引损坏的车辆时，应使其前轮和后轮离开地面。如果在牵引损坏的车辆时使其前轮接触地面，可能会导致永磁同步电机发电。根据车辆损坏的性质，这种电流可能会泄漏并导致起火。

在 4 个车轮着地的情况下牵引车辆：在 4 个车轮全部着地的情况下，如果需要使用绳索牵引车辆，则牵引速度不能超过 30km/h，且只能牵引较短距离，然后用货车将车辆拖走。将电源开关置于 ON（IG）位置，将变速杆移至 N 位，并确认已选择空档（N）。如果辅助蓄电池断开，则无法选择空档（N）。与变速器控制 ECU 有关的零件有故障时，可能无法选择空档（N）。确保牵引车辆的同时不要将电源开关置于 OFF 位置，否则可能选择驻车档（P），从而导致损坏或发生事故。如果损坏的车辆在牵引期间出现异常情况，则要立即停止牵引。

九、检查模式程序

检查模式是在检查车辆时关闭 TRC 功能的模式，包括保养模式和认证模式。激活检查模式之前，要先关闭空调，选择驻车档（P）的情况下起动混合动力系统，检查并确认发动机在起动数秒后停止（发动机暖机检查完成，动力正常）。激活相应的检查模式并检查车辆，各测试档位见表 2-1。

表 2-1　检查项目使用的档位

测试项目	模式	档位
车辆直线行驶测试（侧滑检查）	保养模式或正常模式	D
制动力测试	保养模式	N
速度表测试	保养模式	D
废气测试（急速）	保养模式	P
前照灯测试	保养模式或正常模式	P

MAINTENANCE MODE（二轮驱动用于测量废气）模式也称保养模式，是让发动机单独运转的模式。在这种模式下发动机保养时可进行点火正时检查、怠速废气排放测试（CO，HC）检查，以及使用速度表检测台和二轮底盘测功机等进行测试。方法是选择驻车档（P）时保持发动机怠速运转。

CEFITIFICATION MODE（二轮驱动用于切断TRC）模式也称认证模式，在这种模式下可使用速度表检测台、二轮底盘测功机等进行测试，相当于在行驶档位取消牵引控制的保养模式。

有关速度表测试的特殊注意事项：确保在保养模式下（D位）进行测试。请勿在速度表检测台上进行快速起动或快速加速，否则可能损坏传动桥。实际的操作方法是缓慢踩下加速踏板，使车辆逐渐加速，然后进行测量。测量后，用制动器使车辆逐渐减速。

使用底盘测功机的特殊注意事项：开始D位测试之前，务必设置相应的负载。在最小负载下，对底盘测功机上的车辆执行突然加速或减速可能会损坏传动桥。

不使用智能检测仪激活保养模式：在60s内，执行以下步骤：①将电源开关置于ON（IG）位置；②选择驻车档（P）时，完全踩下加速踏板两次；③选择空档（N）时，完全踩下加速踏板两次；④选择驻车档（P）时，完全踩下加速踏板两次。检查并确认多信息显示屏上显示"保养模式"。踩下制动踏板时，通过将电源开关置于ON（READY）位置起动发动机。提示：丰田普锐斯混合动力汽车，选择驻车档（P）的情况下，保养模式下的怠速转速大约为1000r/min。选择驻车档（P）的情况下，踩下加速踏板时，发动机转速升高至1500r/min。将加速踏板踩下超过一半或完全踩下加速踏板时，发动机转速升高至大约2500r/min。

使用智能检测仪激活保养模式：将智能检测仪连接到DLC3；将电源开关置于ON（IG）位置；打开智能检测仪；进入以下菜单：Powertrain动力系统/Hybrid Control混动控制/Utility工具/Inspection Mode – 2WD for measuring Exhaust Gas测量尾气的检查模式；检查并确认多信息显示屏上显示"保养模式"。踩下制动踏板时，通过将电源开关置于ON（READY）位置起动发动机。在选择驻车档（P）的情况下，保养模式下的怠速转速大约为1000r/min。选择驻车档（P）的情况下，踩下加速踏板时，发动机转速升高至1500r/min。将加速踏板踩下超过一半，或完全踩下加速踏板时，发动机转速升高至大约2500r/min。

不使用智能检测仪激活认证模式：在60s内，执行以下步骤：①将电源开关置于ON（IG）位置；②选择驻车档（P）时，完全踩下加速踏板三次；③选择空档（N）时，完全踩下加速踏板三次；④选择驻车档（P）时，完全踩下加速踏板三次。检查并确认多信息显示屏上显示"认证模式"；踩下制动踏板时，通过将电源开关置于ON（READY）位置起动发动机。

使用智能检测仪激活认证模式：将智能检测仪连接到DLC3；将电源开关置于ON（IG）位置；打开智能检测仪；进入以下菜单：Powertrain/Hybrid Control/Utility/Inspection Mode – 2WD for cutting TRC。检查并确认多信息显示屏上显示"认证模式"；踩下制动踏板时，通过将电源开关置于ON（READY）位置起动发动机。

如果检查模式期间控制单元检查出故障，并存有DTC时，则仪表上的主警告灯点亮，且将出现警告信息。检查模式期间出现此类问题会自动取消检查模式，这时应排除故障并消除DTC，重新进入检查模式。

检查模式完成后,将电源开关置于 OFF 位置,解除检查模式。若未取消检查模式时行驶车辆可能损坏传动桥。

复 习 题

1. 如何使用混合动力汽车?
2. 混合动力汽车一般工作流程是什么?
3. 混合动力汽车识别信息有哪些?
4. 混合动力汽车维修注意事项包括什么?
5. 混合动力汽车高压维修注意事项包括什么?
6. 混合动力汽车检查或维修发动机室时应遵守的注意事项包括什么?
7. 混合动力汽车 12V 蓄电池放电时应采取什么措施?
8. 混合动力汽车动力电池放电时的处理措施有什么?
9. 混合动力汽车撞击损坏后应采取的措施有什么?

第三章 米勒发动机系统

> **情境引入**

　　小林工作到第二周周末已掌握了混合动力汽车使用和维护的理论和操作部分，曹师傅对小林同学的求学上进非常满意，打算尽快教他发动机电控系统的诊断。

　　第三周师傅开始让他诊断和维修米勒发动机。一大早就有一辆丰田普锐斯因撞车事故，需要更换前部换热器、前照灯、电动空调压缩机和电子节气门体。在更换全部损坏部件后发现纯电动行驶正常，车辆原地稍踩下加速踏板时，可以感觉到高压电机 MG1 将发动机起动了，排气管排气正常且稳定。但当挂 D 位行驶时，发动机出现抖动并熄火，多次测试现象相同。

　　假如你是车间的小林同学，你知道要解决这个问题，要用到哪些知识吗？

> **学习目标**

1. 修理发动机前的注意事项。
2. 发动机转矩控制原理。
3. 如何检查米勒发动机的燃油供给系统和点火系统。
4. 如何进行丰田普锐斯米勒发动机的缸压测量。
5. 如何读出丰田普锐斯发动机数据流中的关键数据。

第一节　操作前注意事项

一、检查注意事项

1) 检查高压系统部件或断开带变换器的逆变器总成低压插接器前，务必采取安全措施，如佩戴绝缘手套后再拆下检修塞把手（图 3-1），以防电击。拆下检修塞把手后，请放到自己口袋中，防止其他技师在进行高压系统作业时，将其插入检修塞座导意外重新连接。

小心：

① 将电源开关置于 OFF 位置后。从辅助蓄电池负极（-）端子上断开电缆前需要等待一定的时间。继续工作前，确保阅读从辅助蓄电池负极（-）端子上断开电缆的注意事项。

② 拆下检修塞把手后，将电源开关置于 ON（READY）位置可能会导致故障。除非修

理手册规定，否则不要将电源开关置于 ON（READY）位置。

2）断开检修塞把手后，接触任何高压插接器或端子前，等待至少 10min。

提示：使带变换器的逆变器总成内的高压电容器放电至少需等待 10min。

3）检查带变换器的逆变器总成内检查点的端子电压。

注意：务必佩戴绝缘手套。

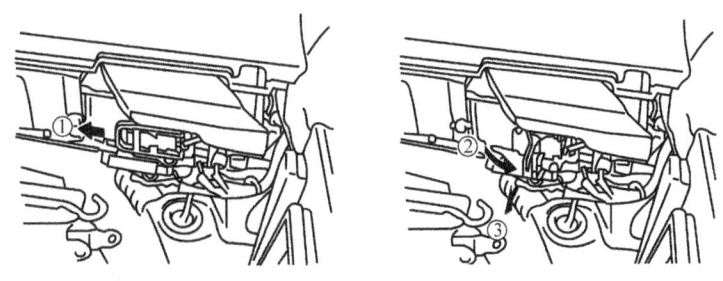

图 3-1　拆下检修塞

二、混合动力控制系统激活的注意事项

警告灯点亮或断开并重新连接辅助蓄电池时，首次尝试将电源开关置于 ON（READY）位置可能不会起动系统（系统可能未进入 READY – ON 状态）。如果这样，则将电源开关置于 OFF 位置，并再次尝试起动混合动力系统。

三、关于智能检测仪的使用

为确保安全，应遵守下列事项：

1）使用智能检测仪前先阅读说明书。

2）驾驶连接有智能检测仪的车辆时，防止智能检测仪电缆卡在踏板、变速杆或转向盘上。

3）驾驶车辆使用智能检测仪进行检测时，需要两人。一人驾驶车辆，另一人操作智能检测仪。

四、断开并重新连接辅助蓄电池负极电缆

对电子部件进行操作前，从辅助蓄电池负极（-）端子上断开电缆以防止损坏电气系统或电气部件。断开并重新连接辅助蓄电池电缆前，将电源开关置于 OFF 位置并关闭前照灯开关。然后，完全松开端子螺母。不要损坏电缆或端子。断开辅助蓄电池电缆时，时钟和收音机设定以及存储的 DTC 被清除。因此，断开辅助蓄电池电缆前，对其进行记录。

小心：将电源开关置于 OFF 位置后，从辅助蓄电池负极（-）端子上断开电缆前需要等待一定的时间。继续工作前，确保阅读从辅助蓄电池负极（-）端子上断开电缆的注意事项。断开并重新连接辅助蓄电池负极（-）电缆后，系统需要初始化。

第二节 系统原理图和症状表

一、发动机系统

1）发动机主要部件位置如图3-2所示。

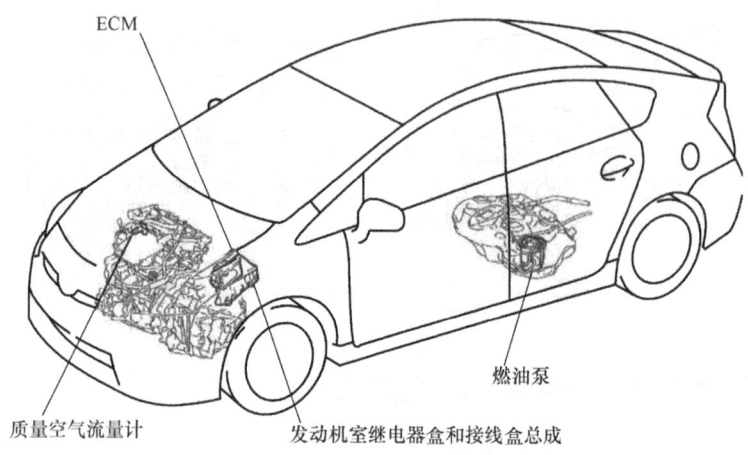

图3-2 发动机主要部件

2）车内主要元件位置如图3-3所示。

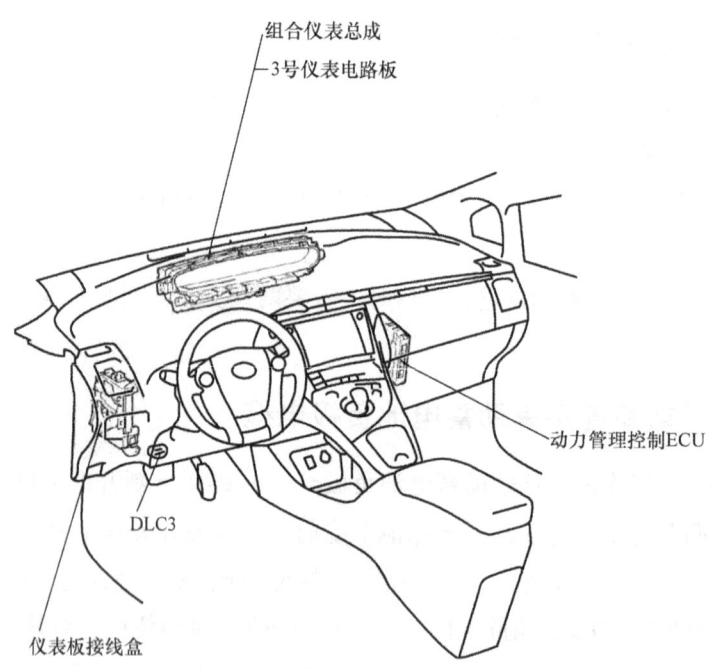

图3-3 仪表台附近发动机主要相关部件

3）传感器和执行器如图3-4所示。

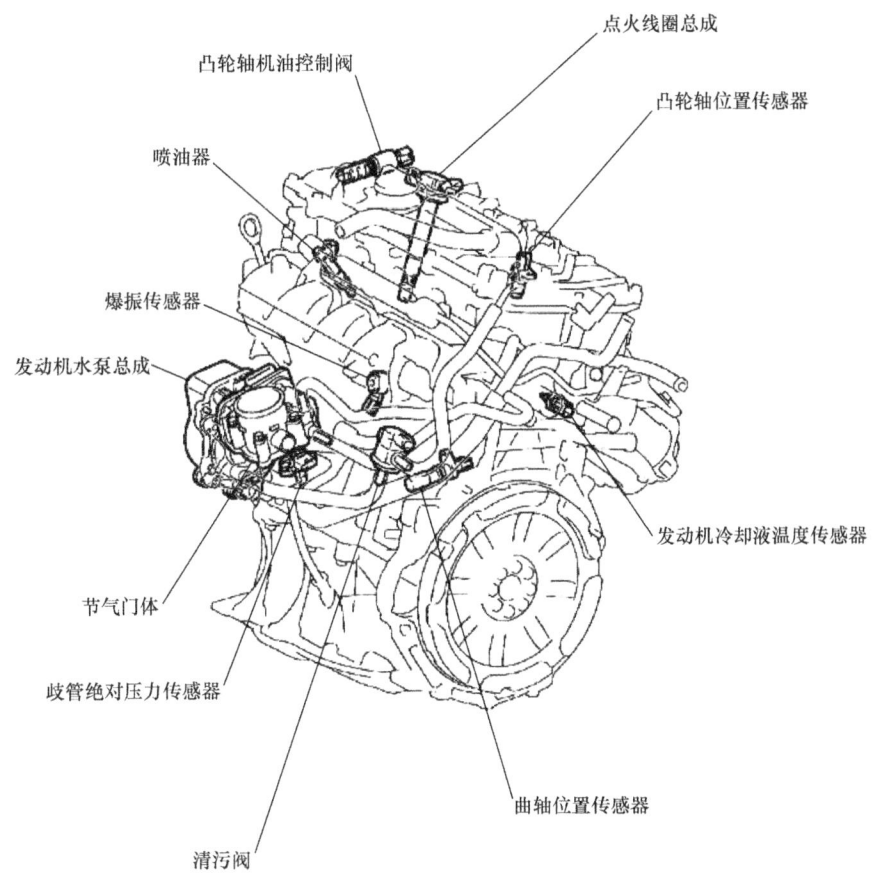

图3-4　5ZR-FXE发动机控制系统

4）排气管如图3-5所示。

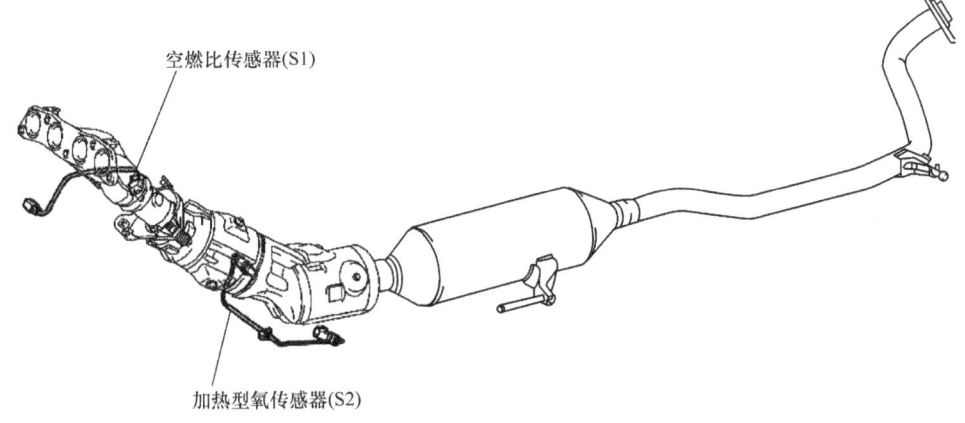

图3-5　5ZR-FXE发动机排气系统部件

二、系统图

丰田普锐斯混合动力汽车发动机 ECM 系统如图 3-6 所示。本章将对这张图进行详细讲解。

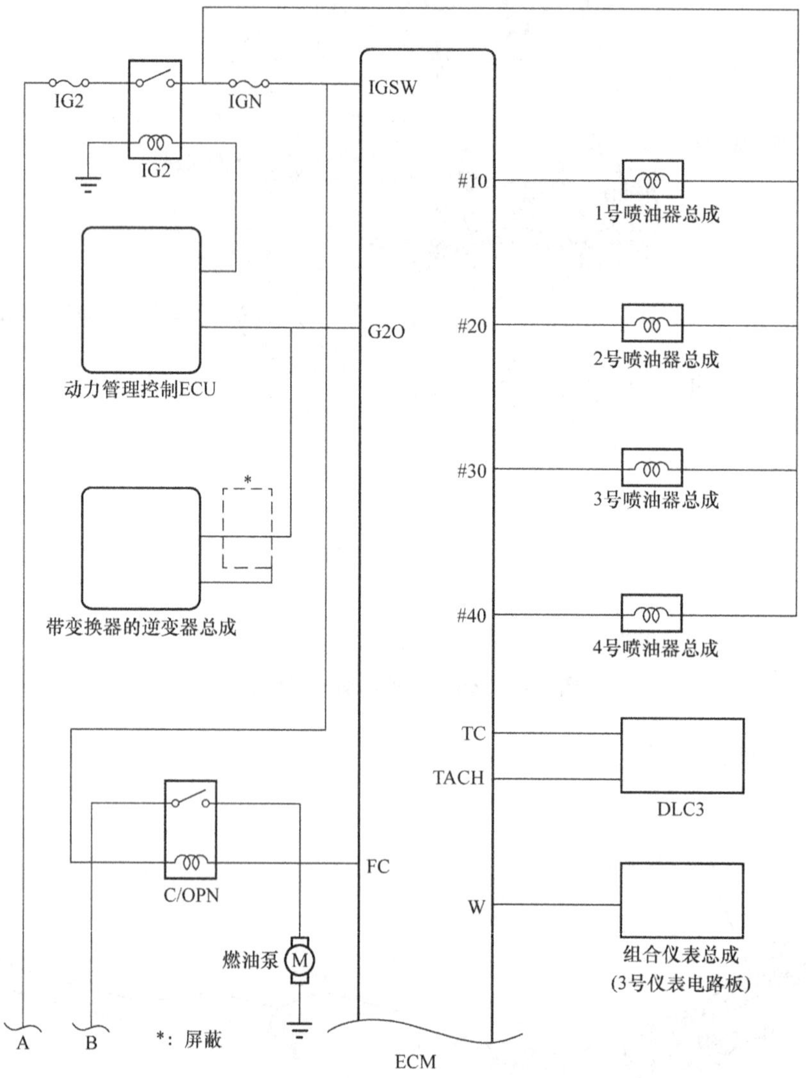

图 3-6 5ZR-FXE 发动机控制系统

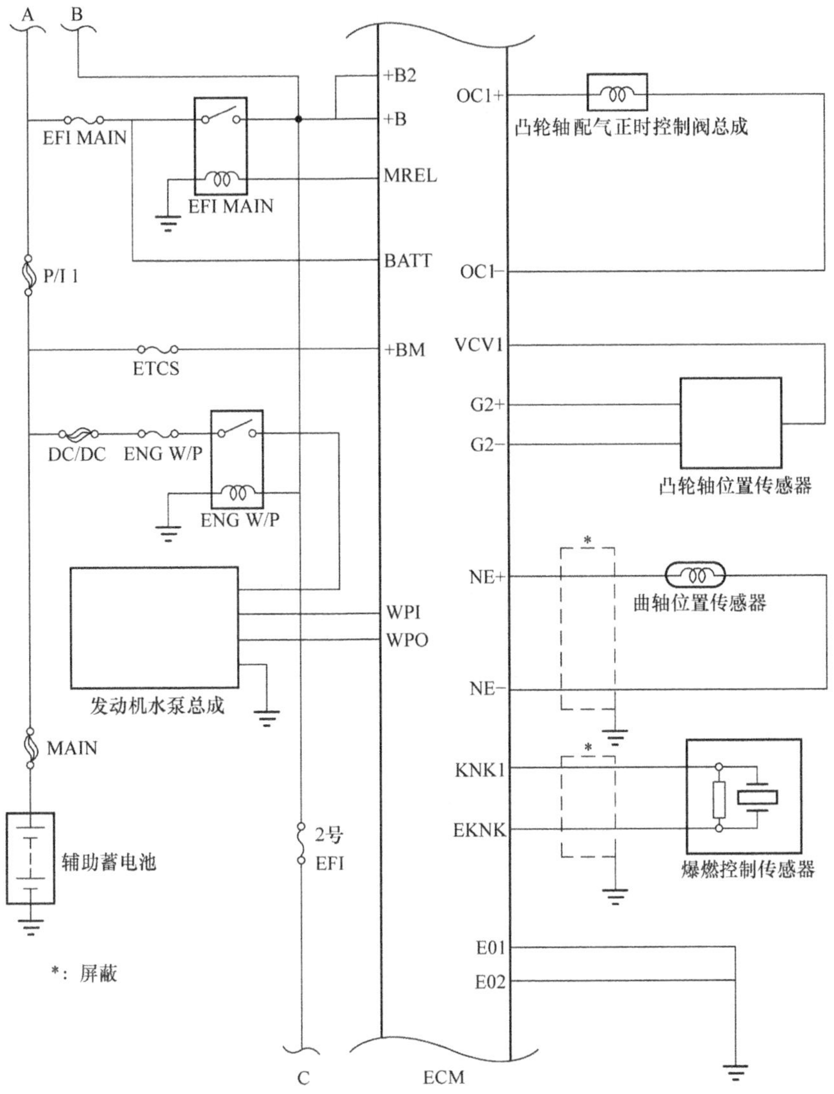

图 3-6 5ZR-FXE 发动机控制系统（续）

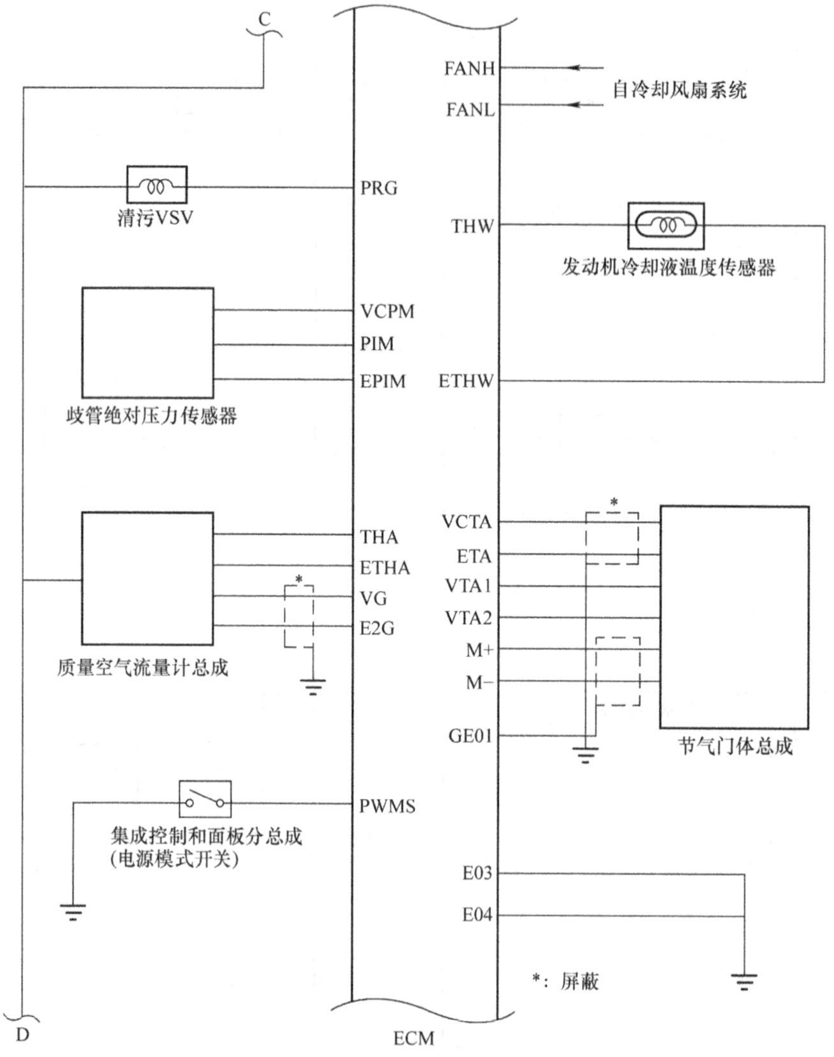

图 3-6　5ZR-FXE 发动机控制系统（续）

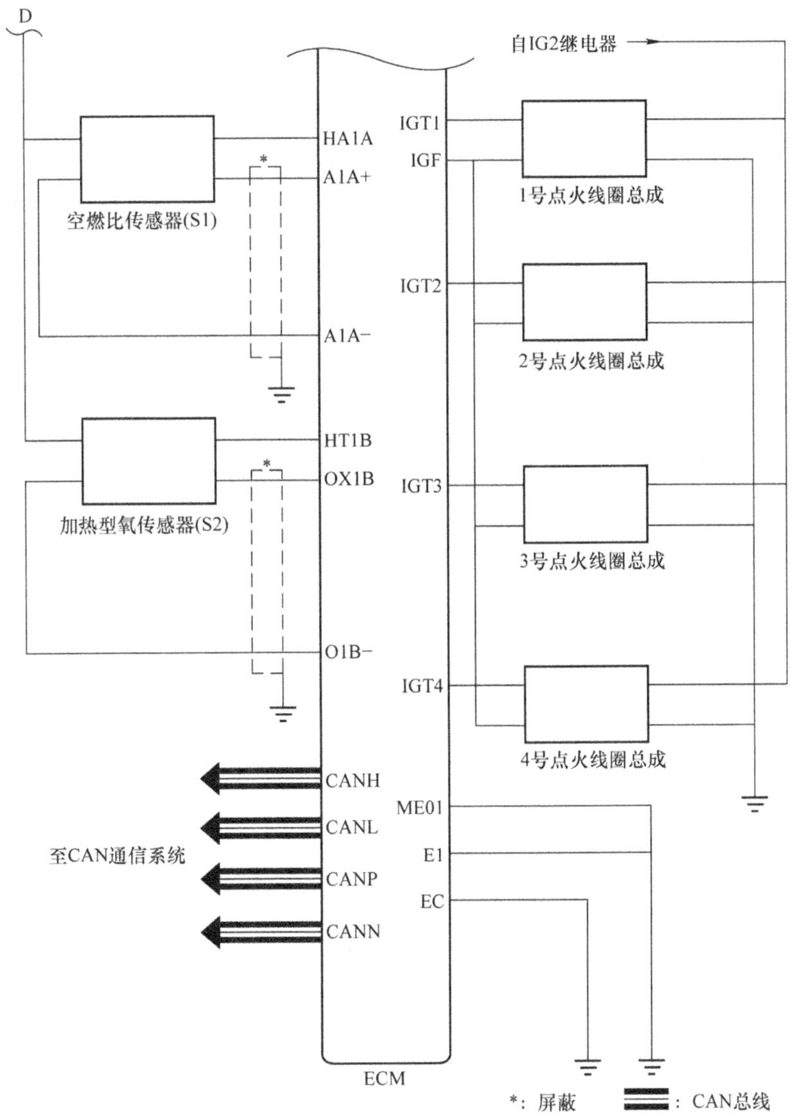

图 3-6　5ZR-FXE 发动机控制系统（续）

三、检查是否存在间歇性故障

使用检查模式检查车辆的 ECM。ECM 在检查模式下时，使用智能检测仪更加容易检测到间歇性故障。在检查模式下，ECM 使用单程检测逻辑，与使用双程检测逻辑的正常模式（默认）相比，对故障有更高的灵敏度。

1）清除 DTC。
2）使用检测仪将 ECM 从正常模式切换至检查模式。
3）进行模拟测试。
4）检查并晃动线束、插接器和端子。

四、基本检查

通过检查 DTC 未能确认故障时,对所有可能引起故障的电路进行故障排除。大多数情况下,按维修手册中的流程图进行发动机基本检查,可以快速有效地找出故障部位。因此,对发动机进行故障排除时,务必进行此检查。

五、故障症状表

使用故障症状表有助于确定故障症状的原因(表3-1)。如果列出多个可疑部位,则在表中"可疑部位"栏中将症状的可能原因按照可能性大小列出。按照所列顺序检查可疑部位,以检查各症状,必要时更换零件。检查可疑部位前,先检查与本系统相关的熔丝和继电器。

表3-1 SFI 系统故障症状表

症状	可疑部位	症状	可疑部位
发动机曲轴不能转动(不起动)	混合动力控制系统	急速不稳	压缩压力
	VC 输出电路		空燃比传感器
	ECM 电源电路		加热型氧传感器
无初始燃烧(不起动)	VC 输出电路		质量空气流量计分总成
	曲轴位置传感器		歧管绝对压力传感器
	燃油泵控制电路		点火系统
	点火系统		燃油管路
	喷油器电路		气门正时
	气门正时		燃油泵
发动机曲轴转动正常,但起动困难	燃油泵控制电路		进气系统
	燃油泵		PCV 系统
	发动机冷却液温度传感器	抖动	PCV 系统
	点火系统		空燃比传感器
	喷油器总成		质量空气流量计分总成
	压缩压力	喘抖/加速不良	燃油管路
	喷油器电路		燃油泵
	进气系统		气门正时
	节气门体总成		质量空气流量计分总成
	ECM 电源电路		节气门体总成
发生不完全间歇式燃烧(不起动)	燃油泵控制电路		爆燃控制传感器
	燃油泵		制动超控系统
	燃油管路	喘振(操纵性能差)	燃油管路
	点火系统		燃油泵控制电路
	喷油器总成		燃油泵
	曲轴位置传感器		点火系统
	气门正时		喷油器总成
发动机急速转速高	节气门体总成	起动后不久发动机熄火	质量空气流量计分总成
	进气系统		进气系统
	发动机冷却液温度传感器		歧管绝对压力传感器
	PCV 系统		燃油管路
	ECM 电源电路		气门正时
发动机急速转速低(急速不良)	燃油泵控制电路		
	节气门体总成		
	进气系统		
	PCV 系统		
减速时发动机熄火	急速(参见"发动机急速转速低")		

第三节　米勒发动机系统诊断与维修

一、质量空气流量计

1. 描述

质量空气流量计分总成是测量流经节气门空气量的传感器。ECM 利用此信息确定燃油喷射时间并提供适当的空燃比。质量空气流量计分总成内部有一个暴露于进气气流的白金热丝，向铂丝施加一个特定的电流。进气气流冷却白金热丝和内部热敏电阻，从而影响它们的电阻。为保持恒定的热丝温度值，将电流施加到质量空气流量计分总成的这些零部件。电压高低与通过传感器的空气流量成比例，ECM 利用这种规律来计算进气量。该电路的结构使白金热丝和温度传感器构成桥接电路，并且功率晶体管的控制使 A 和 B 两点的电压保持相等，以便将温度维持在预定温度。

提示：设定与质量空气流量计相关的 DTC，ECM 进入失效保护模式。在失效保护模式下，ECM 根据发动机转速和节气门位置计算点火正时。失效保护模式持续运行，直至检测到通过条件。

2. 电路图（图 3-7）

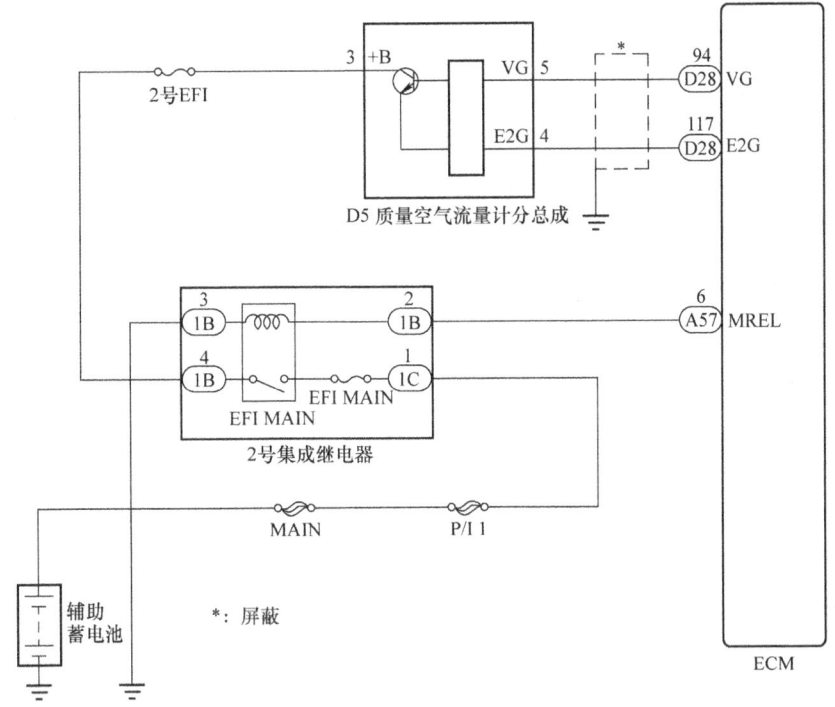

图 3-7　5ZR-FXE 发动机空气流量计电路

3. 诊断方法

执行检查程序前，先检查本系统相关电路的熔丝，再根据故障码和数据流进行诊断。

二、歧管绝对压力、大气压力传感器

1. 描述

歧管绝对压力传感器通过内置传感器检测进气歧管的内部压力作为绝对压力并输出电压。根据来自歧管绝对压力传感器的电压，ECM 控制空燃比并校正由于压力改变而导致的压力传感器故障。

2. 电路图（图3-8）

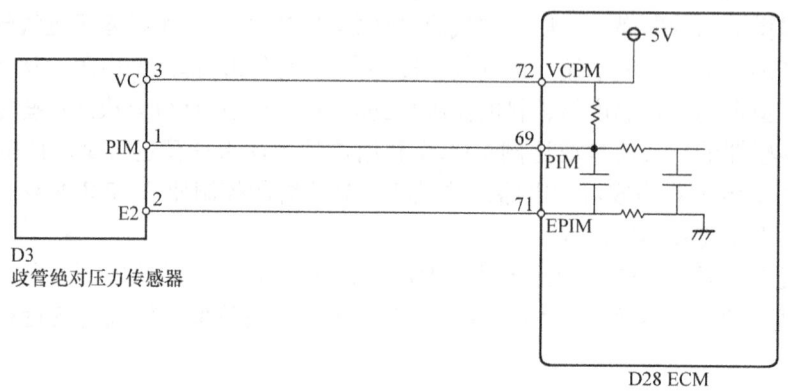

图 3-8　5ZR – FXE 发动机节气门体后压力传感器电路

3. 诊断方法

首先要根据故障码和数据流进行诊断。其次除了测量压力传感器的电源外，更精确的测量是绝对压力和信号输出的关系（图3-9），当然大多数情况没这个必要，除非压力通道有堵塞或传感器损坏。

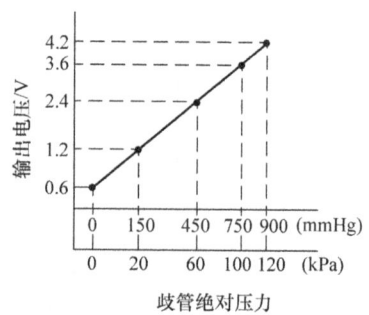

图 3-9　5ZR – FXE 发动机节气门体后压力传感器信号输出

三、进气温度传感器

1. 描述

进气温度传感器安装在质量空气流量计分总成内，监视进气温度。进气温度传感器中内置有热敏电阻，其电阻随进气温度的变化而变化。进气温度变低时，热敏电阻的电阻增大。温度变高时，电阻减小。电阻的这些变化被作为电压的变化传输至 ECM。ECM 端子 THA 经 ECM 内的电阻器 R 将 5V 电源施加到进气温度传感器上。电阻器 R 和进气温度传感器是串联的。进气温度传感器的电阻值随进气温度的变化而变化时，端子 THA 上的电压也随之变化。发动机冷机时，ECM 根据此信号增加燃油喷射量以提高操纵性能。

提示：设定 DTC P0112 或 P0113 时，ECM 进入失效保护模式。在失效保护模式下，ECM 估算进气温度为 20℃（68℉）。失效保护模式持续运行，直至检测到通过条件。

2. 电路图（图3-10）

3. 诊断方法

首先要根据故障码和数据流进行诊断。其次除了测量进气温度传感器的电源外，更精确

第三章 米勒发动机系统 47

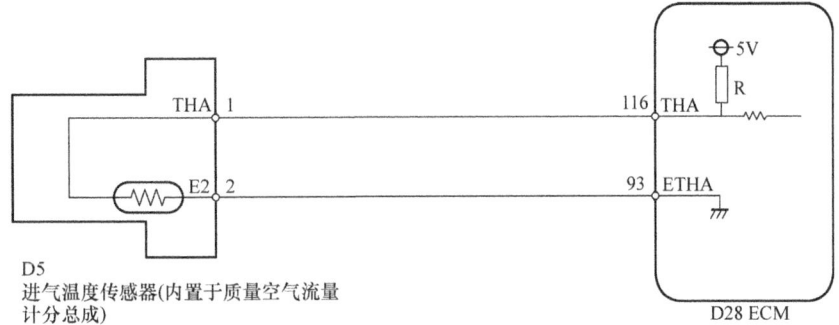

图 3-10 5ZR-FXE 发动机进气温度传感器电路

的测量是图 3-11 所示的温度和信号输出的关系。

四、冷却液温度传感器

1. 描述

热敏电阻内置于发动机冷却液温度传感器，其电阻值随发动机冷却液温度的变化而变化。传感器的结构及其与 ECM 的连接方式和进气温度传感器相同。

提示：设定 DTC P0115、P0117 和 P0118 中的任一个时，ECM 进入失效保护模式。在失效保护模式下，ECM 估算发动机冷却液温度为 80℃（176°F）。失效保护模式持续运行，直至检测到通过条件。

2. 电路图（图 3-12）

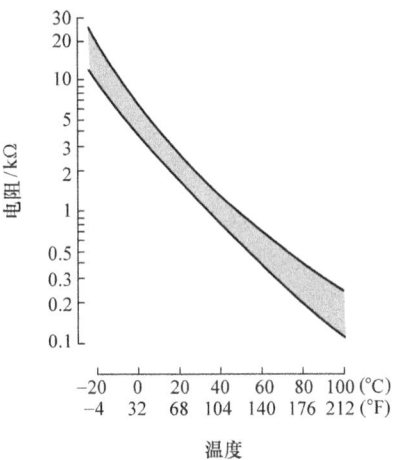

图 3-11 5ZR-FXE 发动机进气温度传感器信号输出

3. 诊断方法

首先要根据故障码和数据流进行诊断。如果存储 DTC P0117，则检查并确认发动机没有过热（由于发动机过热，可能会存储 DTC P0117）。

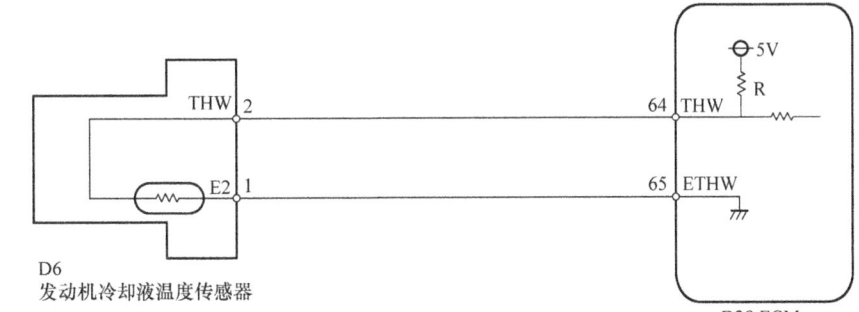

图 3-12 5ZR-FXE 发动机冷却液温度传感器电路

五、节气门位置传感器和节气门执行器

1. 节气门位置传感器

（1）描述

节气门位置传感器安装在节气门体总成上，用于检测节气门开度。该传感器为非接触

型，使用霍尔效应元件，以便在极端条件下，也能生成精确的信号。

节气门位置传感器有两个传感器电路 VTA1 和 VTA2，各传送一个信号。VTA1 用于检测节气门开度，VTA2 用于检测 VTA1 的故障。传感器信号电压与节气门开度成比例，在 0V 和 5V 之间变化，并且传送到 ECM 端子 VTA。

(2) 电路图（图3-13）

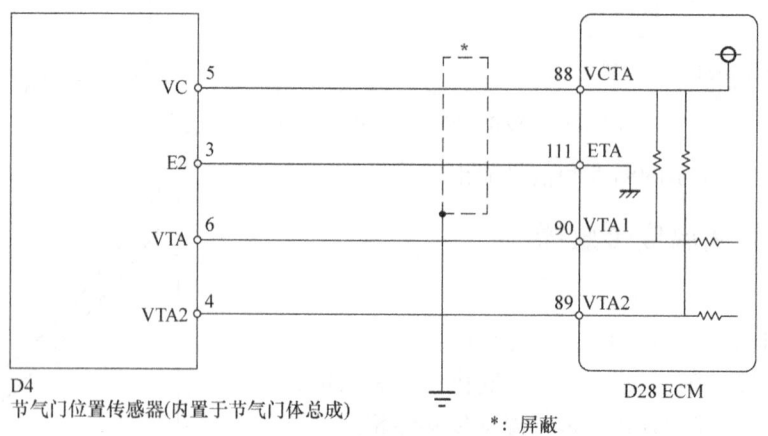

图3-13 5ZR–FXE 发动机节气门位置传感器电路

(3) 诊断方法

首先要根据故障码和数据流进行诊断。

节气门关闭时，传感器输出电压降低（图3-14），节气门开启时，传感器输出电压升高。ECM 根据这些信号来计算节气门开度并响应驾驶人输入来控制节气门执行器。这些信号同时也用来计算空燃比修正值、功率提高修正值和燃油切断控制。

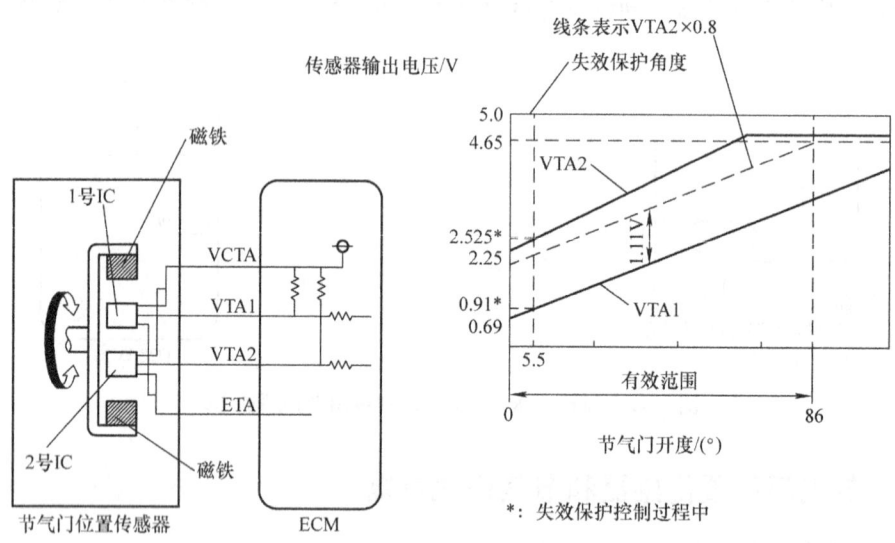

图3-14 5ZR–FXE 发动机节气门位置传感器信号输出

通过传感器端子 VTA1 传输的节气门开度以百分比形式表示。10%和22%之间表示节气门全关。64%和96%之间表示节气门全开。失效保护角度大约为 18.2%（5.5°）。

失效保护：设定了与节气门位置传感器相关的 DTC，或者与电子节气门控制系统故障有关的其他 DTC 时，ECM 进入失效保护模式。在失效保护模式下，ECM 切断流向节气门执行器的电流，并且节气门在回位弹簧的作用下返回到 5.5°节气门开度。ECM 停止发动机且仅可使用混合动力系统行驶车辆。如果平稳而缓慢地踩下加速踏板，则车辆会缓慢行驶。

失效保护模式持续运行，直至检测到通过条件且将电源开关置于 OFF 位置。

2. 节气门体执行器

（1）节气门控制电动机

1）描述。提示：电子节气门控制系统（ETCS）不使用节气门拉索。ECM 操作节气门执行器，节气门执行器通过齿轮来打开和关闭节气门。

2）电路图如图 3-15 所示。

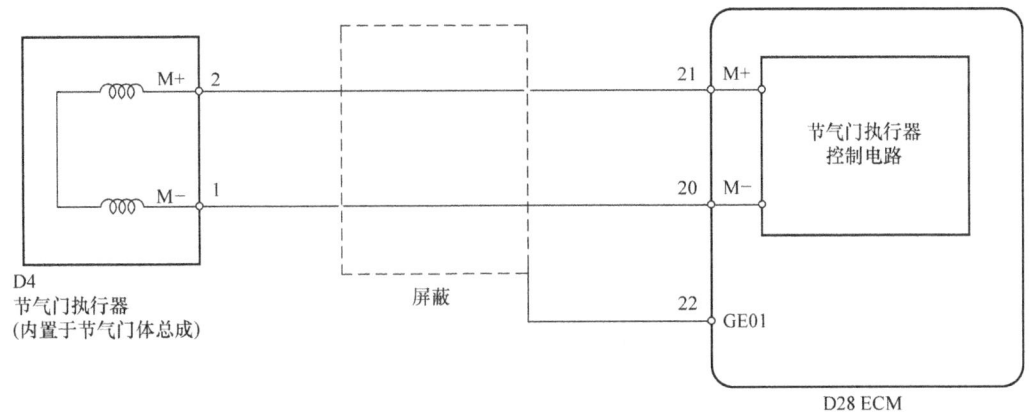

图 3-15　电子节气门控制系统（ETCS）电路

（2）节气门执行器控制电动机电流范围性能

1）描述。电子节气门控制系统有一个专用的电源电路。监视电压（+BM）过低（低于4V）时，ECM 判定电子节气门控制系统有故障并切断流向节气门执行器的电流。电压不稳时，电子节气门控制系统也变得不稳。因此，电压低时，流向节气门执行器的电流被切断。如果维修后系统恢复正常，则将电源开关置于 OFF 位置，ECM 允许电流流向节气门执行器，从而使执行器可以重新工作。

2）原理如图 3-16 所示。

3）电路如图 3-17 所示。

六、氧传感器

1. 空燃比（A/F）氧传感器 S1

（1）描述

设定与空燃比氧传感器相关的 DTC 时，ECM 进入失效保护模式。在失效保护模式下，ECM 关闭空燃比传感器加热器。失效保护模式持续直至将电源开关置于 OFF 位置。尽管有些 DTC 标题中提及氧传感器，但这些 DTC 与空燃比传感器有关。S1 指安装在三元催化转化

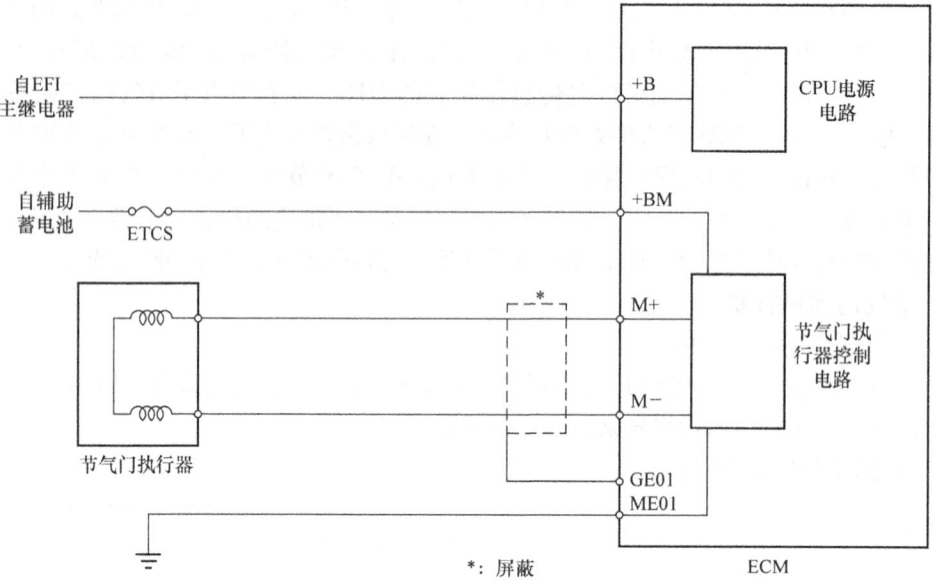

图 3-16 电子节气门控制系统（ETCS）原理图

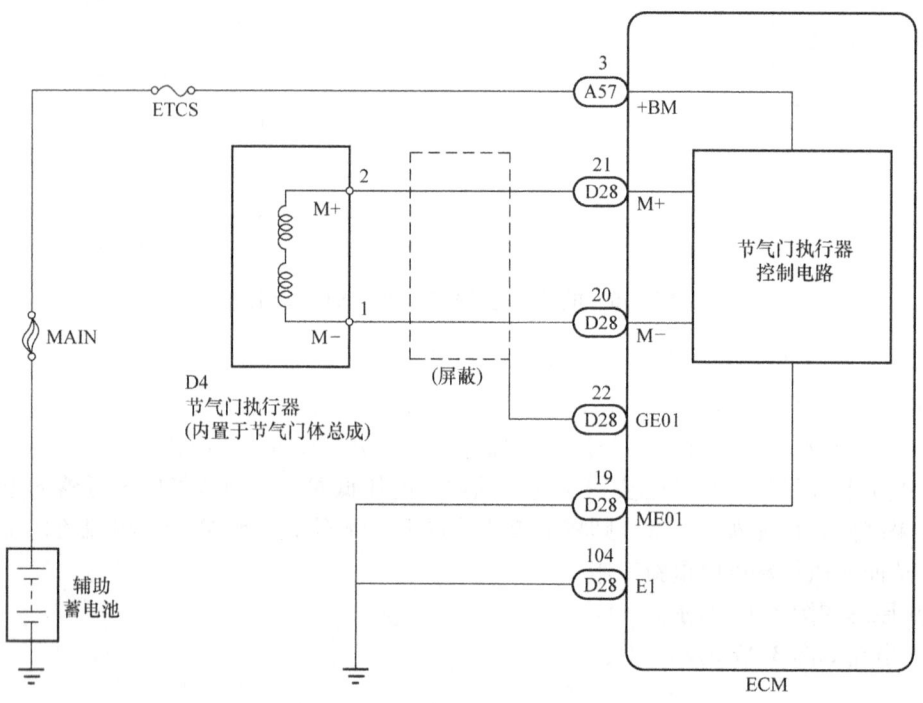

图 3-17 电子节气门控制系统（ETCS）电路总图

器前面、靠近发动机总成的传感器。ECM 利用脉宽调制来调节通过加热器的电流。空燃比传感器加热器电路使用电路 +B 侧的继电器。

(2) 电路图（图 3-18）

(3) 诊断方法

执行以下检查程序前。先检查本系统相关电路的熔丝。

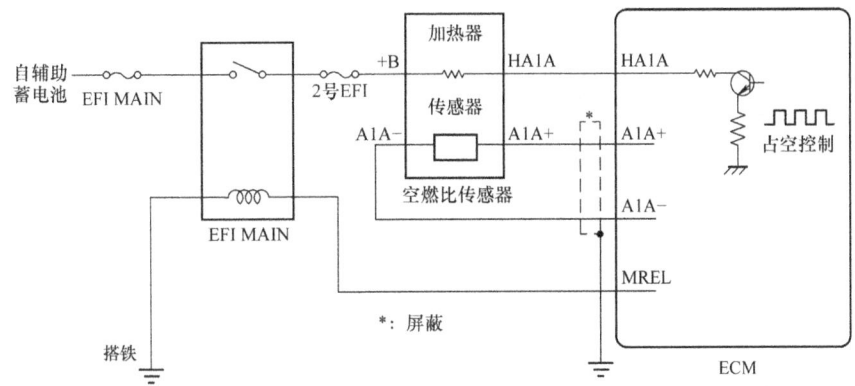

图 3-18　5ZR-FXE 发动机空燃比传感器电路

1）参见"数据表/主动测试"A/F Heater Duty#1。

2）使用智能检测仪读取定格数据。存储 DTC 时，ECM 将车辆和驾驶状况信息记录为定格数据。进行故障排除时，定格数据有助于确定故障出现时车辆是运行还是停止，发动机是暖机还是未暖机，空燃比是稀还是浓以及其他信息。

3）使用主动测试提供的控制喷油量功能改变燃油喷射量并监视空燃比传感器的输出电压。进行主动测试时，如果传感器的输出电压不改变（几乎无反应），则传感器可能有故障。

2. 监测三元催化转化器转化效率的氧传感器 S2

（1）描述

S2 指安装在三元催化转化器后面、远离发动机总成的传感器。三元催化转化器用于提高废气中一氧化碳（CO）、碳氢化合物（HC）和氮氧化物（NO_x）的净化率。为了最有效地利用三元催化转化器，必须精确控制空燃比，使其接近理论空燃比。为帮助 ECM 精确控制空燃比，采用了加热型氧传感器。

设定与 S2 相关的 DTC 时，ECM 进入失效保护模式。在失效保护模式下，ECM 关闭加热型氧传感器加热器。失效保护模式持续直至将电源开关置于 OFF 位置。ECM 利用脉宽调制来调节通过加热器的电流。加热型氧传感器加热器电路使用电路 +B 侧的继电器。

（2）电路图（图 3-19）

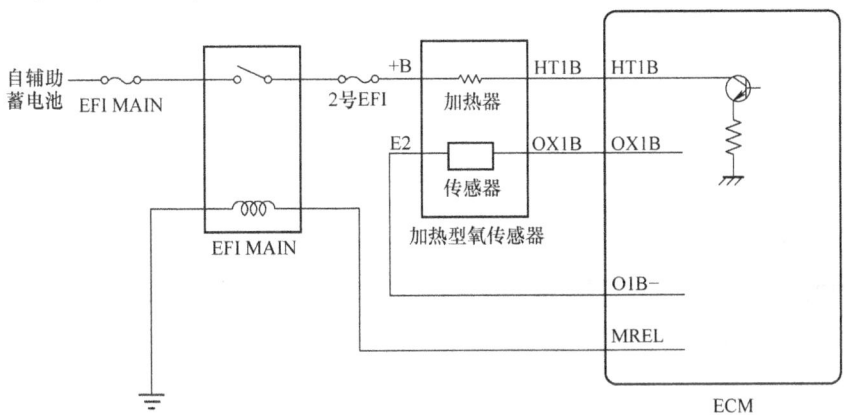

图 3-19　5ZR-FXE 发动机氧传感器系统电路

（3）诊断方法

参见"数据表，主动测试"02 Heater B1S2 和 02 Heater Curr Val B1S2。数据表项目 02

Heater Curr Val B1S2 的值不为 0A 时,加热器打开。使用主动测试提供的控制喷油量功能改变燃油喷射量并监视加热型氧传感器的输出电压。进行主动测试时,如果传感器的输出电压不改变(几乎无反应),则传感器可能有故障。

3. 氧传感器的诊断

(1) 描述

加热型氧传感器位于三元催化转化器后面,用于检测废气中的氧浓度。由于此传感器与对感应部位进行加热的加热器集成在一起,即使在进气量较小(废气温度较低)时,它也能检测出氧浓度。

空燃比变稀时(图3-20),废气中的氧浓度变浓。加热型氧传感器会通知ECM,经过三元催化转化器后的空燃比过稀(低压,即低于0.45V的电压)。相反,空燃比比理论空燃比浓时,废气中氧浓度变稀。加热型氧传感器会通知ECM,经过三元催化转化器后的空燃比过浓(高压,即高于0.45V的电压)。空燃比接近理论空燃比时,加热型氧传感器的输出电压会急剧变化。

ECM利用来自加热型氧传感器的补充信息,来确定经过三元催化转化器后的空燃比是浓还是稀,并相应地调节燃油喷射时间。因此,如果加热型氧传感器由于内部故障而工作异常,ECM就不能补偿主空燃比控制中出现的偏差。

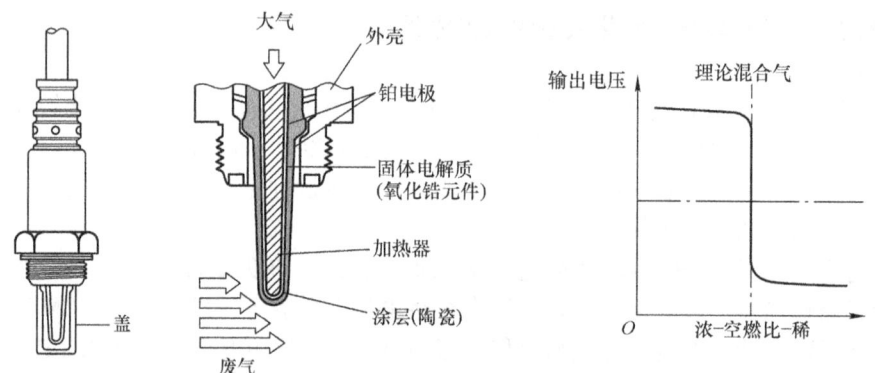

图 3-20 5ZR-FXE 发动机窄带氧传感器原理和信号

提示:在诊断故障排除程序的"执行确认行驶模式"程序中使用"确认行驶模式"。执行该模式将激活加热型氧传感器监视器(同时执行催化剂监视器)。这有助于验证维修是否完成。

(2) 电路图 (图 3-21)

(3) 诊断方法

提示:进行主动测试中的控制喷油量功能可以识别故障部位。控制喷油量功能有助于确定空燃比传感器、加热型氧传感器和其他可能的故障部位是否有故障。

以下说明描述了如何使用智能检测仪进行控制喷油量操作。

1)将智能检测仪连接到 DLC3。
2)将电源开关置于 ON(IG)位置,并打开检测仪。
3)将发动机置于检查模式(保养模式)。
4)起动发动机。
5)以 2500r/min 的转速运转发动机大约 90s 以暖机。

提示:充电控制期间,发动机转速设定为急速。因此,踩下加速踏板时,发动机转速未

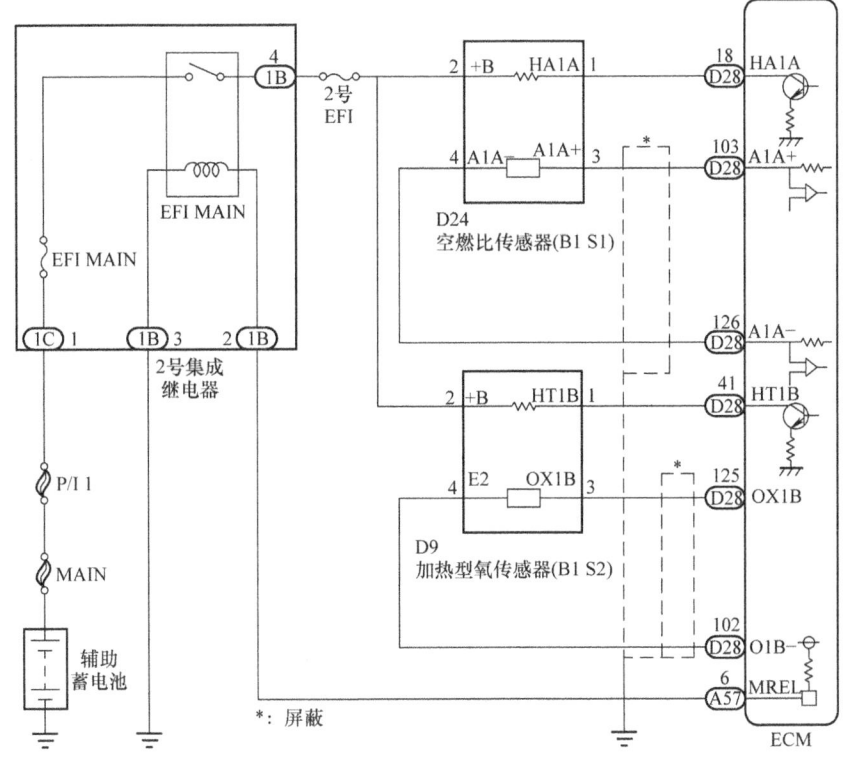

图 3-21 5ZR-FXE 发动机窄带氧传感器电路

增加。在这种情况下,完成充电控制后对发动机进行暖机。

6)进入以下菜单:Powertrain/Engine and ECT/Active Test/Control the Injection Volume, Data List/All Data/AFS Voltage B1S1 and 02S B1S2。

7)在发动机怠速运转状态下,进行主动测试操作。

8)监视检测仪上显示的空燃比和加热型氧传感器(AFS Voltage B1 S1 和 02S B1 S2)的输出电压。

提示:

1)使燃油喷射量在-12%~12%之间变化。喷油量可以细微地梯度改变。

2)各传感器根据燃油喷射量的增加和减少做出响应。

燃油修正值与反馈补偿值有关,而与基本喷油持续时间无关。燃油修正包括短期燃油修正和长期燃油修正。

短期燃油修正是指用于将空燃比持续保持在理论值的燃油补偿。来自空燃比传感器的信号指示空燃比与理论空燃比相比是浓还是稀。这使燃油喷射量在空燃比偏浓时减少,在空燃比偏稀时增加。各发动机间的差别、随时间造成的磨损和工作环境的改变都会使短期燃油修正值偏离中间值。长期燃油修正控制总体燃油补偿,用于补偿短期燃油修正造成的与中间值的长期偏差。

如果短期燃油修正值和长期燃油修正值都比预定值偏稀或偏浓,这会被判定为一个故障,ECM 将点亮 MIL 并设定 DTC。

在闭环燃油控制下,燃油喷射量与 ECM 估算的量相偏离,并导致长期燃油修正补偿值发生改变。如果短期燃油修正值持续出现偏差,则会调节长期燃油修正。与 ECM 估算的燃油喷射量的偏差也影响燃油修正平均学习值,该学习值是短期燃油修正平均值(燃油反馈补偿值)和长期燃油修正平均值(空燃比学习值)的综合值。如果燃油修正平均学习值超出故障阈值,则 ECM 将其视为燃油系统发生故障并设定 DTC。

示例(图 3-22):如果燃油修正平均学习值为 +35% 或更大,或为 -35% 或更小,则 ECM 将其视为燃油系统故障。

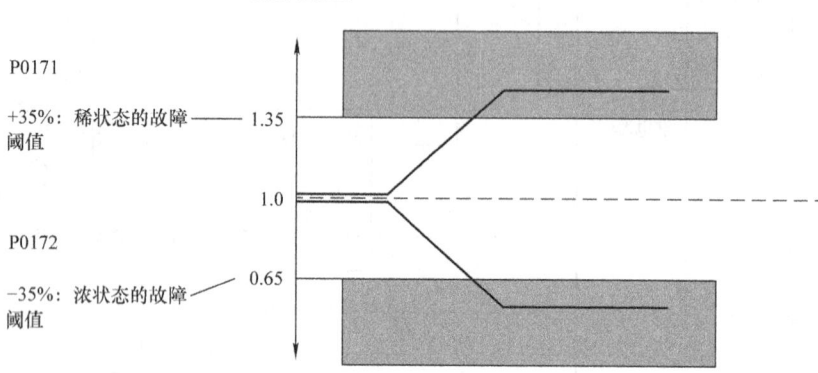

图 3-22　5ZR – FXE 发动机窄带氧传感器传感器电路

(4)确认行驶模式(图 3-23)

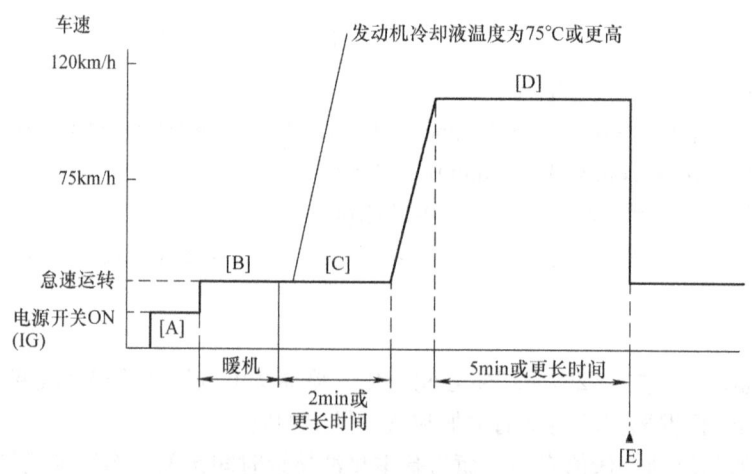

图 3-23　5ZR – FXE 发动机氧传感器传感器电路

发动机缺火时,高浓度碳氢化合物(HC)进入废气中。高浓度的 HC 会导致废气排放量增加。极高浓度的 HC 也可使三元催化转化器温度升高,从而可能导致其损坏。为了避免排放量增加以及高温造成的损坏,ECM 会监视缺火率。三元催化转化器的温度达到热衰退点时,ECM 会使 MIL 闪烁。ECM 使用凸轮轴位置(CMP)传感器和曲轴位置(CKP)传感器监测缺火情况。凸轮轴位置传感器用于识别缺火的气缸,而曲轴位置传感器则用于测量曲轴转速的变化。曲轴转速变化超出预定阈值时,将统计缺火数。如果缺火数超过了阈值并有可能导致排放控制系统性能恶化时,则 ECM 点亮 MIL 并设定 DTC。

4. 催化系统效率低于阈值（B1）

ECM 使用安装在三元催化转化器前面和后面的传感器来监视其效率。第一个传感器，即空燃比传感器向 ECM 发送催化处理之前的信息。第二个传感器，即加热型氧传感器向 ECM 发送催化处理之后的信息。

为检查三元催化转化器内出现的任何老化现象，ECM 会计算该三元催化转化器的储氧能力。这种计算在进行主动空燃比控制的同时根据加热型氧传感器的输出电压来进行。储氧能力值可以显示三元催化转化器的储氧能力。车辆暖机行驶时，主动空燃比控制执行大约 15～20s。执行时，ECM 会据此设定空燃比的稀浓程度。如果加热型氧传感器的波形周期变长，则储氧能力变大。三元催化转化器的加热型氧传感器和储氧能力之间有直接关系。

ECM 利用储氧能力值来确定三元催化转化器的状态。如果发生任何老化，则将点亮 MIL 并设定 DTC。该系统使用比后催化剂更灵敏的前催化剂储氧能力值作为典型值确定整个催化系统的恶化程度（包括前和后催化剂）。因此，有必要更换催化剂时，确保同时更换前和后催化剂。如果三元催化转化器老化，则即使在正常驾驶条件下（未执行主动空燃比控制），加热型氧传感器（位于三元催化转化器后面）的输出电压也频繁上下波动。

未执行主动空燃比控制时的电压输出如图 3-24 所示。

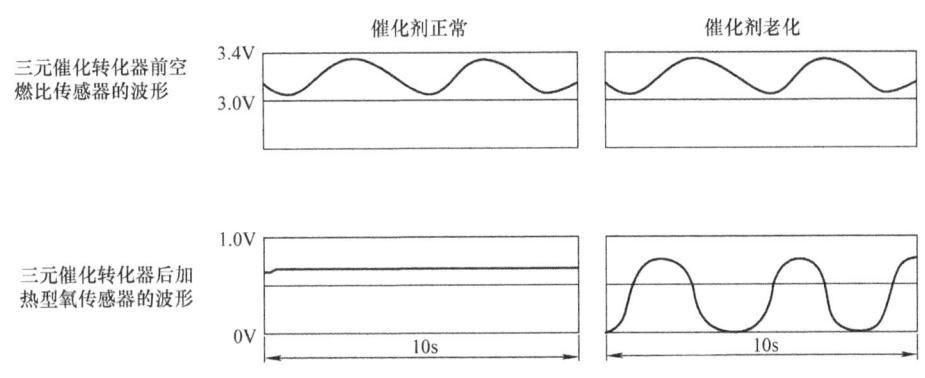

图 3-24 前空燃比传感器和后氧传感器的信号输出波形

5. 氧（AF）传感器

（1）描述

尽管 DTC 标题中提及氧传感器，但这些 DTC 与空燃比传感器有关。空燃比传感器产生与实际空燃比对应的电压。此传感器电压用来向 ECM 提供反馈，以便 ECM 能够控制空燃比。ECM 确定与理论空燃比的偏差，然后调节喷油持续时间。如果空燃比传感器出现故障，则 ECM 将无法对空燃比进行准确控制。

空燃比传感器是平面型的（图 3-25），与用来加热固体电解质（氧化锆元件）的加热器集成为一体。此加热器由 ECM 控制。进气量偏小（废气温度偏低）时，电流流向加热器以加热传感器，从而便于准确检测氧浓度。此外，与常规型相比，此传感器和加热器部分较窄。加热器产生的热量通过氧化铝传导至固体电解质，从而加速了传感器的激活。三元催化转化器用于将一氧化碳（CO）、碳氢化合物（HC）和氮氧化物（NO_x）转化为危害较小的物质。为使三元催化转化器有效工作，务必使发动机空燃比接近理论空燃比。

空燃比传感器采用电流输出元件，因而电流在 ECM 内转换成电压。在空燃比传感器或 ECM 插接器上测量电压时将始终显示恒定的电压值。

（2）结构和信号（图 3-25）

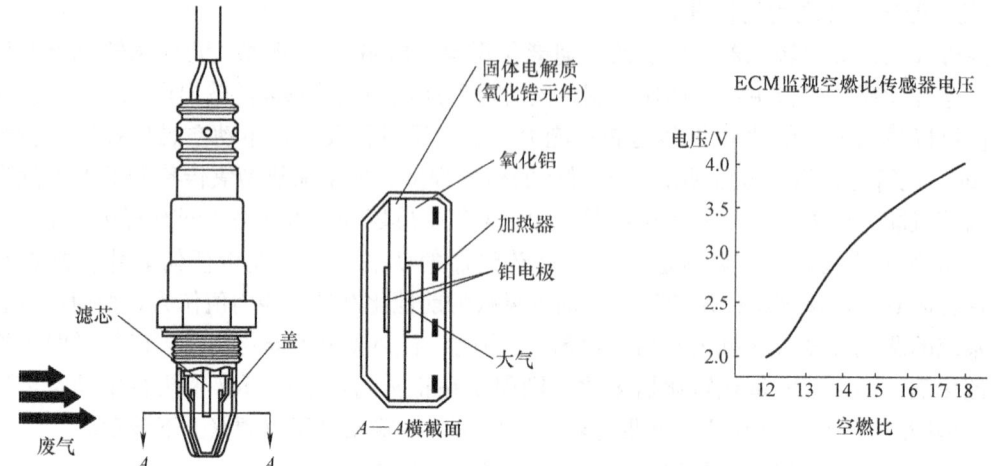

图 3-25　宽带氧传感器结构和信号输出

（3）电路图（图 3-26）

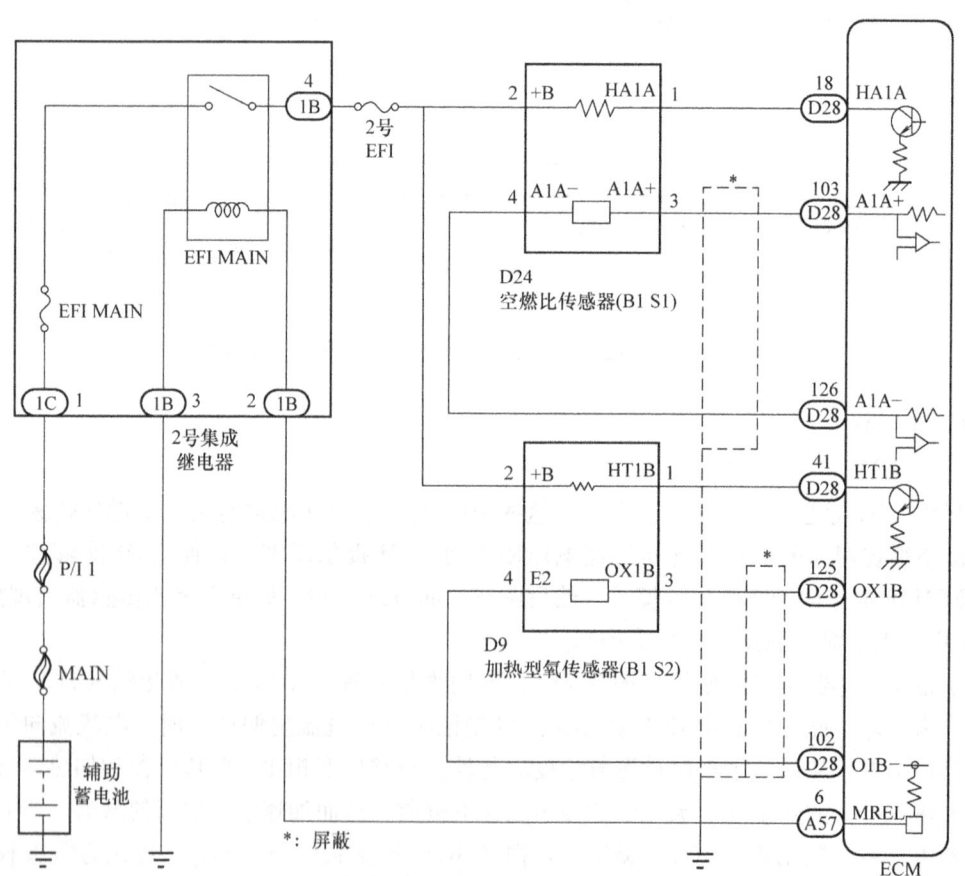

图 3-26　宽带氧传感器电路原理

七、爆燃传感器

1. 描述

采用平面型爆燃控制传感器。平面型爆燃控制传感器（非谐振型）的结构可检测频率大约在 6kHz 和 15kHz 之间的宽频带振动。

爆燃控制传感器安装在发动机缸体上，用于检测发动机爆燃。爆燃控制传感器内装有压电元件，它在变形时产生电压。发动机缸体因爆燃而振动时，就会产生电压。任何发动机爆燃的发生都可以通过延迟点火正时加以抑制。

2. 电路图（图 3-27）

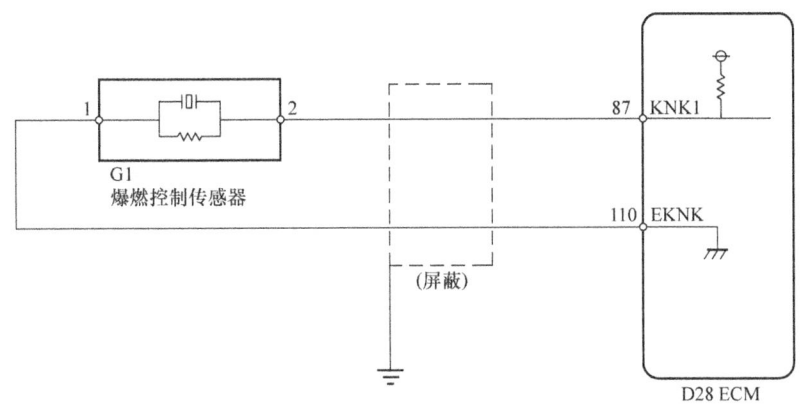

图 3-27　平面型爆燃控制传感器电路

八、曲轴位置传感器

1. 描述

曲轴位置传感器由 1 号曲轴位置信号盘和拾波线圈组成。信号盘有 34 个齿，安装在曲轴上。拾波线圈由缠绕的铜线、铁心和磁铁组成。信号盘旋转时，随着每个齿经过拾波线圈，产生一个脉冲信号。发动机每转一圈，拾波线圈产生 34 个信号。ECM 根据这些信号计算曲轴位置和发动机转速。利用这些计算结果控制燃油喷射时间和点火正时。

2. 电路图（图 3-28）

九、凸轮轴位置传感器

凸轮轴位置传感器（G2 信号）由磁铁和 MRE（磁阻元件）组成。

凸轮轴上有凸轮轴位置传感器正时转子。凸轮轴转动时，正时转子和 MRE 之间的气隙会发生改变，从而影响磁铁。MRE 材料的电阻发生波动。凸轮轴位置传感器将凸轮轴旋转数据转换成脉冲信号，并将脉冲信号发送到 ECM 来确定凸轮轴转角。然后，ECM 利用此数据来控制燃油喷射时间和喷油正时。

58 混合动力汽车构造 原理与检修

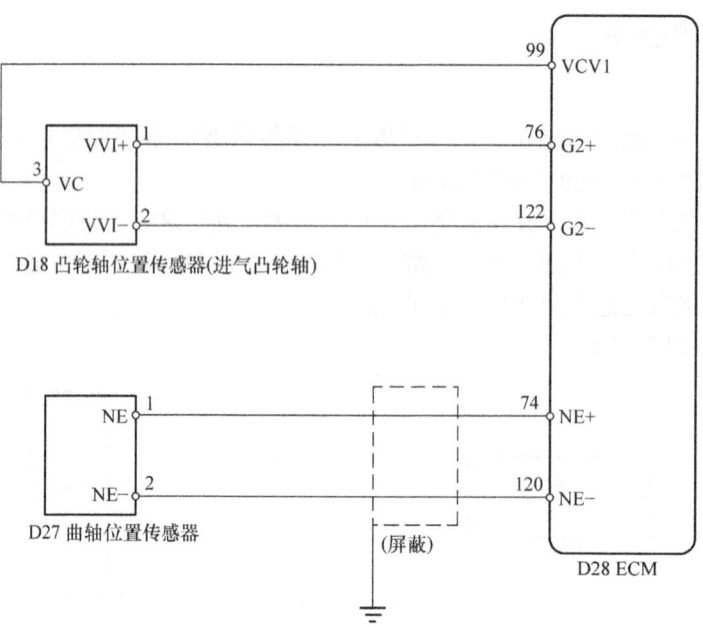

图 3-28 曲轴和凸轮轴位置传感器电路

十、点火系统电路

1. 点火系统

（1）零件位置（图 3-29）

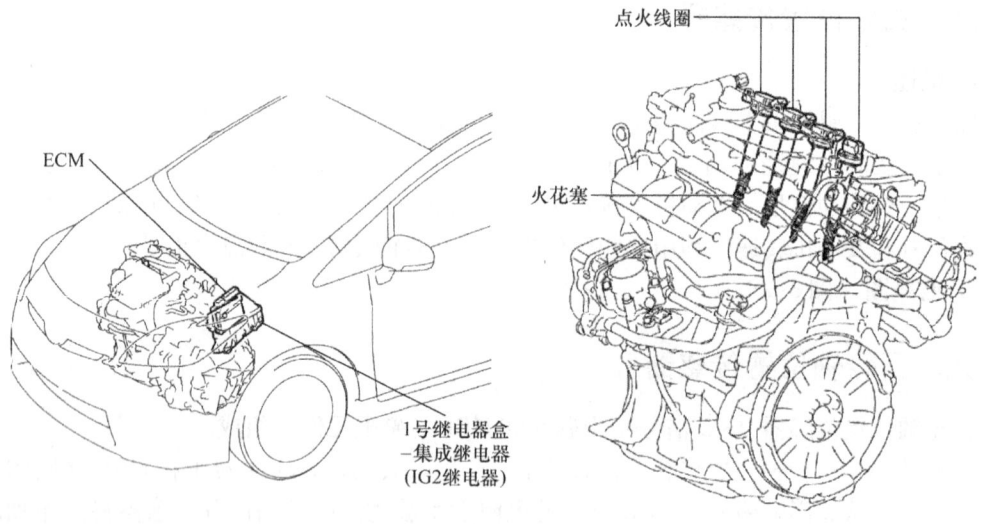

图 3-29 点火系统零件位置

（2）系统图（图 3-30）

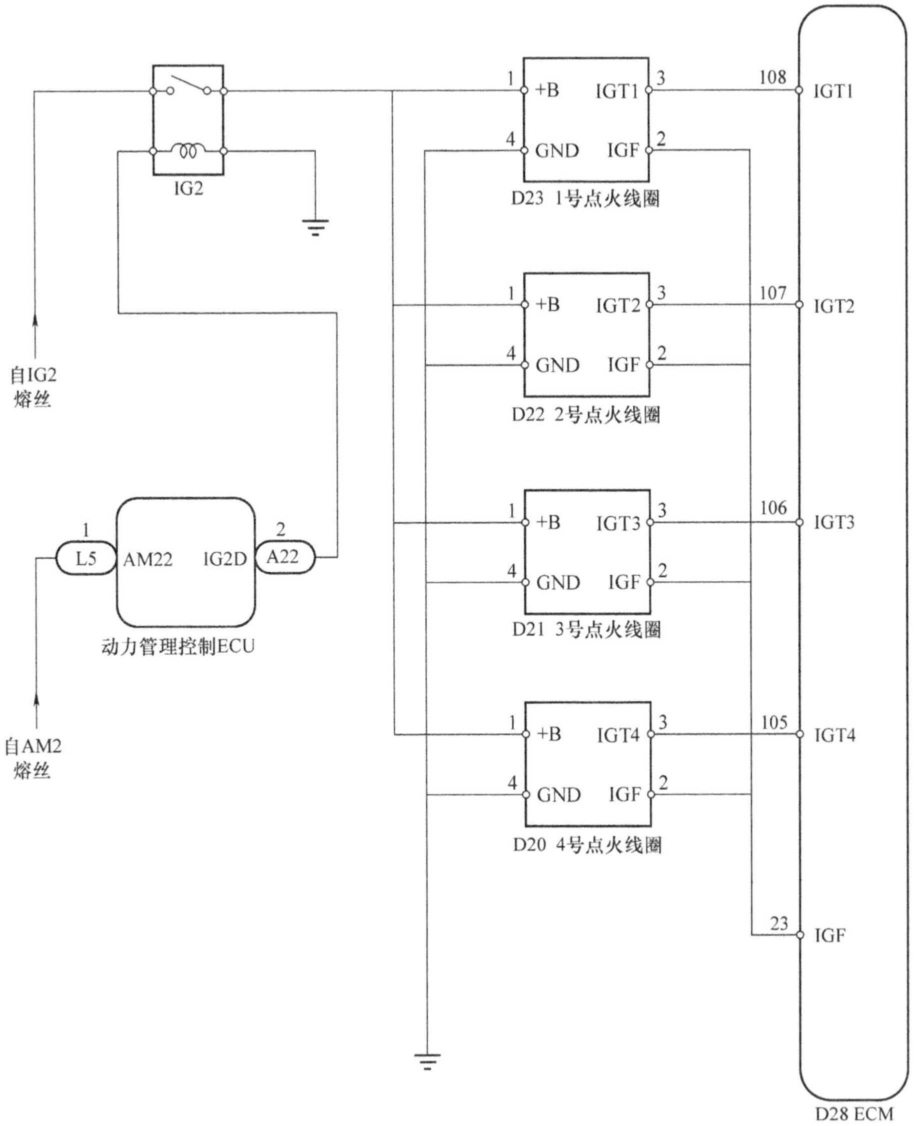

图 3-30 点火系统电路图

2. 点火线圈初级/次级电路

车辆使用直接点火系统（DIS）。

（1）描述

DIS 各气缸由其各自的点火线圈总成和火花塞点火。各点火线圈的高压导线产生的高压直接作用到各火花塞上。火花塞产生的火花通过中心电极到达搭铁电极。

ECM 确定点火正时并为各气缸传输点火（IGT）信号（图 3-31）。ECM 根据 IGT 信号接通和断开点火器内的功率晶体管。功率晶体管进而接通或断开流向初级线圈的电流。初级线圈中的电流被切断时，次级线圈中产生高压。此高压被施加到火花塞上并使其在气缸内部产生火花。一旦 ECM 切断流向初级线圈的电流，点火器会将点火确认（IGF）信号发送回

ECM，用于各气缸点火。

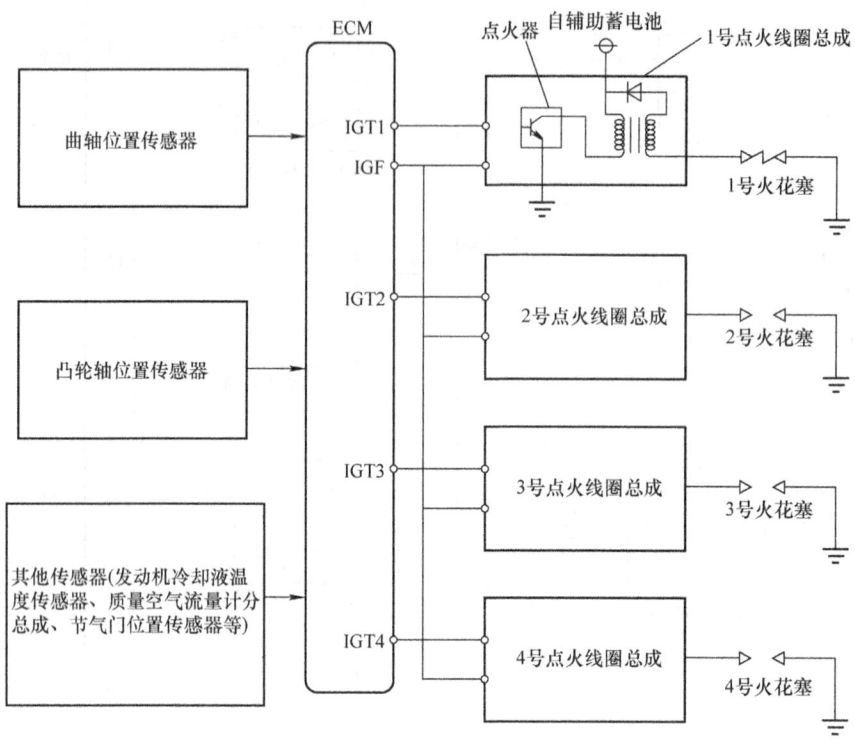

图 3-31 直接点火系统（DIS）原理

（2）电路图（图 3-32）

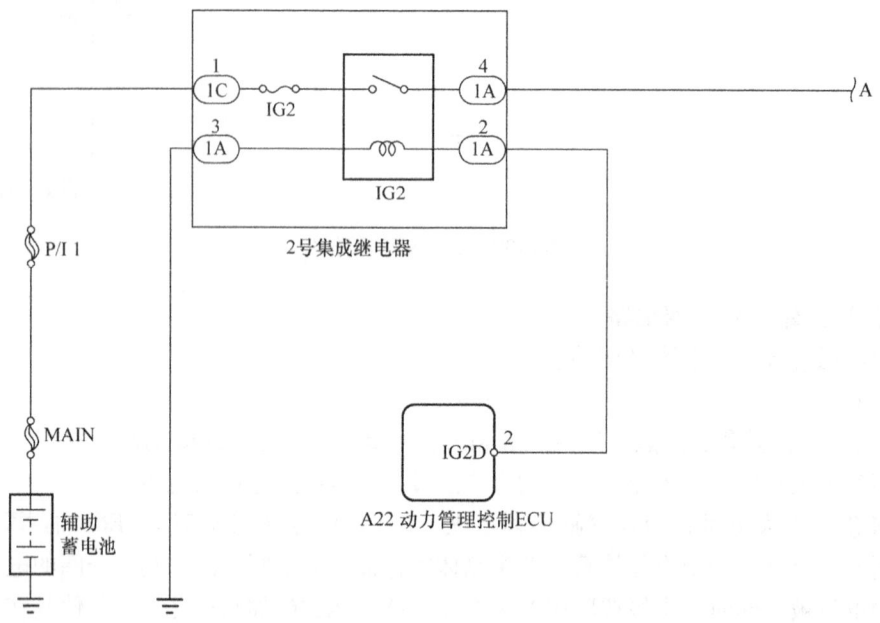

图 3-32 直接点火系统（DIS）电路

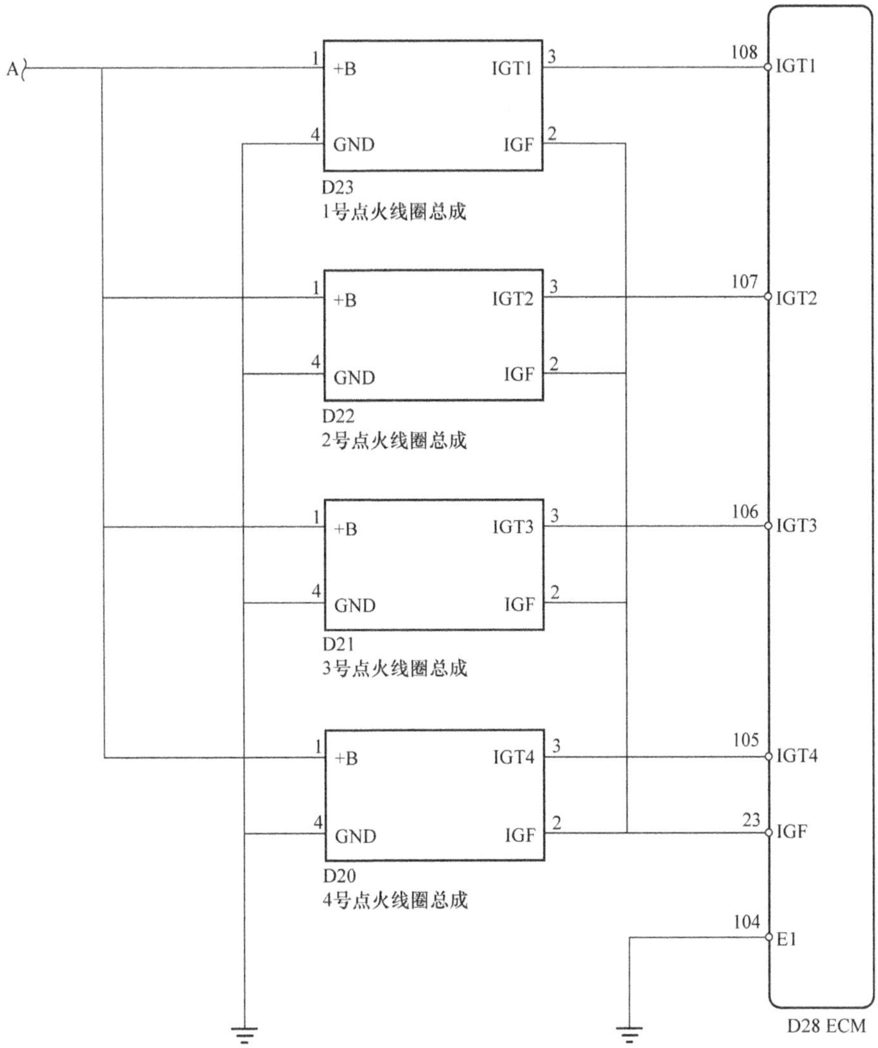

图 3-32 直接点火系统（DIS）电路（续）

十一、燃油供给电路

1. 燃油泵控制电路

（1）描述

NE 信号输入 ECM 时（图 3-33），Tr 接通，电流将流向电路断路继电器线圈，继电器开关接通，向燃油泵供电，燃油泵工作。产生 NE 信号（发动机运转）时，ECM 将保持 Tr 接通（电路断路继电器接通），燃油泵也保持工作。

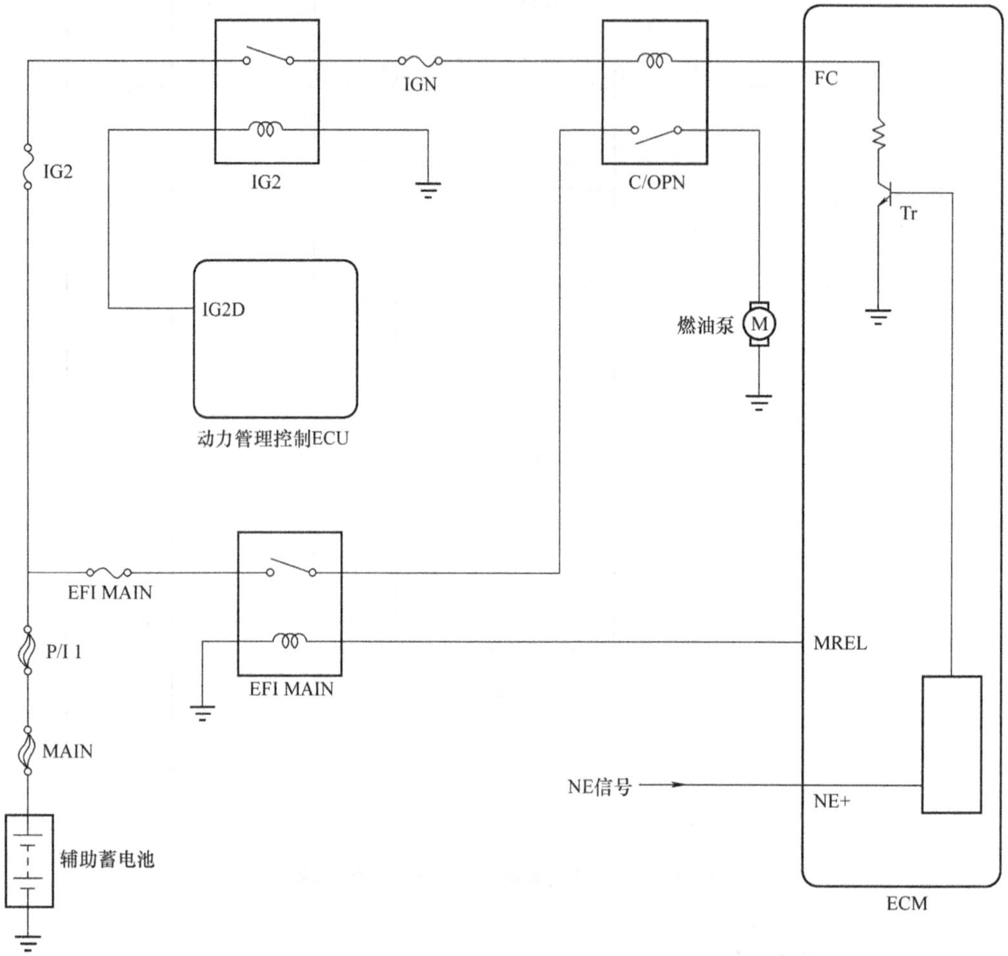

图 3-33　燃油泵控制信号

(2) 电路图 (图3-34)

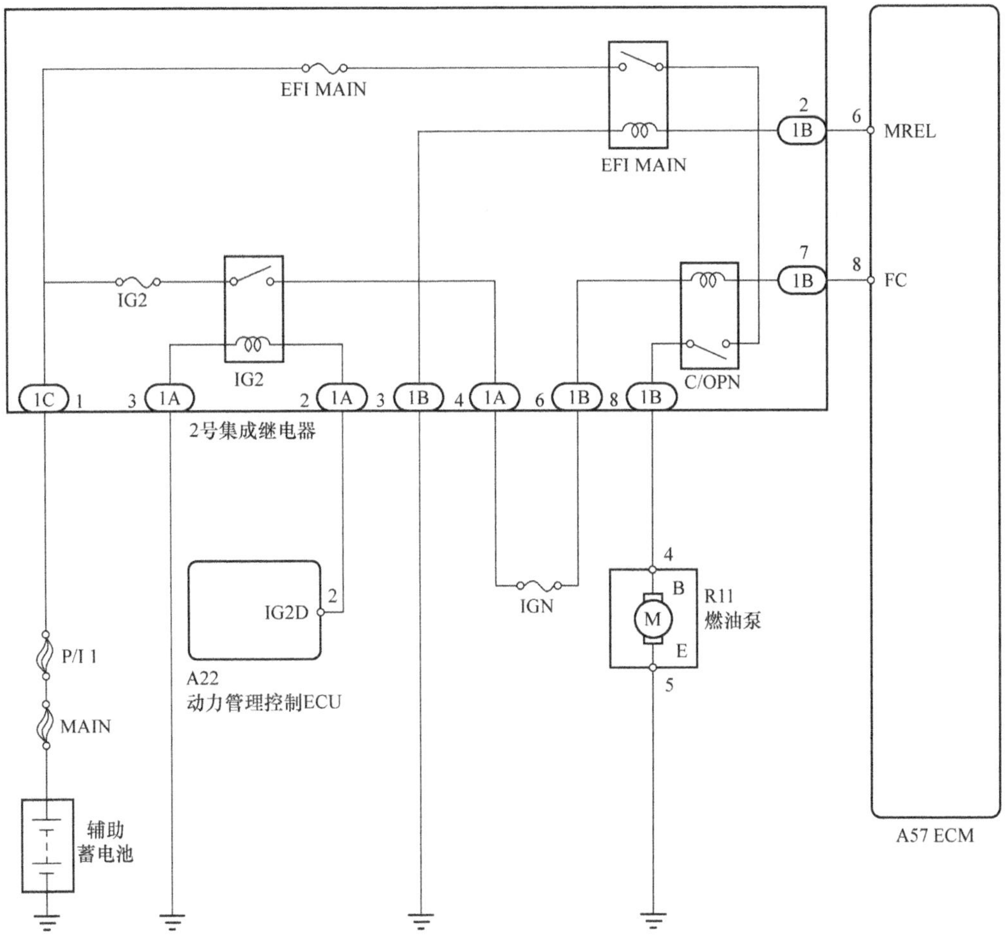

图3-34 燃油泵控制电路

2. 喷油器电路

(1) 描述

喷油器位于进气歧管上。喷油器根据来自 ECM 的信号将燃油喷入气缸内。

(2) 电路图 (图3-35)

十二、燃油蒸发排放控制系统清污控制阀

1. 描述

发动机暖机后，ECM 改变向清污 VSV 发送的占空比信号，以使碳氢化合物 (HC) 排放的进气量与所处状态 (发动机负载、发动机转速、车速等) 相适应。

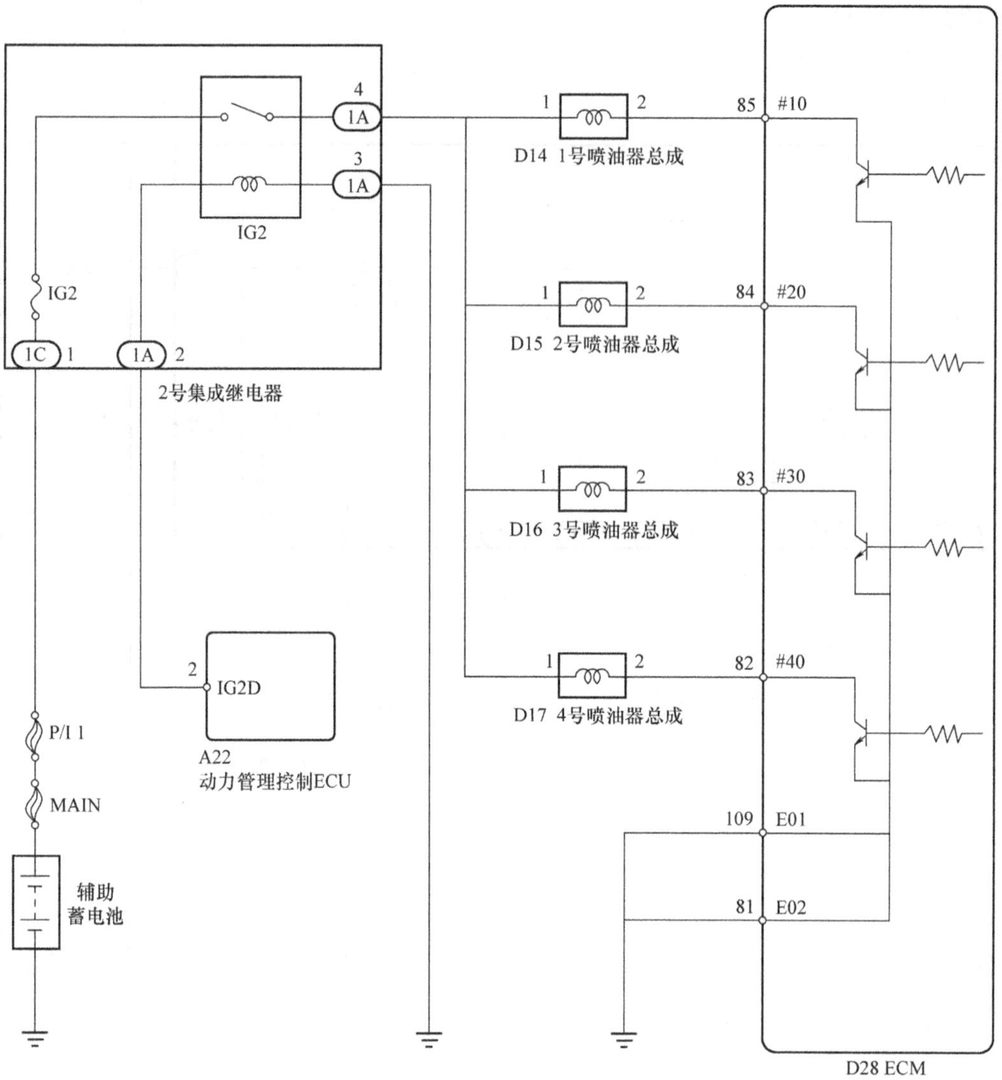

图 3-35 喷油器控制电路

2. 电路图（图 3-36）

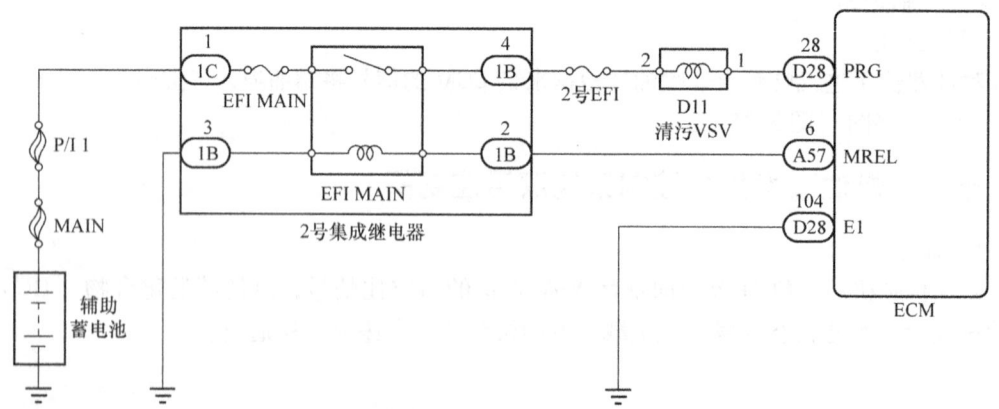

图 3-36 燃油蒸发排放控制系统清污控制阀电路

3. 诊断方法

使用智能检测仪进行主动测试（激活 EVAP 控制的 VSV）。

从清污 VSV 上断开炭罐侧真空软管，将智能检测仪连接到 DLC3，将电源开关置于 ON（IG）位置，并打开检测仪，将发动机置于检查模式（保养模式）。起动发动机进入以下菜单：Powertrain/Engine and ECT/Active Test | Activate the VSV for Evap Control，使用检测仪操作清污 VSV 时，检查空气是否被吸入端口内。检测仪操作 ON（清污 VSV 打开）状态为吸气（图3-37），OFF（清污 VSV 关闭）状态为不吸气。

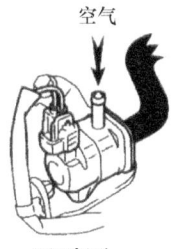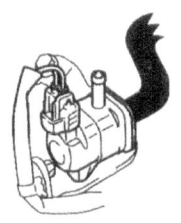

图3-37 检测仪操作清污 VSV

十三、发动机控制器（ECM）

1. ECM 电源电路

（1）描述

电源开关置于 ON（IG）位置时，辅助蓄电池电压施加到 ECM 的 IGSW 上。ECM 的端子 MREL 输出信号使电流流向线圈，闭合 2 号集成继电器（EFI 主继电器）触点并向 ECM 的端子 +B 和 +B2 供电。

（2）电路图（图3-38）

2. VC 输出电路

（1）描述

ECM 持续将 5V 辅助蓄电池电压供给端子 +B（BATT）以操作微处理器。ECM 同时通过 VC 输出电路将该电源供应到传感器（图3-39）。

VC 电路短路时，ECM 中的微处理器和通过 VC 电路获得电源的传感器由于没有从 VC 电路获得电源而不能激活。在此条件下，系统不能起动且即 MIL 也不亮。

提示：正常状态下，电源开关首次置于 ON（IG）位置时，MIL 点亮并持续数秒。将电源开关置于 ON（READY）位置时，MIL 熄灭。

（2）电路图（图3-40）

3. 系统电压

（1）描述

即使将电源开关置于 OFF 位置，辅助蓄电池也向 ECM 供电。该电源可使 ECM 储存数据，如 DTC 记录、定格数据和燃油修正值。如果辅助蓄电池电压降至最低值以下，则这些存储信息会被清除且 ECM 会判定电源电路出现故障。发动机下次起动时，ECM 将点亮 MIL 并设定 DTC。

（2）电路图（图3-41）

4. ECM 处理器

ECM 持续监视其内部存储器状态、内部电路和发送至节气门执行器的输出信号。这种自检可以确保 ECM 正常工作。如果检测到任何故障，则 ECM 设定相应 DTC 并点亮 MIL。

ECM 存储器状态由主 MCU（微控制器）和副 MCU（微控制器）的内部"镜像"功能进行诊断，以检测随机存取存储器（RAM）故障。这 2 个 MCU（微控制器）也持续进行相

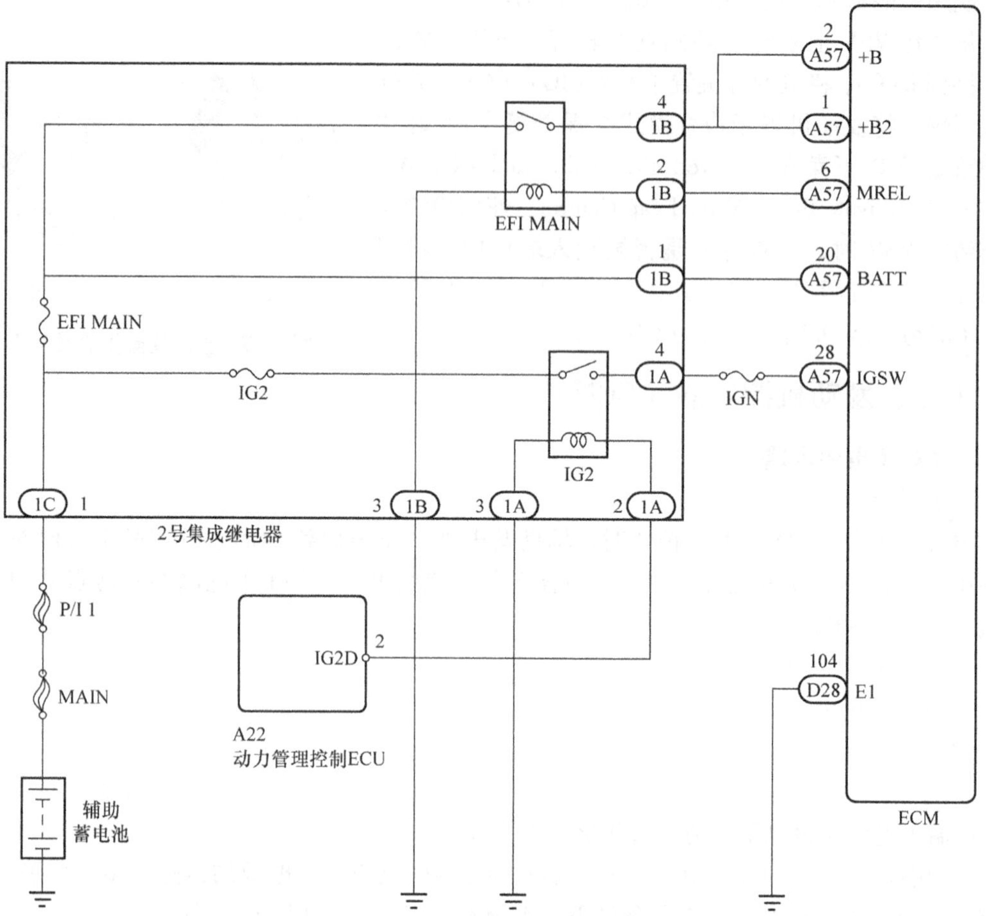

图 3-38 ECM 电源电路

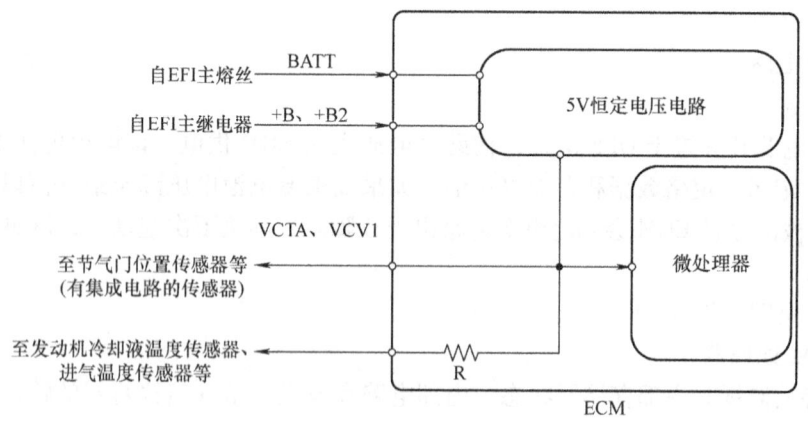

图 3-39 ECM 电源 5V 恒压电路

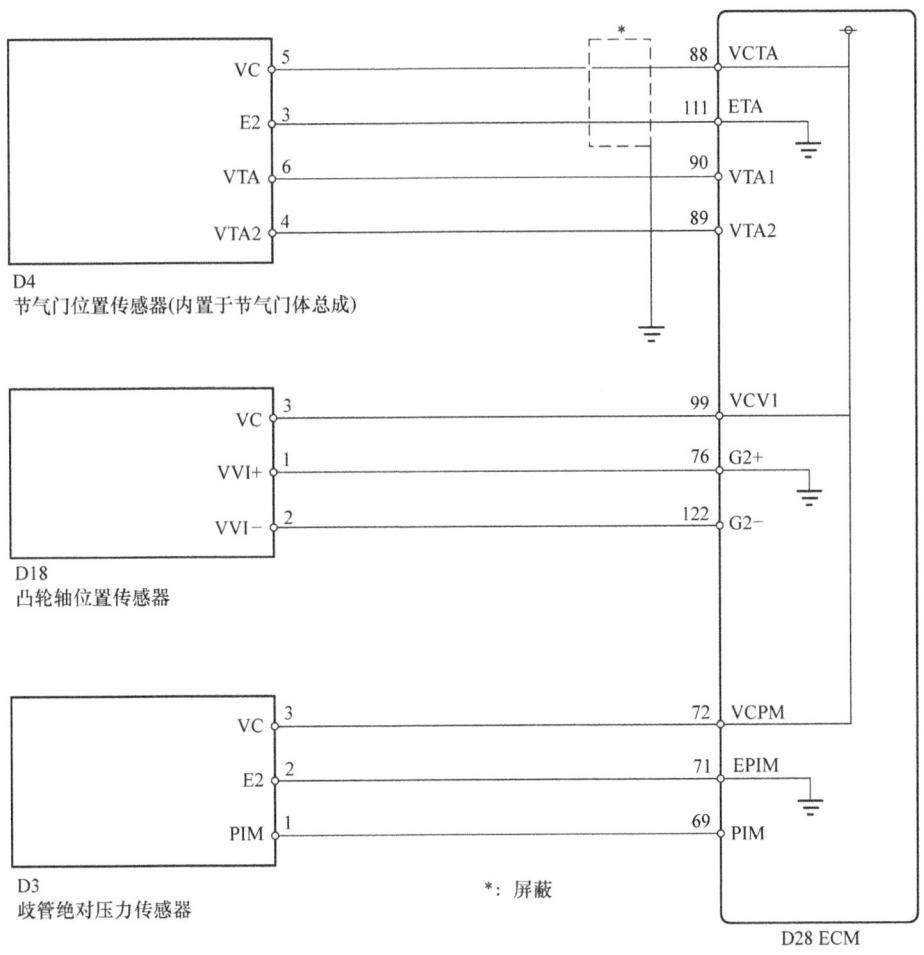

图 3-40 ECM 电源 5V 供电传感器电路

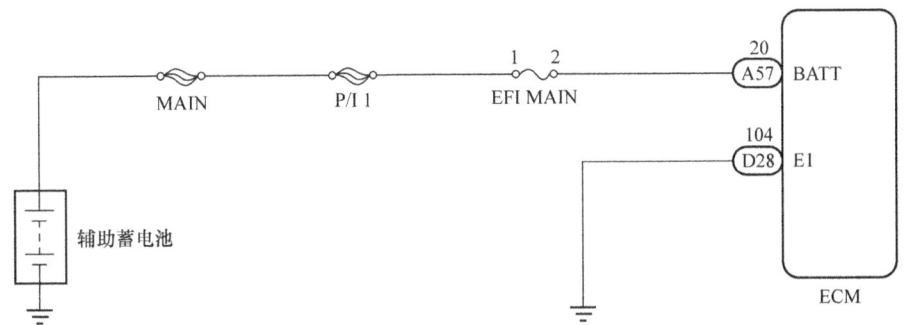

图 3-41 ECM 供电电路

互监视。

如果发生下列情况,ECM 将点亮 MIL 并设定 DTC:一是 2 个 MCU(微控制器)的输出不同或偏离标准；二是发送至节气门执行器的信号偏离标准；三是节气门执行器电源电压出现故障；四是发现其他 ECM 故障。

5. ECM 内部发动机关闭计时器性能

供电延时关闭计时器在将电源开关置于 OFF 位置后工作（图 3-42）。将电源开关置于 OFF 位置一段时间后，供电延时关闭计时器激活 ECM 以执行仅在发动机停止后可执行的故障检查。供电延时关闭计时器内置于 ECM。

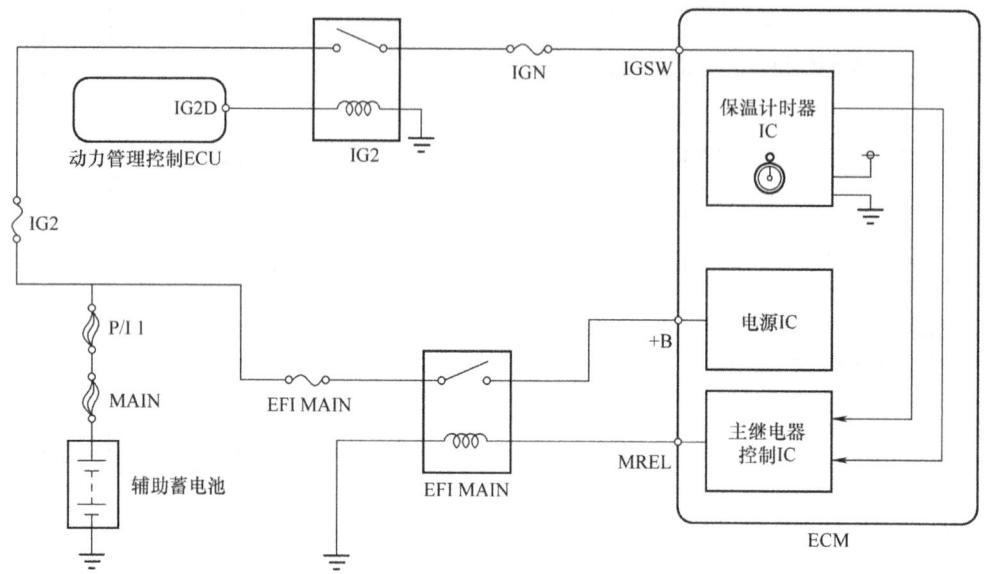

图 3-42　ECM 内部发动机关闭计时器性能

6. MIL 电路

（1）描述

MIL（故障指示灯）用于指示 ECM 检测到的车辆故障。将电源开关置于 ON（IG）位置时，向 MIL 电路供电，并且 ECM 提供电路搭铁以点亮 MIL。

可目视检查 MIL 工作情况：首次将电源开关置于 ON（IG）位置时，MIL 应点亮，然后将电源开关置于 ON（READY）位置时熄灭。如果 MIL 一直亮或不亮，则使用智能检测仪执行故障排除程序。

（2）电路图（图 3-43）

十四、电动冷却液泵

1. 发动机冷却液泵

（1）描述

ECM 根据发动机冷却液温度、发动机转速和车速信息计算所需的冷却液流量来控制发动机冷却液泵总成。发动机冷却液泵总成的转速由 ECM 发送的占空比信号无级控制。这种控制方式提高了暖机性能并减少了冷却损失，从而降低了发动机的特定油耗。

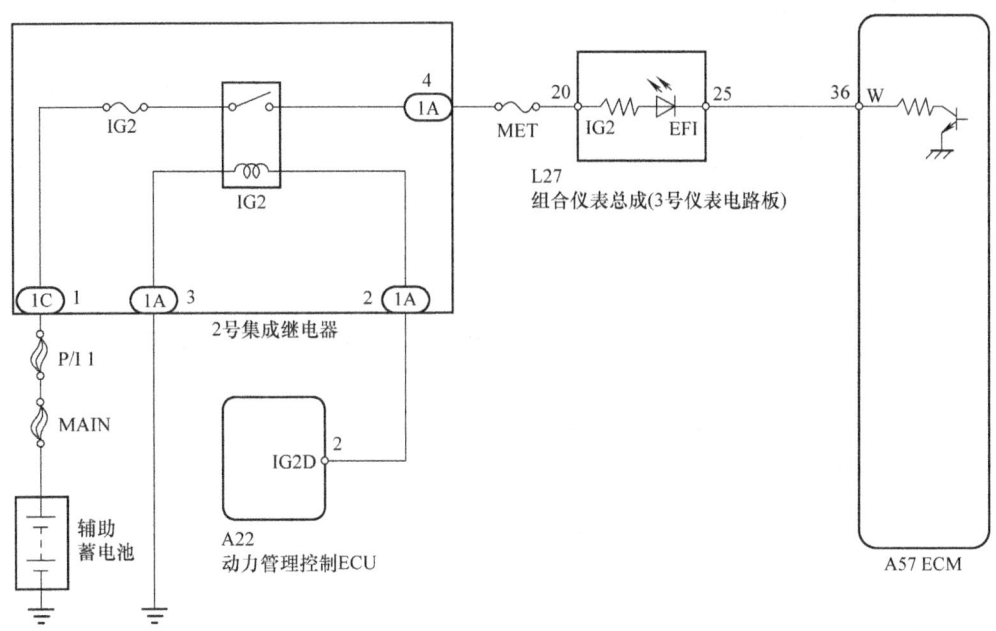

图3-43 MIL（故障指示灯）电路

（2）电路图（图3-44）

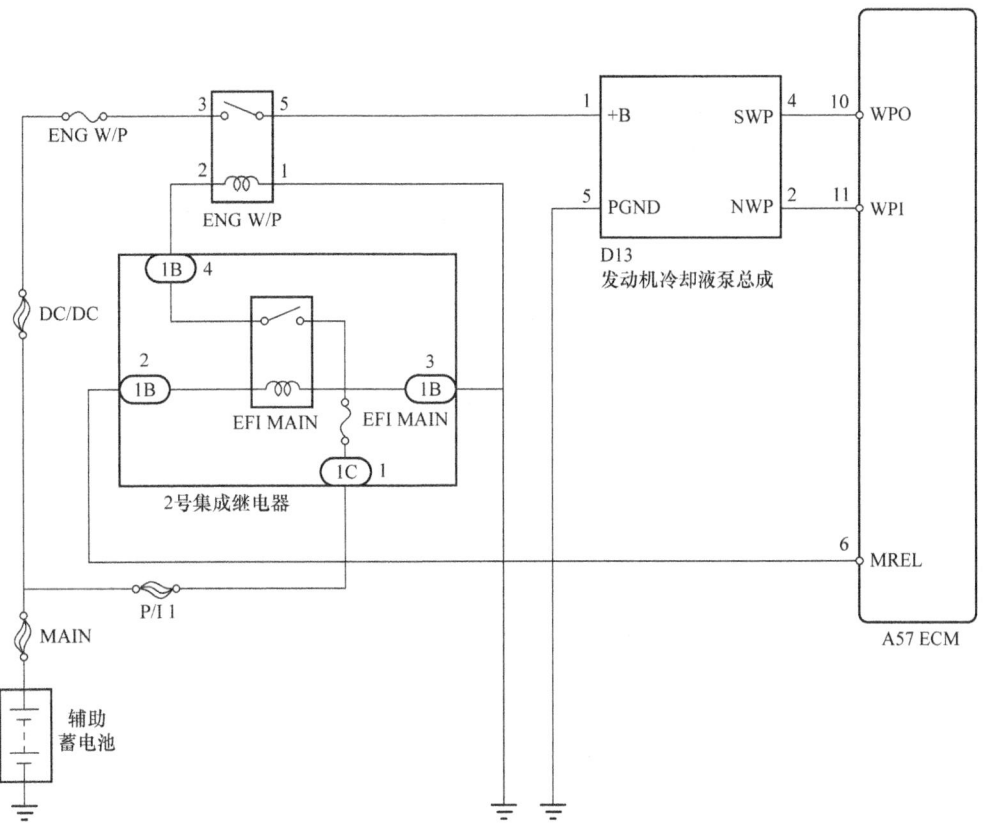

图3-44 发动机冷却液泵总成电路

2. 发动机冷却液泵超速故障

（1）描述

根据一定时间内的实际转速高于目标转速这一事实判断发动机冷却液泵总成转速过高时，ECM 监视发动机冷却液泵总成的转速并设定 DTC（但是，发动机警告灯不点亮）。

提示：发动机冷却液温度为 117℃（243°F）或更高时，内置于组合仪表总成的发动机冷却液温度指示灯点亮或闪烁。

（2）诊断方法

如果在发动机冷却液不足时持续运行发动机，则可能存储 DTC P148F。车辆送入修理车间时，如果发动机冷却液足量且再次出现 DTC P148F，则确认在发动机冷却液不足时行驶车辆后是否添加了发动机冷却液。

使用智能检测仪读取定格数据。存储 DTC 时，ECM 将车辆和驾驶状况信息记录为定格数据。进行故障排除时，定格数据有助于确定故障出现时车辆是运行还是停止，发动机是暖机还是未暖机，空燃比是稀还是浓以及其他信息。

十五、可变配气正时系统

1. 描述

可变气门正时（VVT）系统调节进气门正时以提高操纵性能。发动机机油压力转动 VVT 控制器以调节气门正时（图 3-45）。凸轮轴正时机油控制阀总成是一个电磁阀并可切换发动机机油管路。ECM 将 12V 电压施加到电磁阀上时该阀移动。ECM 根据凸轮轴位置、曲轴位置、节气门位置等改变电磁阀（占空比）的励磁时间。

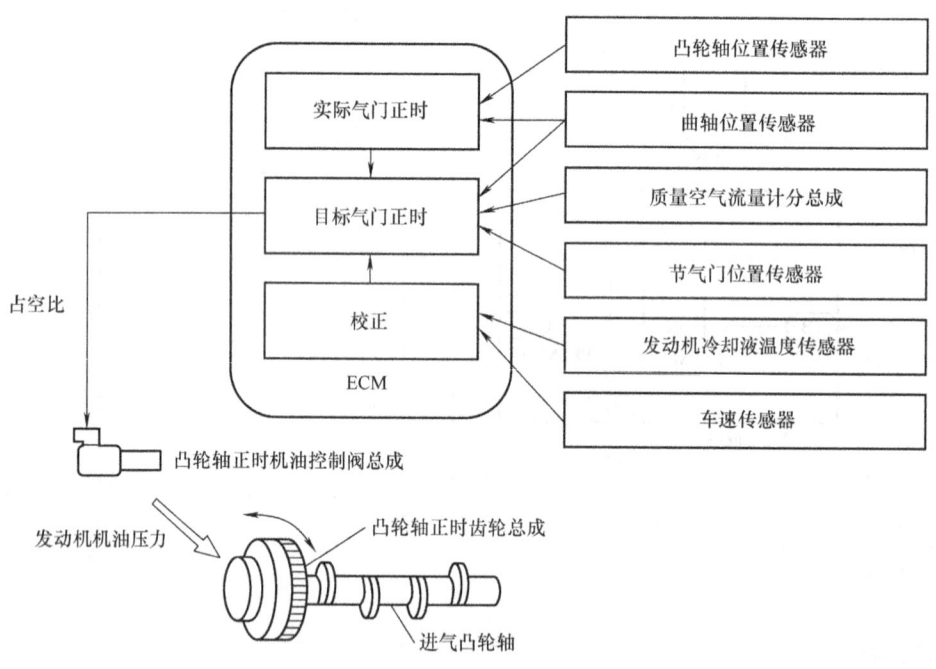

图 3-45　5ZR-FXE 发动机可变配气正时控制系统组成

2. 电路图（图 3-46）

图 3-46　5ZR-FXE 发动机可变配气正时控制执行器

3. 诊断方法

存储 DTC 时，ECM 将车辆和驾驶状况信息记录为定格数据。定格数据有助于确定故障出现时车辆是运行还是停止，发动机是暖机还是未暖机，空燃比是稀还是浓以及其他信息。

发动机机油中的异物卡在系统的某些零件上时，可能存储 DTC P0011 或 P0012。即使系统短时间后恢复正常，仍将储存 DTC。

ECM 利用 VVT 系统使气门正时达到最佳以控制进气凸轮轴。VVT 系统包括 ECM、凸轮轴正时机油控制阀总成和 VVT 控制器（凸轮轴正时齿轮总成）。ECM 向凸轮轴正时机油控制阀总成发送目标占空比控制信号。该控制信号调节供给 VVT 控制器的机油压力。VVT 控制器可提前或延迟进气凸轮轴。

十六、发动机动力不足、发动机不起动、燃油耗尽

ECM 接收来自动力管理控制 ECU 的数据，如发动机所需输出功率（输出请求）、发动机产生的估算转矩（估算转矩）、控制目标发动机转速（目标转速），以及发动机是否处于起动模式。然后，根据输出请求和目标转速，ECM 计算发动机产生的目标转矩，并将其与估算转矩进行比较。如果估算转矩与目标转矩相比非常小，或者发动机在根据冷却液温度计算出的时间内一直处于起动模式，则将检测到异常情况。

十七、与 HV ECU 失去通信

1. 描述

控制器区域网络（CAN）是一个用于实时应用的串行数据通信系统。它是为车载使用设计的多路通信系统，可以提供高达 500kbit/s 的通信速度，同时还可以检测故障。通过 CAN-H 和 CAN-L 总线的组合，CAN 能够根据电压差保持通信。

2. 电路图（图 3-47）

十八、集成继电器控制

集成继电器控制（图 3-48）位于熔丝和继电器盒内，不易找到。集成继电器内部由四个继电器组成，分别是 IG2（电源管理 IG2 号继电器）、BATT FAN（高压电池鼓风机继电器）、EFI MAIN（电控燃油喷射系统主继电器）、C/OPN（油泵开路继电器，即油泵继电器）。

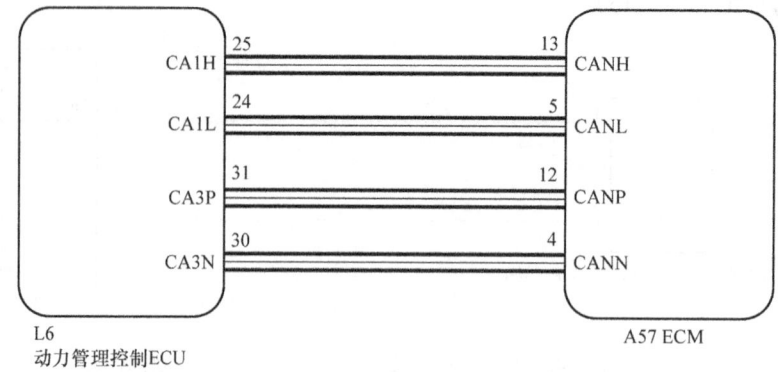

图 3-47 发动机 ECM 和动力管理 ECU 间的 CAN 通信

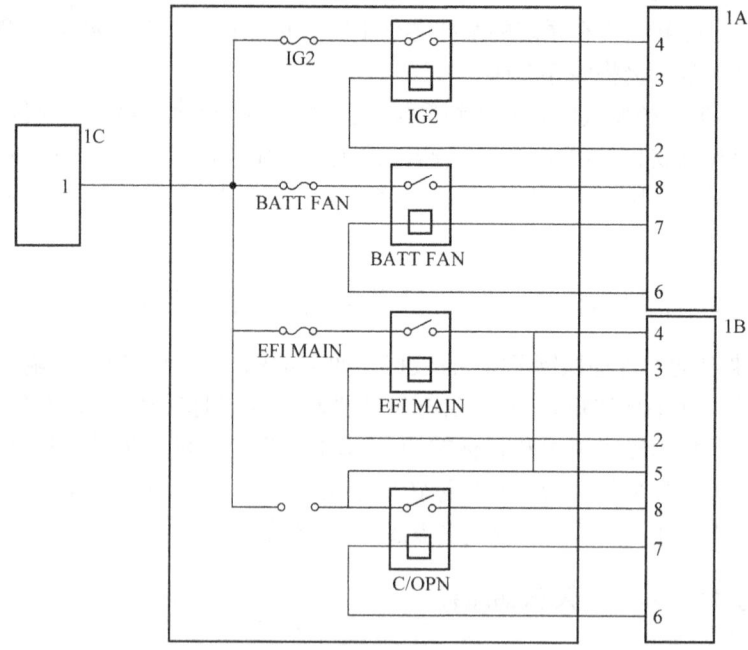

图 3-48 集成继电器控制

第四节　米勒发动机诊断

一、ECM 端子识别

图 3-49 可用作识别 ECM 端子位置的参考。

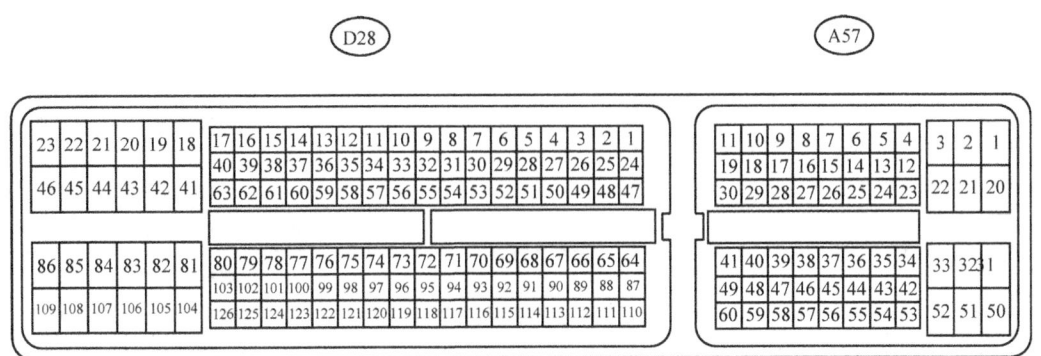

图 3-49 ECM 端子识别

二、ECM 端子之间的标准正常电压

表 3-2 列出了每对 ECM 端子之间的标准正常电压。同时还指出了每对端子的相应检查测量条件。将检查结果与"规定状态"栏所示的每对端子的标准正常电压进行比较。进行 ECM 端子之间的标准正常电压测量是非常重要的。

表 3-2 ECM 端子之间的标准正常电压

端子编号(符号)	配线颜色	端子描述	测量条件	规定状态
A57-20（BATT）—D28-104（E1）	R-BR	辅助蓄电池（测量辅助蓄电池电压和ECM存储器）	始终	11~16V
A57-2（+B）—D28-104（E1）	B-BR	ECM电源	电源开关ON（IG）	11~14V
A57-1（+B2）—D28-104（E1）	B-BR	ECM电源	电源开关ON（IG）	11~14V
A57-3（+BM）—D28-104（E1）	GR-BR	节气门执行器电源	始终	11~16V
D28-108（IGT1）—D28-104（E1）	P-BR	点火线圈总成（点火信号）	急速运转	产生脉冲
D28-107（IGT2）—D28-104（E1）	G-BR	点火线圈总成（点火信号）	急速运转	产生脉冲
D28-106（IGT3）—D28-104（E1）	P-BR	点火线圈总成（点火信号）	急速运转	产生脉冲
D28-105（IGT4）—D28-104（E1）	Y-BR	点火线圈总成（点火信号）	急速运转	产生脉冲
D28-23（IGF）—D28-104（E1）	L-BR	点火线圈总成（点火确认信号）	电源开关ON（IG）	4.5~5.5V
D28-23（IGF）—D28-104（E1）	L-BR	点火线圈总成（点火确认信号）	急速运转	产生脉冲
D28-74（NE+）—D28-120（NE-）	B-W	曲轴位置传感器	发动机暖机时急速运转	产生脉冲
D28-76（G2+）—D28-122（G2-）	B-W	凸轮轴位置传感器	发动机暖机时急速运转	产生脉冲
D28-85（#10）—D28-109（E01）	Y-BR	喷油器总成	电源开关ON（IG）	11~14V
D28-84（#20）—D28-109（E01）	B-BR	喷油器总成	电源开关ON（IG）	11~14V
D28-83（#30）—D28-109（E01）	L-BR	喷油器总成	电源开关ON（IG）	11~14V
D28-82（#40）—D28-109（E01）	R-BR	喷油器总成	电源开关ON（IG）	11~14V

（续）

端子编号（符号）	配线颜色	端子描述	测量条件	规定状态
D28-85（#10）—D28-109（E01）	Y-BR	喷油器总成	急速运转	产生脉冲
D28-84（#20）—D28-109（E01）	B-BR			
D28-83（#30）—D28-109（E01）	L-BR			
D28-82（#0）—D28-109（E01）	R-BR			
D28-18（HA1A）—D28-46（E04）	G-BR	空燃比传感器（S1）加热器	电源开关ON（IG）	0~14V
			急速运转	产生脉冲
D28-103（A1A+）—D28-104（E1）	Y-BR	空燃比传感器（S1）	急速运转	3.3V
D28-126（A1A-）—D28-104（E1）	BR-BR	空燃比传感器（S1）	急速运转	3.0V
D28-41（HT1B）—D28-86（E03）	BR-BR	加热型氧传感器（S2）加热器	电源开关ON（IG）	11~14V
			急速运转低于	<3.0V
D28-125（OX1B）—D28-102（O1B-）	L-P	加热型氧传感器（S2）	发动机暖机后，保持发动机转速2500r/min 2min	产生脉冲
D28-87（KNK1）—D28-110（EKNK）	B-W	爆燃控制传感器	发动机暖机后，保持发动机转速2500r/min	产生脉冲
D28-64（THW）—D28-65（ETHW）	P-BR	发动机冷却液温度传感器	急速运转，发动机冷却液温度80℃（176℉）	0.2~1.0V
D28-116（THA）—D28-93（ETHA）	P-BR	进气温度传感器（内置于质量空气流量计分总成）	急速运转，进气温度20℃（68℉）	0.5~3.4V
D28-94（VG）—D28-117（E2G）	B-W	质量空气流量计分总成	急速运转，变速杆置于N位，空调开关关闭	0.5~3.0V
A57-36（W）—D28-104（E1）	LG-BR	MIL	电源开关ON（IG）（MIL熄灭）	<3.0V
			电源开关ON（READY）	11~14V
D28-90（VTA1）—D28-111（ETA）	Y-G	节气门位置传感器（发动机控制）	电源开关ON（IG），完全松开加速踏板（节气门全关）	0.5~1.1V
D28-89（VTA2）—D28-111（ETA）	B-G	节气门位置传感器（传感器故障检测）	电源开关ON（IG），完全松开加速踏板（节气门全关）	2.1~3.1V
D28-88（VCTA）—D28-111（ETA）	R-G	节气门位置传感器电源（规定电压）	电源开关ON（IG）	4.5~5.5V
D28-21（M+）—D28-19（ME01）	L-BR	节气门执行器	发动机暖机时急速运转	产生脉冲
D28-20（M-）—D28-19（ME01）	P-BR	节气门执行器	发动机暖机时急速运转	产生脉冲
D28-28（PRG）—D28-104（E1）	V-BR	清污VSV	电源开关ON（IG）	11~14V
			急速运转，清污控制下	产生脉冲

（续）

端子编号（符号）	配线颜色	端子描述	测量条件	规定状态
A57-8（FC）—D28-104（E1）	R-BR	燃油泵控制	电源开关 ON（IG）	11~14V
			怠速运转	<1.5V
A57-26（TACH）—D28-104（E1）	Y-BR	发动机转速	怠速运转	产生脉冲
A57-7（TC）—D28-104（E1）	P-BR	DLC3 端子 TC	电源开关 ON（IG）	11~14V
D28-36（OCl+）—D28-59（OCl-）	G-Y	凸轮轴正时机油控制阀总成	怠速运转	产生脉冲
A57-13（CANH）—D28-104（E1）	P-BR	CAN 通信线路	发动机停止且电源开关 ON（1G）	产生脉冲
A57-5（CANL）—D28-104（E1）	V-BR	CAN 通信线路	发动机停止且电源开关 ON（1G）	产生脉冲
A57-12（CANP）—D28-104（E1）	B-BR	CAN 通信线路	发动机停止且电源开关 ON（IG）	产生脉冲
A57-4（CANN）—D28-104（E1）	W-BR	CAN 通信线路	发动机停止且电源开关 ON（IG）	产生脉冲
A57-28（IGSW）—D28-104（E1）	W-BR	电源开关	电源开关 ON（IG）	11~14V
A57-6（MREL）—D28-104（E1）	G-BR	EFI 主继电器	电源开关 ON（IG）	11~14V
D28-99（VCVl）—D28-104（E1）	R-BR	凸轮轴位置传感器电源	电源开关 ON（IG）	4.5~5.5V
A57-10（WPO）—D28-104（E1）	L-BR	发动机水泵总成	发动机暖机时怠速运转	产生脉冲
A57-11（WPI）—D28-104（E1）	G-BR	发动机水泵总成	发动机暖机时怠速运转	产生脉冲
D28-72（VCPM）—D28-71（EPIM）	L-Y	歧管绝对压力传感器总成	电源开关 ON（IG）	4.5~5.5V
D28-69（PIM）—D28-71（EPIM）	B-Y	歧管绝对压力传感器总成	电源开关 ON（IG）	3.0~5.0V
D28-48（G20）—D28-104（E1）	Y-BR	凸轮轴位置信号	怠速运转	产生脉冲
A57-22（FANH）—D28-104（E1）	LG-BR	冷却风扇继电器	电源开关 ON（IG）	11~14V
A57-21（FANL）—D28-104（E1）	L-BR	冷却风扇继电器	电源开关 ON（IG）	11~14V
A57-46（PWMS）—D28-104（E1）	G-BR	动力模式开关	电源开关 ON（IG），动力模式开关关闭	11~14V
			电源开关 ON（IG），动力模式开关打开	0~1.5V
D28-104（E1）-车身搭铁	BR-车身搭铁	搭铁	始终	<1Ω
D28-109（E01）-车身搭铁	BR-车身搭铁	搭铁	始终	<1Ω
D28-81（E02）-车身搭铁	VB-车身搭铁	搭铁	始终	<1Ω

（续）

端子编号（符号）	配线颜色	端子描述	测量条件	规定状态
D28-86（E03）-车身搭铁	BR-车身搭铁	搭铁	始终	<1Ω
D28-46（E04）-车身搭铁	BR-车身搭铁	搭铁	始终	<1Ω
A57-32（EC）-车身搭铁	WB-车身搭铁	搭铁	始终	<1Ω
D28-22（GE01）—D28-104（E1）	WB-BR	节气门执行器的屏蔽搭铁电路	始终	<1V

第五节　米勒发动机系统示波诊断

一、点火触发和反馈波形

ECM端子电压恒定，与传感器的输出电压无关。点火线圈IGT信号（自ECM至点火线圈总成）和点火线圈IGF信号（自点火线圈总成至ECM）如图3-50所示。

提示：高脉冲部分持续时间随发动机转速的增加而变短。

怠速运转，IGT1 IGT 4和E1之间，IGF和E1之间示波器设定为2V/格、20ms/格。

二、曲轴位置传感器信号

提示：如图3-51所示，NE+和NE-之间示波器设定为5V/格、20ms/格，发动机暖机时怠速运转波长随发动机转速的增加而变短。

三、曲轴位置传感器信号

提示：发动机暖机时，图3-52所示示波器设定为5 V/格、20ms/格，测量点G2+和G2之间怠速运转波长随发动机转速的增加而变短。

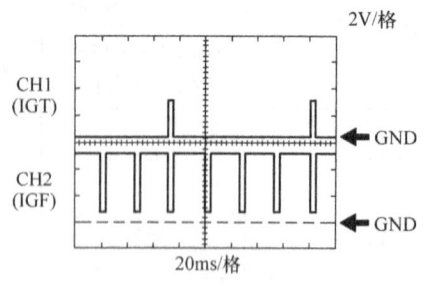

图3-50　点火触发和反馈波形

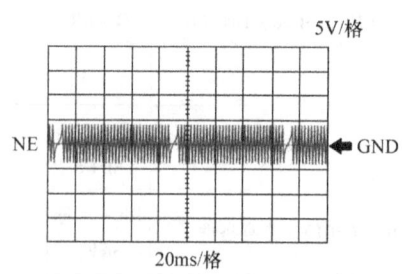

图3-51　曲轴位置传感器信号

四、1号（至4号）喷油器信号

提示：急速运转，图3-53所示示波器设定为20V/格、20ms/格，测量点#10（至#40）和E01之间，波长随发动机转速的增加而变短。

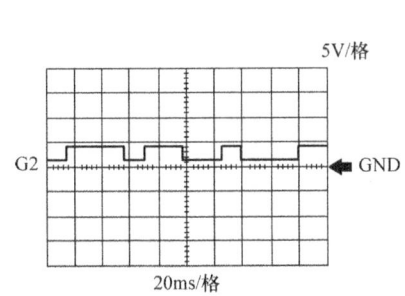

图3-52 曲轴位置传感器信号　　图3-53 1号（至4号）喷油器信号

五、空燃比传感器（S1）加热器信号

提示：急速运转，如图3-54所示，HA1A和E04之间示波器设定为5V/格、10 ms/格，波长随发动机工作状态的变化而变化。

六、加热型氧传感器（S2）信号

提示：发动机暖机后，保持发动机转速2500 r/min 2min，如图3-55所示，OX1B和01B之间示波器设定为0.2V/格、200ms/格。在数据表中，项目02S B1S2显示从加热型氧传感器输入至ECM的值。

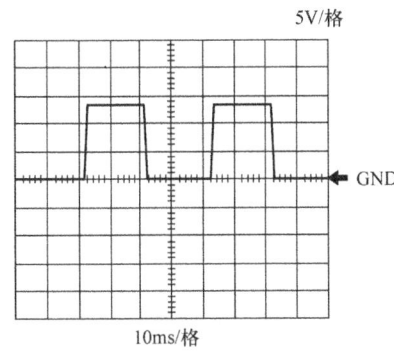
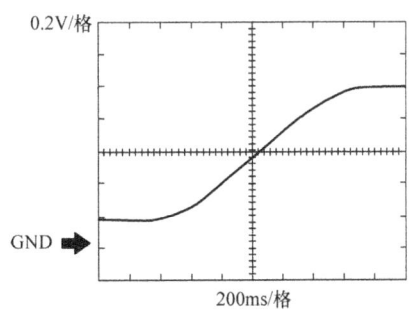

图3-54 空燃比传感器（S1）加热器信号　　图3-55 加热型氧传感器（S2）信号

七、爆燃控制传感器信号

提示：如图3-56所示，KNK1和EKNK之间示波器设定为1V/格、1 ms/格。发动机暖机后，保持发动机转速2500r/min，波长随发动机转速的增加而变短。波形和振幅根据车辆

八、节气门执行器正极信号

提示：ECM 端子 M + 和 ME01 之间，如图 3-57 所示，示波器设定为 5V/格、1ms/格，测量条件是发动机暖机时怠速运转，波形占空比随节气门执行器的操作而变化。

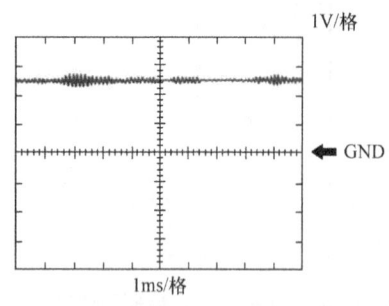

图 3-56 爆燃控制传感器信号

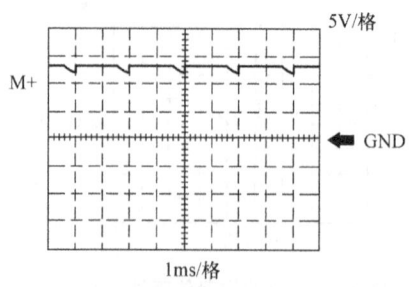

图 3-57 节气门执行器正极信号

九、节气门执行器负极信号

提示：测量 ECM 端子 M 和 ME01 之间，如图 3-58 所示，示波器设定为 5V/格、1ms/格。测量条件为发动机暖机时怠速运转，波形占空比随节气门执行器的操作而变化。

十、清污真空阀（VSV）信号

提示：测量 ECM 端子 PRG 和 E1 之间，如图 3-59 所示，示波器设定为 10V/格、20ms/格。测量条件为怠速运转，清污控制下如果波形与图示不相似，则怠速运转 10min 或更长时间后再次检查波形。

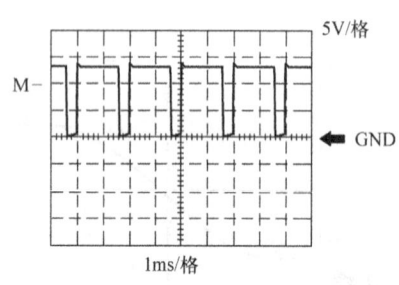

图 3-58 节气门执行器负极信号

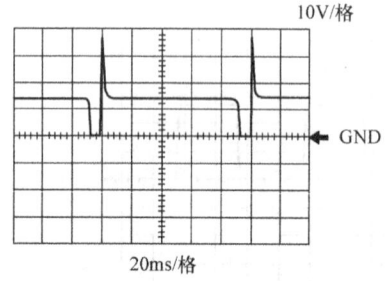

图 3-59 清污真空阀（VSV）信号

十一、发动机转速信号

提示：测量 ECM 端子 TACH 和 E1 之间，如图 3-60 所示，示波器设定为 5V/格、10ms/格。测量条件为怠速运转，波长随发动机转速的增加而变短。

十二、凸轮轴正时控制阀信号

提示：测量 ECM 端子 OC14 - 和 OC1 之间，如图 3-61 所示，示波器设定为 5V/格、1ms/格。测量条件为怠速运转。

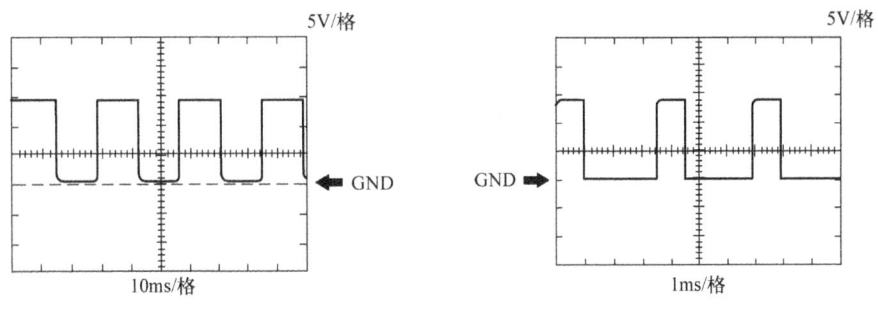

图 3-60　发动机转速信号　　　　　图 3-61　凸轮轴正时控制阀信号

十三、CAN 通信信号（参考）

提示：测量 ECM 端子 CANH 和 E1、CANL 和 E1 之间，如图 3-62 所示，示波器设定为 1V/格、10ms/格。测量条件为发动机停止且电源开关 ON（IG）。波形随 CAN 通信信号而变化。

十四、凸轮轴转速信号

凸轮轴转速信号自 ECM 传至至动力管理控制 ECU 和带变换器的逆变器总成（MG ECU）。

提示：测量 ECM 端子 G2O 和 E1 之间，如图 3-63 所示，示波器设定为 5V/格、20ms/格。测量条件为怠速运转。波长随发动机转速的增加而变短。

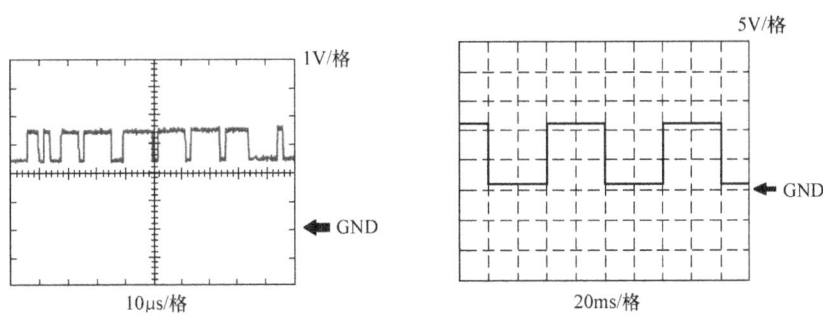

图 3-62　CAN 通信信号（参考）　　　图 3-63　凸轮轴转速信号

复习题

1. 修理发动机之前的操作注意事项有什么？
2. 说出发动机转矩控制原理。
3. 系统原理图和电路图的区别是什么？

4. 说出症状表的内容包括什么？
5. 说出丰田普锐斯米勒发动机的传感器有什么？
6. 能检查米勒发动机的燃油供给系统。
7. 能检查米勒发动机的点火系统。
8. 能进行丰田普锐斯米勒发动机的缸压测量。
9. 能读出丰田普锐斯发动机数据流中的关键数据。

第四章 电池管理系统

情境引入

2005 年款的一辆丰田普锐斯混合动力汽车在 2017 年出现电池箱电池内阻不一致、电压不一致、个别电池模块内阻高于 40mΩ（正常一般在 20mΩ）的故障，原因方向已经确定，请你在实车上根据现场环境，找出可能的具体原因。

假如你是车间的小林同学，你知道如何解决这个问题吗？

学习目标

1. 熟悉电池管理系统的传感器、执行器的种类。
2. 能正确拆装丰田普锐斯的电池箱，更换单条电池或整箱电池。
3. 能对电池管理系统的数据流进行分析，找到数据异常的元件。

第一节 主要零部件位置

一、电池管理系统主要部件

电池管理系统电池箱及熔丝和继电器如图 4-1 所示。动力管理控制 ECU 位置如图 4-2 所示，电池箱元件位置如图 4-3 所示。

二、系统电路图

电池管理系统也称蓄电池智能单元，系统电路图如图 4-4 所示。

三、系统描述

蓄电池智能单元控制框图如图 4-5 所示。蓄电池智能单元可以将判定充电或放电值（由动力管理控制 ECU 计算）所需的 HV 蓄电池状态信号（电压、电流和温度）转换为数字信号，并通过串行通信将其传输至动力管理控制 ECU。

蓄电池智能单元采用漏电检测电路来检测 HV 蓄电池的任何漏电情况。此外，蓄电池智能单元检测动力管理控制 ECU 所需的冷却风扇的电压，以实现冷却风扇控制。蓄电池智能单元还将这些信号转换为数字信号并通过串行通信将其传输至动力管理控制 ECU。

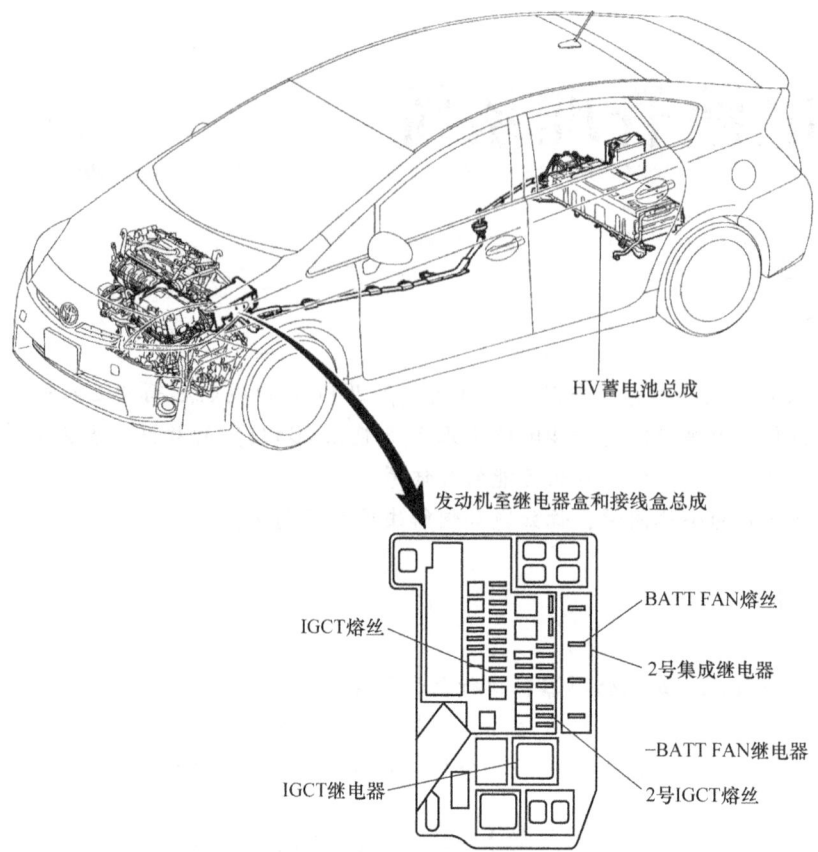

图 4-1 电池箱及熔丝和继电器

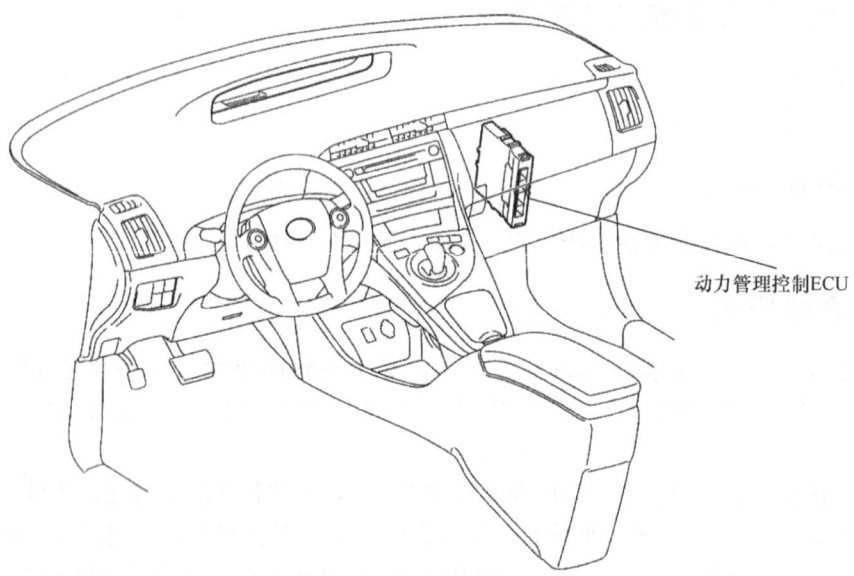

图 4-2 动力管理控制 ECU 位置图

第四章 电池管理系统 83

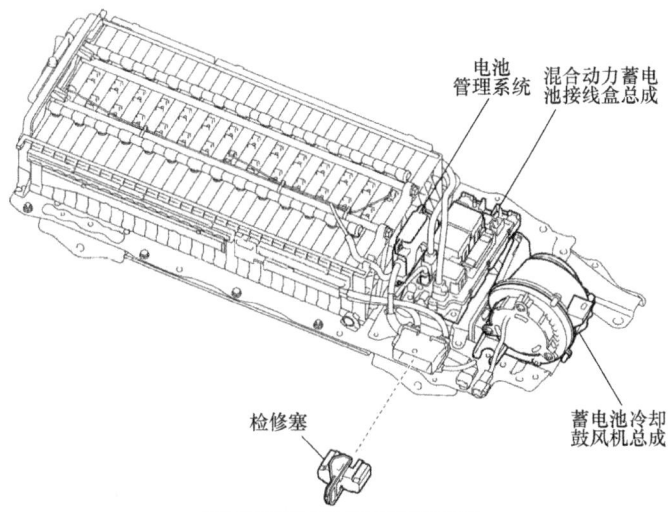

图 4-3 电池箱元件位置图

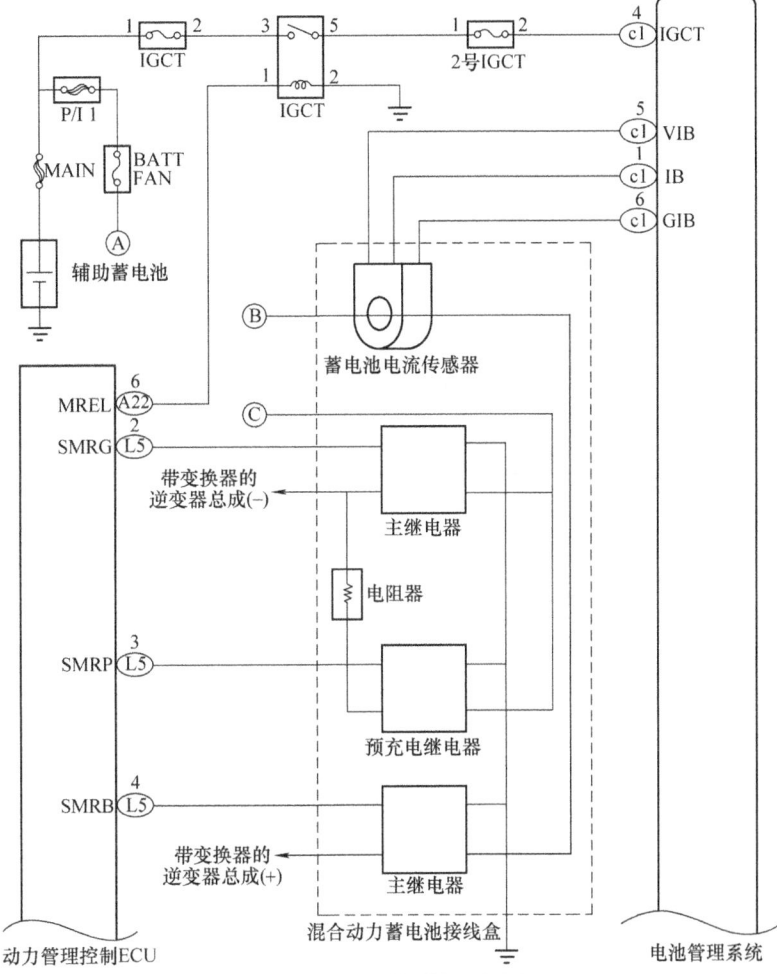

图 4-4 电池管理控制系统图

84 混合动力汽车构造 原理与检修

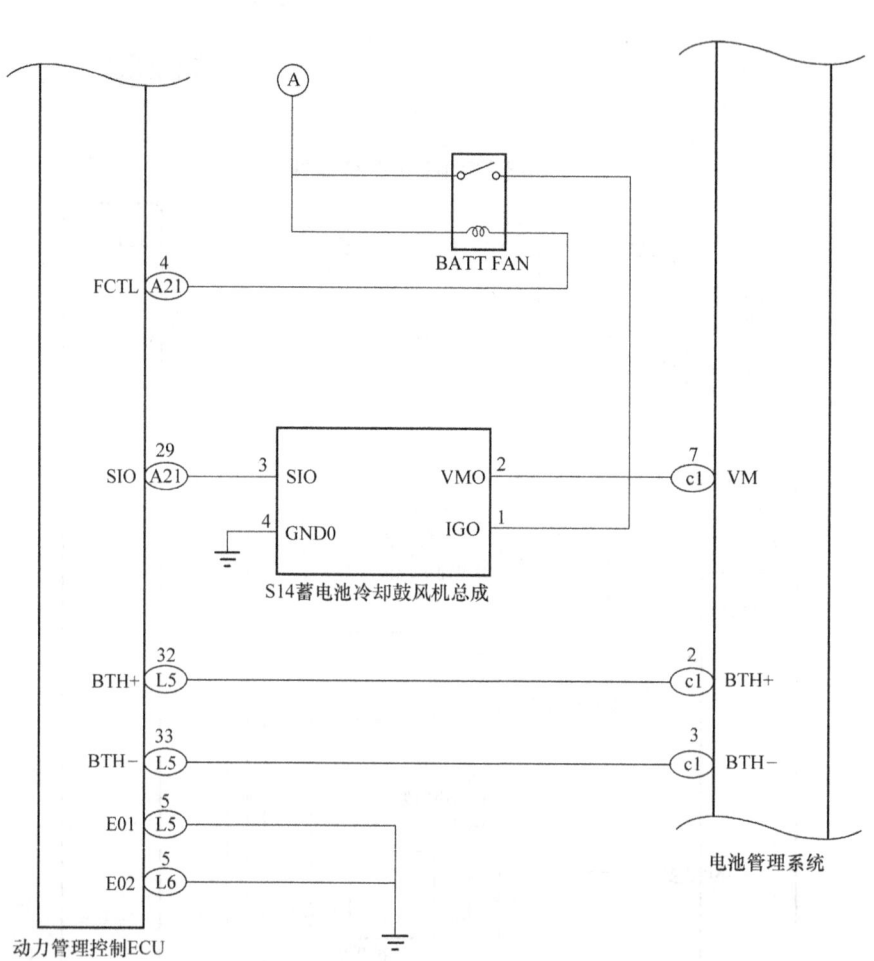

图 4-4 电池管理

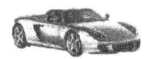

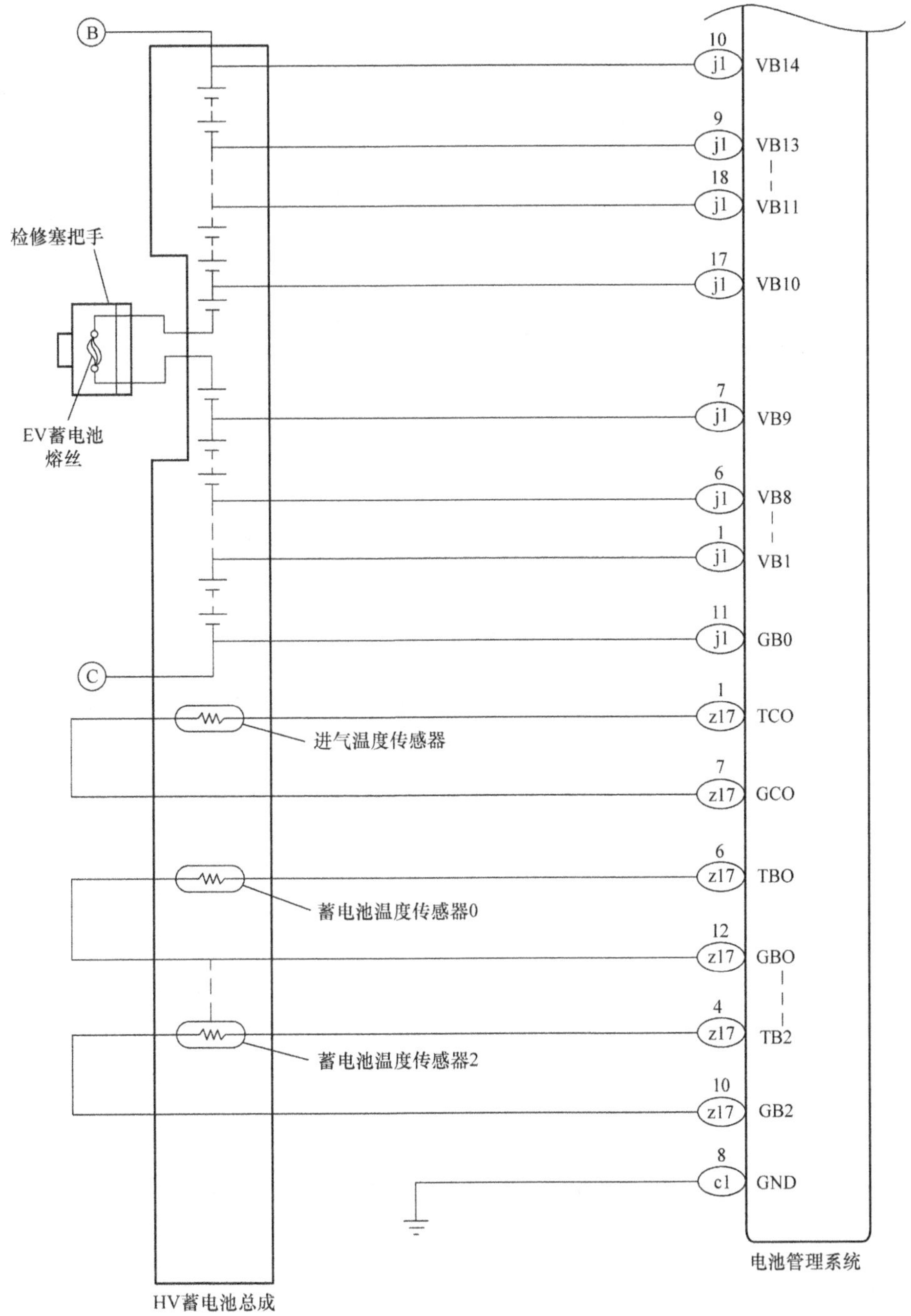
B
10
j1
VB14
9
j1
VB13
18
j1
VB11
检修塞把手
17
j1
VB10
EV蓄电池
熔丝
7
j1
VB9
6
j1
VB8
1
j1
VB1
11
j1
GB0
C
1
z17
TCO
进气温度传感器
7
z17
GCO
6
z17
TBO
蓄电池温度传感器0
12
z17
GBO
4
z17
TB2
蓄电池温度传感器2
10
z17
GB2
8
c1
GND
电池管理系统
HV蓄电池总成

控制系统图（续）

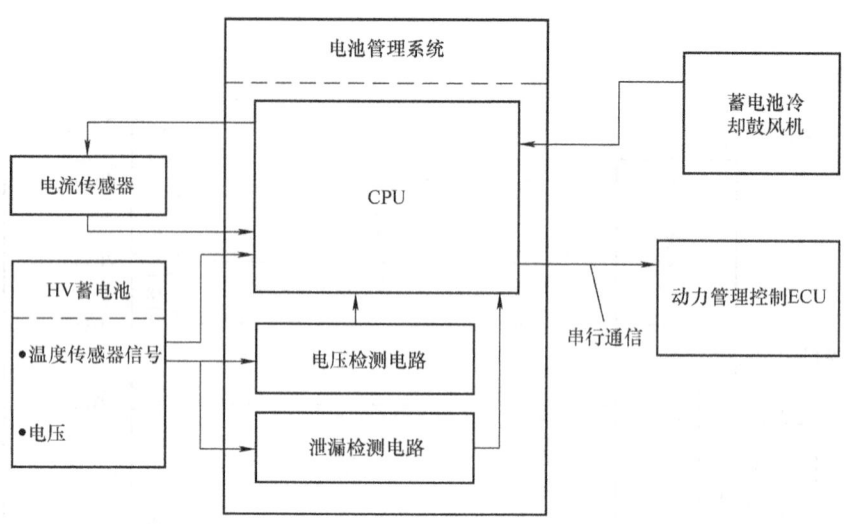

图 4-5 电池管理系统控制框图

第二节 电池管理系统检修

一、混合动力蓄电池组传感器模块

电池管理系统通过串行通信将 HV 蓄电池电压信息发送至动力管理控制 ECU。

检查程序如下：

注意：变速杆置于 N 位时，如果长时间执行检查程序，则可能导致设定 DTC P3000388。

提示：进行故障排除后，如有必要更换蓄电池智能单元，则安装新蓄电池智能单元后需确认电压。

在电源开关置于 ON（READY）位置、选择驻车档（P）且发动机停机的情况下，确认数据表中的 "Power Resource VB"（电源电压）、"VL – Voltage before Boosting"（增压前的 VL 电压）和 "VH—Voltage after Boosting"（增压后的 VH 电压）为 220V 或更高。

系统正常时，电源 VB、增压前的 VL 电压、增压后的 VH 电压的值应几乎相等（变速杆置于 N 位时不会出现电压增加）。如果各电压之间的差超过表 4-1 的规定值，则带变换器的逆变器有故障。

表 4-1 增压前 VL、增压后 VH、电源 VB 的电压允许差

检查电压	最大电压差
"Power Resource VB"（电源 VB）和 "VL – Voltage before Boosting"（增压前的 VL 电压）之间的差	50V

(续)

检查电压	最大电压差
"Power Resource VB"（电源VB）和"VH—Voltage after Boosting"（增压后的VH电压）之间的差	70V
"VL – Voltage before Boosting"（增压前的VL电压）和"VH – Voltage after Boosting"（增压后的VH电压）之间的差	90V

二、动力管理控制 ECU 和电池管理系统通信线

1. 描述

动力管理控制 ECU 根据电池管理系统发送的故障信号警告驾驶人并执行失效保护控制。

2. 电路图（图 4-6）

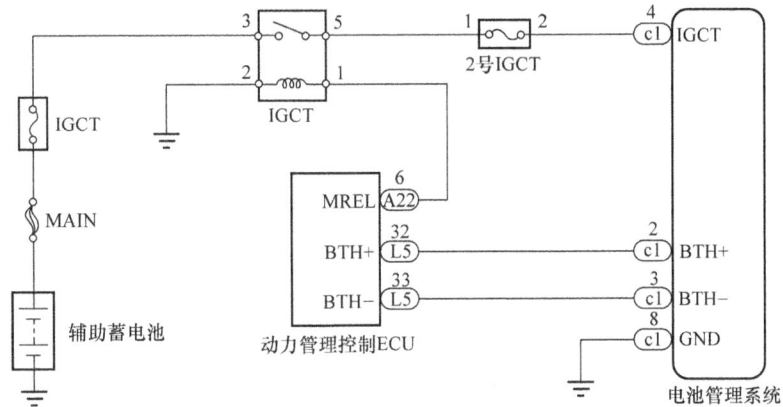

图 4-6 动力管理控制 ECU 和电池管理系统的通信

三、混合动力蓄电池组的分组电压

HV 蓄电池为镍氢蓄电池，无须外部充电。在行驶过程中，动力管理控制 ECU 将 HV 蓄电池的 SOC（充电状态）控制在恒定水平。HV 蓄电池由 28 个模块组成，1 个模块包括 6 个串联的 1.2V 电池单体，2 个模块在信号电压采样上为一组，蓄电池智能单元存储 14 组蓄电池单元电压（图 4-7）。14 组蓄电池单元电压的和为总电压，即为升压前的电压，这个电压

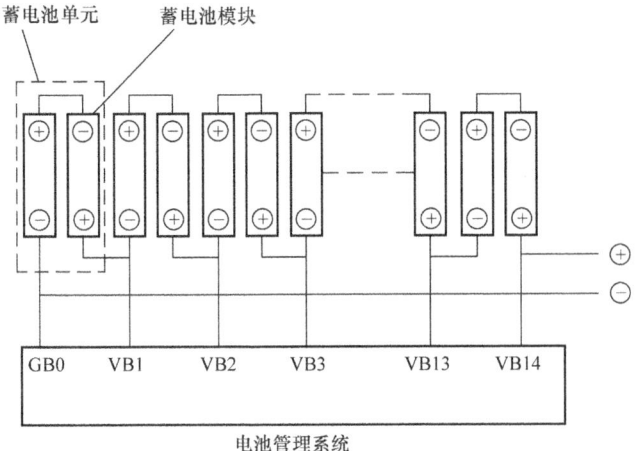

图 4-7 混合动力蓄电池组的 14 组电压测量

是蓄电池 SOC 测量的静态信号，而电流积分测量是动态测量 SOC 的信号。

四、混合动力蓄电池组冷却风扇 1 控制电路低电位

1. 描述

蓄电池冷却鼓风机总成的转速由动力管理控制 ECU 控制。动力管理控制 ECU 端子 FCTL 打开蓄电池鼓风机继电器时，向蓄电池冷却鼓风机总成供电。动力管理控制 ECU 将指令信号（SI）发送至蓄电池冷却鼓风机总成，以获得与 HV 蓄电池温度相应的风扇转速。用串行通信通过电池管理系统，将关于施加到蓄电池冷却鼓风机总成（VM）电压的信息作为监控信号发送至动力管理控制 ECU。蓄电池冷却鼓风机转速控制框图如图 4-8 所示。

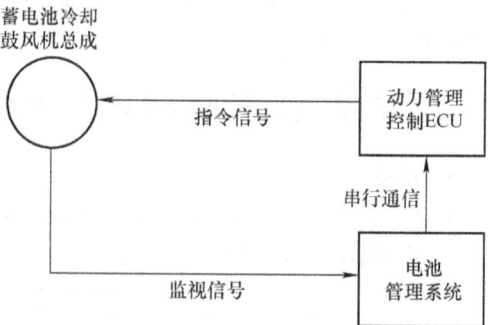

图 4-8 蓄电池冷却鼓风机转速控制框图

2. 电路图

蓄电池冷却鼓风机转动控制通信电路图如图 4-9 所示。

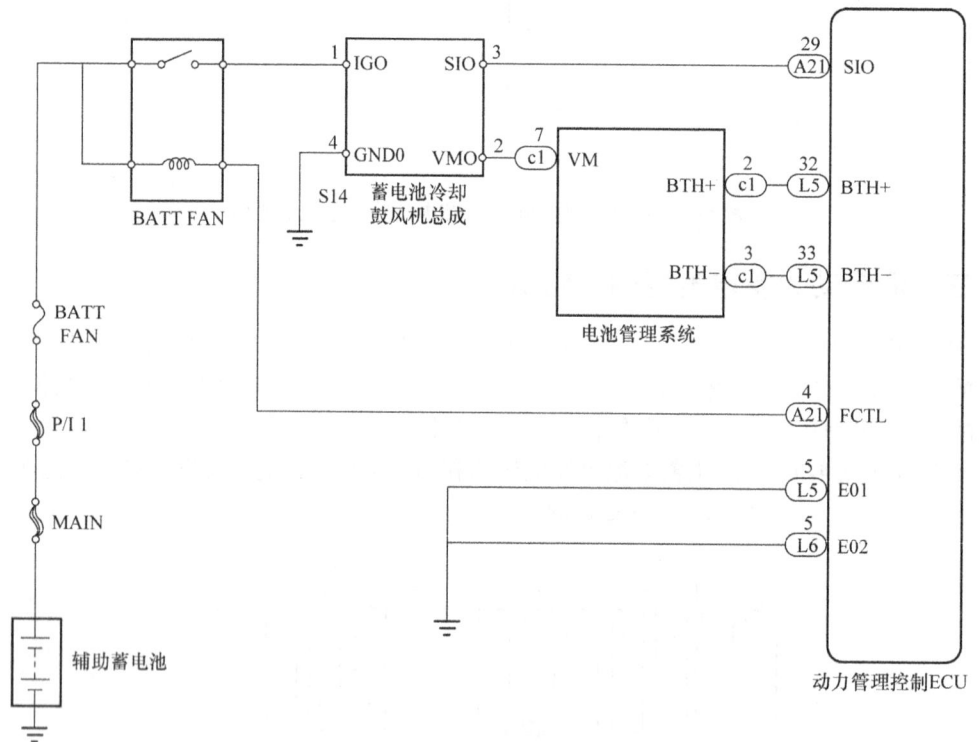

图 4-9 蓄电池冷却鼓风机转动控制通信电路图

蓄电池冷却鼓风机的转速控制电路如图 4-10 所示。

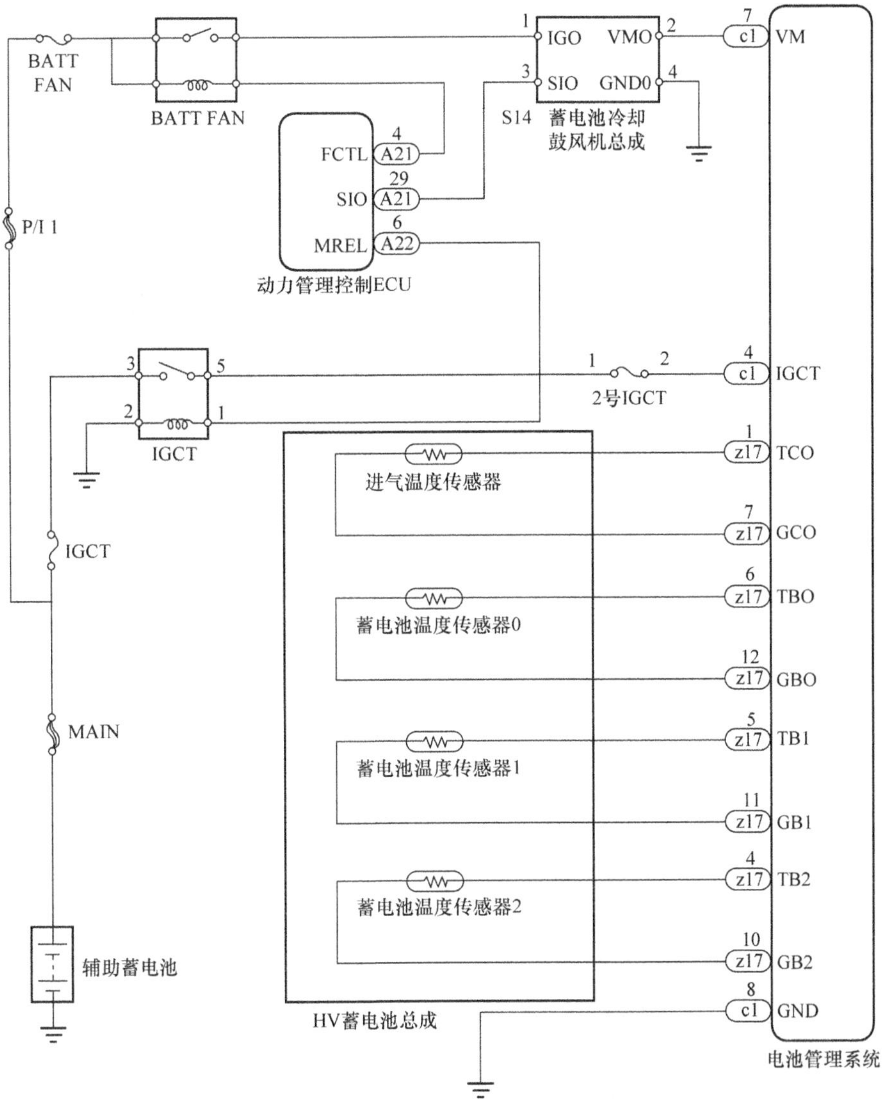

图 4-10 蓄电池冷却鼓风机的转速制电路图

五、高压熔丝

1. 电路图（图 4-11）

2. 检查程序

注意：

1）检查高压系统前，务必采取安全措施，如佩戴绝缘手套并拆下检修塞把手以防电击。拆下检修塞把手后放到自己口袋中，防止其他技师在进行高压系统作业时将其意外重新连接。

2）断开检修塞把手后，接触任何高压插接器或端子前，等待至少 10min。

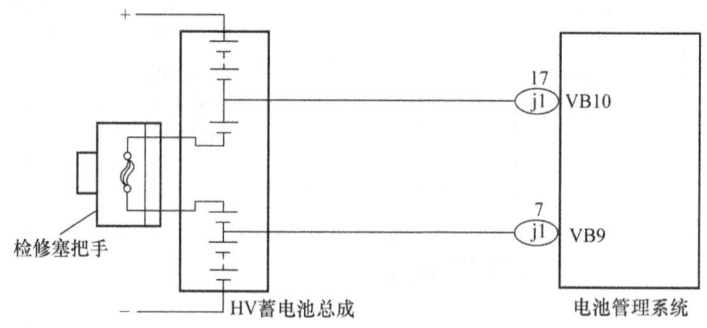

图 4-11 蓄电池检修塞及中间 125A 熔丝

提示：
1）使带变换器的逆变器总成内的高压电容器放电至少需 10min。
2）报废 HV 蓄电池时，确保由能对其进行安全处理的授权收集商将其回收。如果 HV 蓄电池通过制造商指定的途径回收，则可通过授权的收集商以安全的方式正确回收。

注意：将电源开关置于 OFF 位置后，从辅助蓄电池负极（-）端子上断开电缆前需要等待一定的时间。因此，继续工作前，确保阅读从辅助蓄电池负极（-）端子上断开电缆的注意事项。

六、混合动力蓄电池温度传感器

1. 描述

HV 蓄电池的 3 个位置均具有蓄电池温度传感器。内置于各蓄电池温度传感器的热敏电阻的电阻会根据 HV 蓄电池温度的变化而变化。蓄电池温度越低，热敏电阻的电阻越大。反之，温度越高，电阻越小。蓄电池温度传感器温度 - 电阻特性曲线如图 4-12 所示。蓄电池智能单元使用蓄电池温度传感器检测 HV 蓄电池温度，并将检测值发送至动力管理控制 ECU。动力管理控制 ECU 根据此检测结果控制鼓风机风扇。HV 蓄电池温度上升超过预定水平时，鼓风机风扇起动。

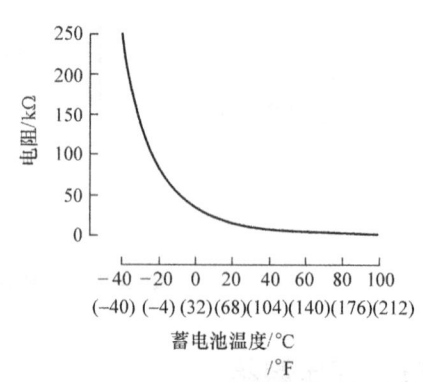

图 4-12 蓄电池温度传感器温度 - 电阻特性曲线

2. 电路图（图 4-13）

七、混合动力蓄电池组空气温度传感器

进气温度传感器（蓄电池）安装在 HV 蓄电池上。传感器电阻随进气温度的变化而变化。进气温度传感器的特性与蓄电池温度传感器的特性相同。电池管理系统利用来自进气温度传感器的信号控制蓄电池冷却鼓风机总成的空气流量。

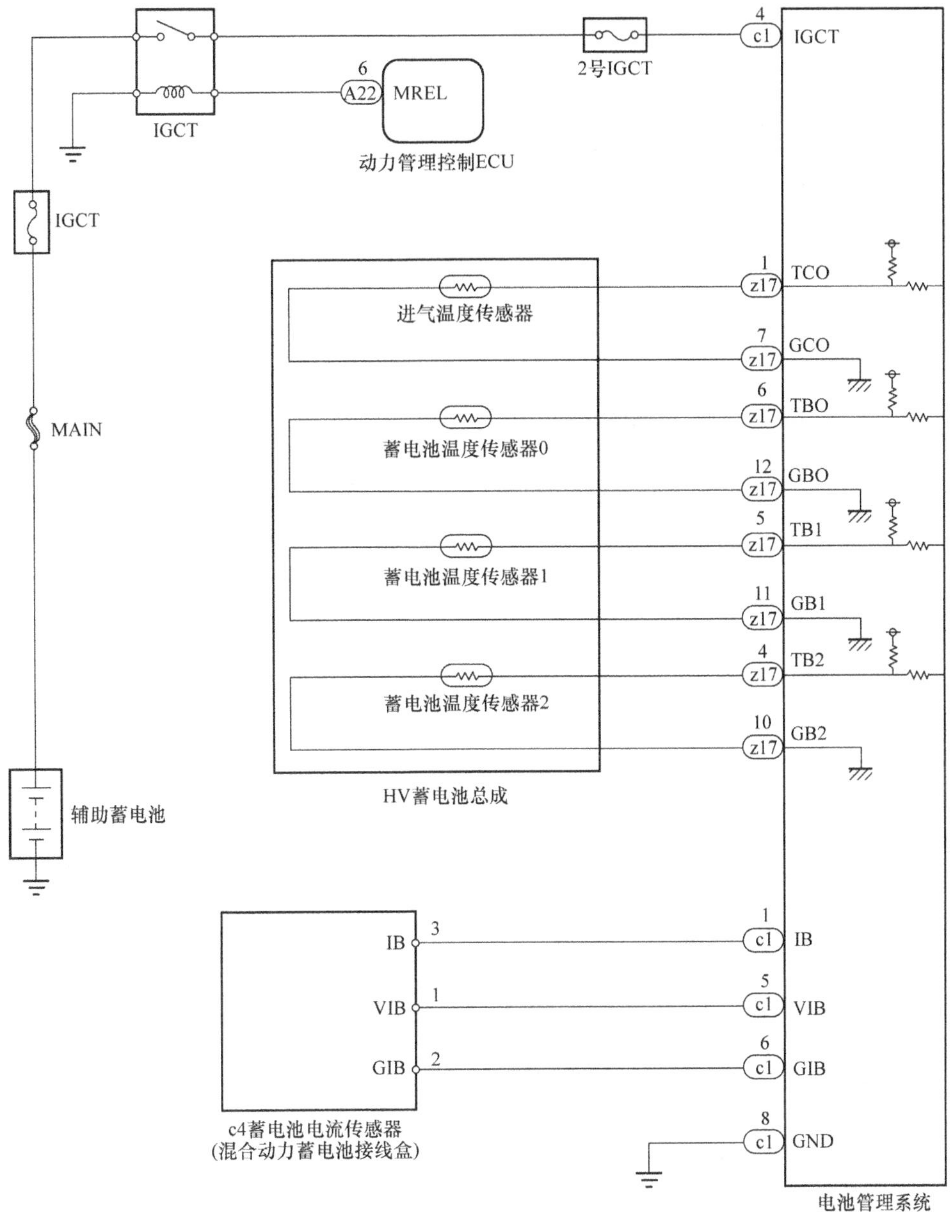

图 4-13 蓄电池温度传感器及电流传感器电路图

八、混合动力蓄电池组电流传感器

1. 描述

蓄电池电流传感器安装在 HV 蓄电池总成的正极电缆侧，用于检测流入 HV 蓄电池的安培数。电池管理系统从蓄电池电流传感器将电压输入端子 IB，该电压与安培数成比例并在 0~5V 之间变化。蓄电池电流传感器的输出电压低于 2.5V 表示 HV 蓄电池正在放电，高于 2.5V 表示 HV 蓄电池正在充电。动力管理控制 ECU 根据从电池管理系统输入其端子 IB 的信号来确定 HV 蓄电池的充电和放电安培数，并通过累计的安培数计算 HV 蓄电池的 SOC（充电状态）（图 4-14）。

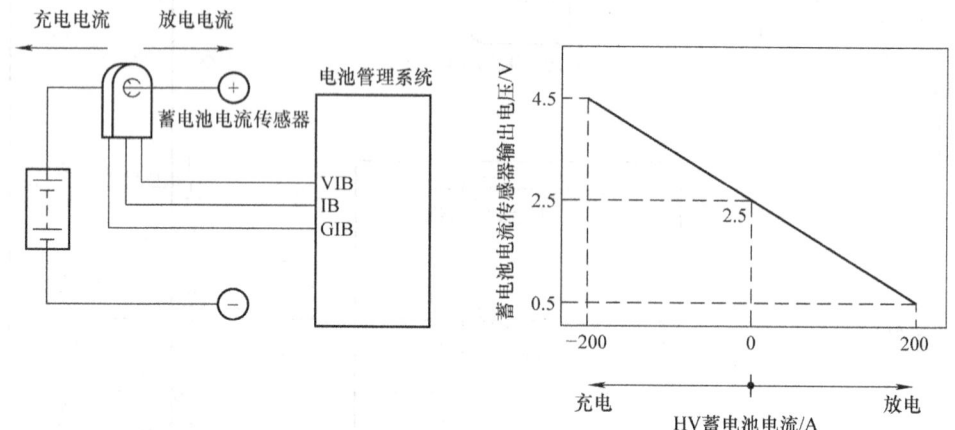

图 4-14 蓄电池电流传感器及其输出

2. 电路图（图 4-15）

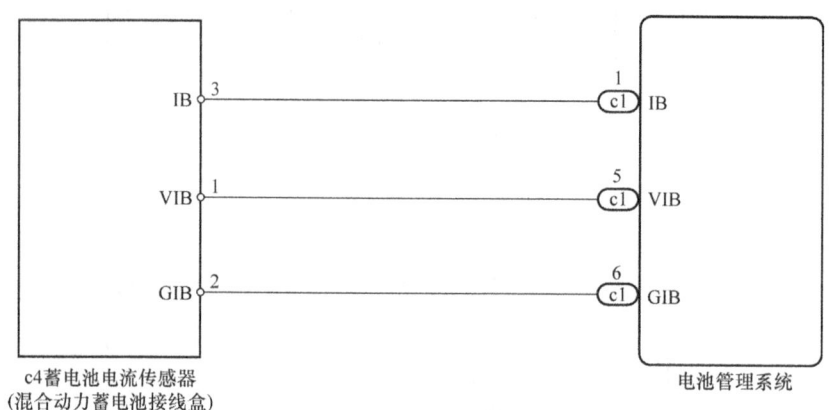

图 4-15 蓄电池电流传感器电路图

九、电池管理系统和动力管理控制 ECU 的通信

如果电池管理系统检测到内部故障，则将故障信号发送至动力管理控制 ECU。动力管理控制 ECU 接收到来自电池管理系统的故障信号时，该 ECU 将警告驾驶人并执行失效保护控制。

电池管理系统和动力管理控制 ECU 的通信如图 4-16 所示，BTH 为 Battery To Hybrid 的缩写。

十、动力管理控制 ECU 与电池管理系统有关的输入/输出

动力管理控制 ECU 与电池管理系统有关的输入/输出如图 4-17 所示，图中向左的箭头表示去往的元件，这里 ACCD、FCTL 为电流流入动力管理 ECU（电流方向向右）。SPDI、IG1D、GI 为电流流出（电流方向向左），熔丝左侧接蓄电池的正极。

第四章 电池管理系统 93

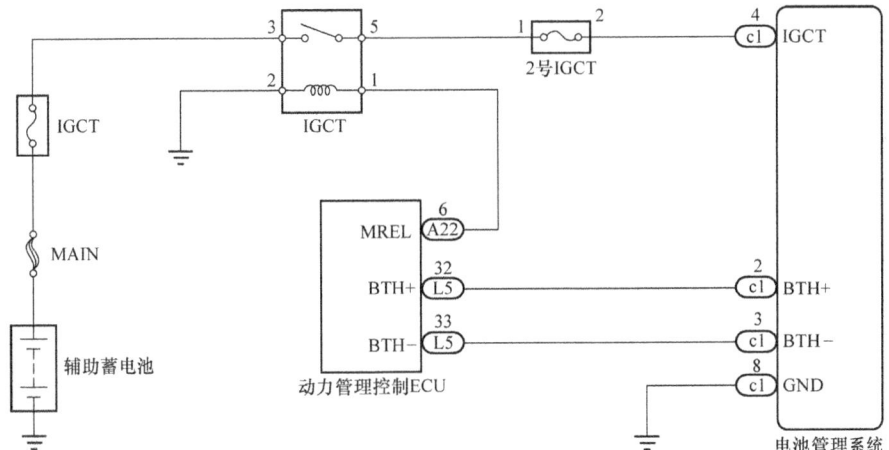

图 4-16 电池管理系统和动力管理控制 ECU 的通信

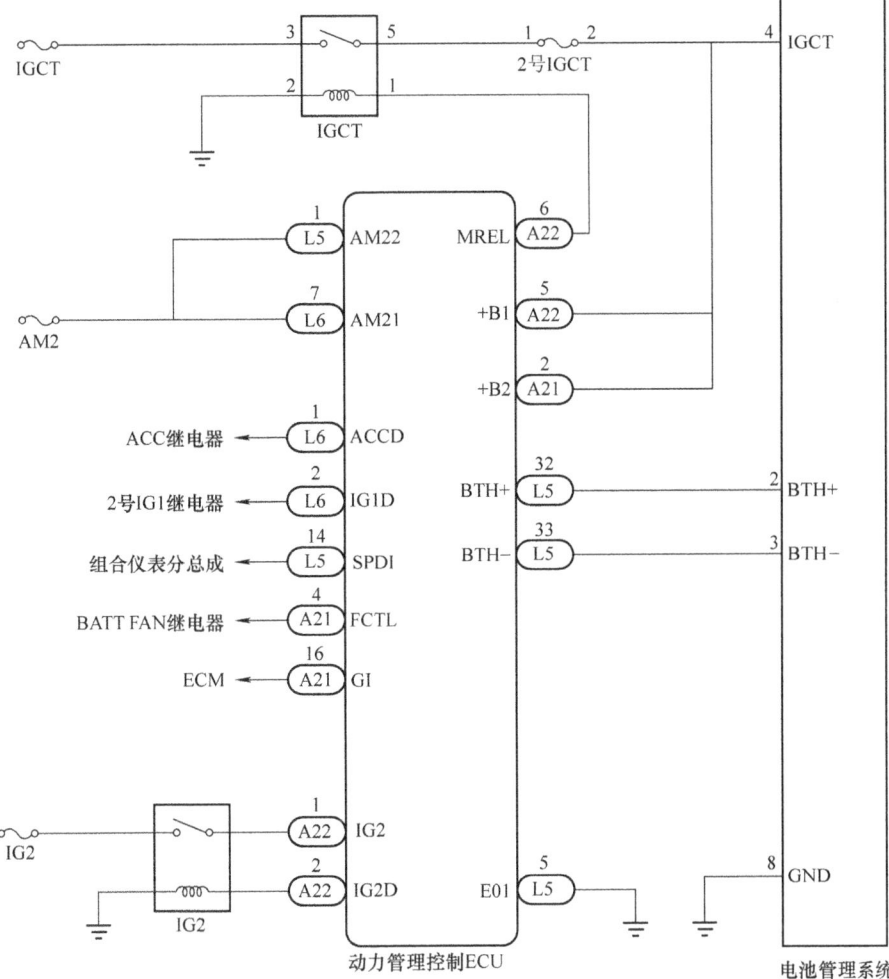

图 4-17 动力管理控制 ECU 与电池管理系统有关的输入/输出

复 习 题

1. 电池管理系统的传感器有哪几种？输出执行器有哪几种？
2. 能正确拆装丰田普锐斯的电池箱，更换单条电池或整箱电池。
3. 能对电池管理系统的数据流进行分析，找到数据异常的元件。

第五章 高压配电箱诊断与检修

情境引入

师傅让小林同学初步诊断一辆拖车拖来的丰田普锐斯轿车,故障现象是打到 READY 档时,仪表无 READY 显示。诊断仪显示故障码的内容是"混合动力蓄电池正极触点高电位"。假如你是车间的小林同学,你知道要解决这个问题,需用到哪些知识吗?

学习目标

1. 了解丰田普锐斯高压配电箱故障码。
2. 能在车上测试系统主继电器的好坏。
3. 能安全地更换高压配电箱总成。

一、混合动力蓄电池正极触点电路卡在关闭位置

高压配电箱主继电器组电路如图 5-1 所示。该电路使用动力管理控制 ECU 监视系统主继电器,如果在继电器内检测到故障,则停止该系统,因为如果任一继电器卡住,则可能无法切断高压系统。

INF 代码见表 5-1。

注意:进行 P0AA1233 故障排除时,使用缠有乙烯绝缘带的工具或绝缘工具。高压电经过非绝缘工具导致短路时是非常危险的。检查高压系统或断开带变换器的逆变器总成低压插

表 5-1 DTC 编号下的 INF(Information)代码

DTC 编号	INF 代码	DTC 检测条件	故障部位
P0AA6	526[①]	高压电路和车身之间的绝缘电阻减小	1)混合动力车辆传动桥总成 2)电动机电缆 3)发电机电缆 4)带变换器的逆变器总成 5)线束组 6)发动机 2 号线束 7)混合动力蓄电池接线盒总成 8)空调系统 9)HV 蓄电池 10)蓄电池智能单元

（续）

DTC 编号	INF 代码	DTC 检测条件	故障部位
POAA6	611	空调系统中的高压电路的绝缘电阻减小	空调系统
	612	HV 蓄电池部位的绝缘电阻减小	1）混合动力蓄电池接线盒总成 2）电池管理系统 3）HV 蓄电池
	613	传动桥部位的绝缘电阻减小	1）混合动力车辆传动桥总成 2）电动机电缆 3）发电机电缆 4）带变换器的逆变器总成
POAA6	614	高压直流部位的绝缘电阻减小	1）带变换器的逆变器总成 2）线束组 3）空调系统 4）发动机 2 号线束 5）混合动力蓄电池接线盒总成

① 1INF 代码 526 与 POAA6 一起存储。如果存储 DTC POAA6，则车辆无法起动。使用绝缘电阻表测量绝缘电阻时，轻摇高压线束的同时测量电阻。

接器前，务必采取安全措施，如佩戴绝缘手套并拆下检修塞把手以防电击。拆下检修塞把手后放到自己口袋中，防止其他技师在进行高压系统作业时将其意外重新连接。拆下检修塞把手后，在接触任何高压插接器或端子前，等待至少 10min。等待 10min 后，检查带变换器的逆变器总成检查点的端子电压。开始工作前的电压应为 0V。因为使带变换器的逆变器总成内的高压电容器放电至少需等待 10min。

注意：将电源开关置于 OFF 位置后，从辅助蓄电池负极（-）端子上断开电缆前需要等待一定的时间。因此，继续工作前，确保阅读从辅助蓄电池负极（-）端子上断开电缆的注意事项。动力管理控制 ECU 监视电池管理系统并检测高压系统的绝缘故障。

二、绝缘检测

1. 描述

如果使用绝缘电阻表无法确认绝缘电阻减小，则检查数据表中的 Short Wave Highest Val（短波最高值）。

短波最高值的特点：表 5-2 列出了数据表项目 Short Wave Highest Val（短波最高值）和绝缘电阻的关系。Short Wave Highest Val（短波最高值）随绝缘电阻的减小而降低。然而，在某些情况下，即使车辆的绝缘电阻正常，Short Wave Highest Val（短波最高值）也可能降低。

表 5-2 短波最高值检测绝缘

短波最高值	故障部位
不满足条件①和②且 Short Wave Highest Val（短波最高值）大约为 0V	绝缘电阻接近于 0Ω 时，极可能受金属物体干扰
不满足条件①和②且 Short Wave Highest Val（短波最高值）在 0 和 5V 之间	绝缘电阻为数十万 Ω 时，极可能出现液体，例如冷却液

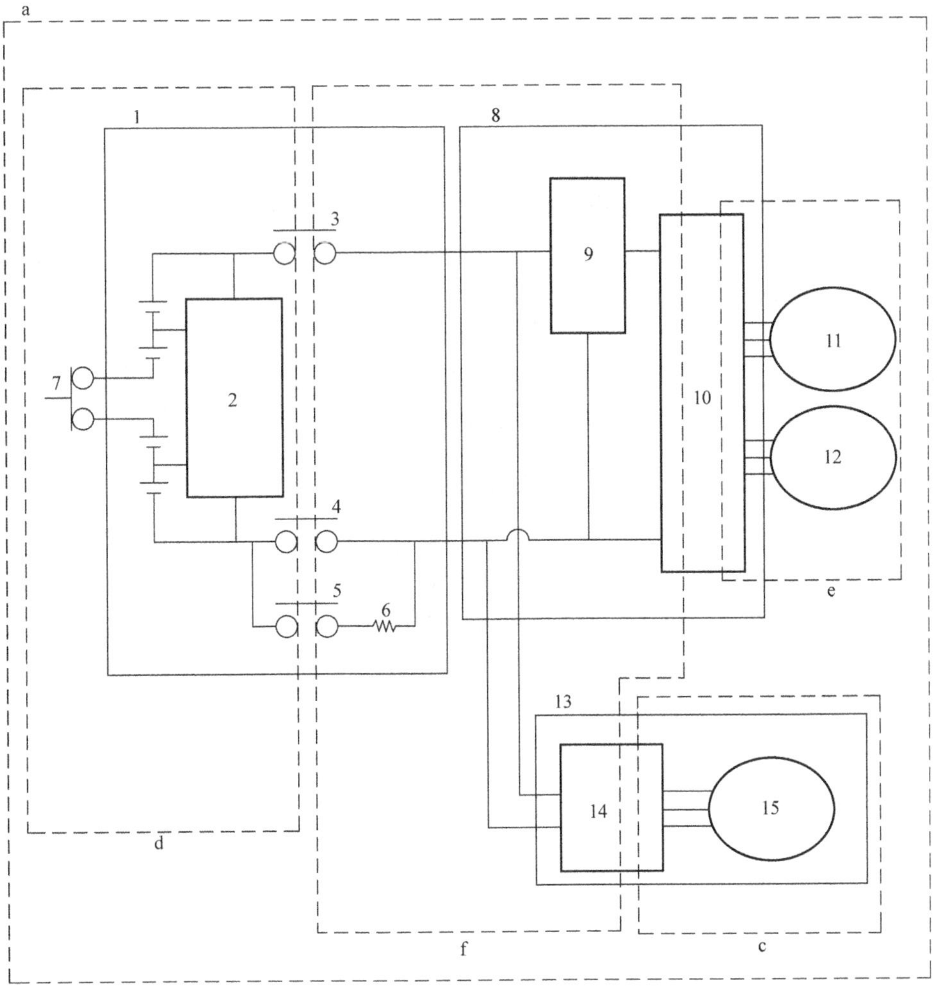

图 5-1 高压配电箱主继电器组

1—HV 蓄电池 2—电池管理系统 3—SMRB 4—SMRG 5—SMRP 6—系统主电阻器 7—检修塞把手 8—带变换器的逆变器总成 9—增压变换器 10—逆变器 11—MG1 12—MG2 13—带电动机的压缩机总成 14—空调逆变器 15—空调电动机 a—高压部位 b—INF 代码 526 车辆绝缘电阻减小部位 c—INF 代码 611 空调系统部位 d—INF 代码 612 HV 蓄电池部位 e—INF 代码 613 传动桥部位 f—INF 代码 614 高压直流部位

因此，确认以下情况时检查 Short Wave Highest Val（短波最高值）：①将电源开关置于 ON（IG）位置后大约经过 1min 再检查；②不要在系统电压（电源 VB、增压前的 VL 电压和增压后的 VH 电压）之间有差异时检查。

2. 判定有绝缘故障的部位

1) 轻摇高压线束以检查车身搭铁的电阻是否随线束或施加力位置的变化而变化。

2) 反复旋转和停止 MG1、MG2 和带电动机的压缩机总成。检查并确认电动机停止时 Short Wave Highest Val（短波最高值）不降低（例如，如果异物形成泄漏通道时电动机停止），或电动机旋转时 Short Wave Highest Val（短波最高值）不恢复正常（例如，如果异物从泄漏通道移走）。

3) 升高 MG1 和 MG2 的温度。检查温度升高时 Short Wave Highest Val（短波最高值）是否降低。

注意：

1) 进行 P0AA6 故障排除时，使用缠有乙烯绝缘带的工具或绝缘工具。高压电经过非绝缘工具导致短路时是非常危险的。

2) 检查高压系统或断开带变换器的逆变器总成低压插接器前，务必采取安全措施，如佩戴绝缘手套并拆下检修塞把手以防电击。拆下检修塞把手后放到自己口袋中，防止其他技师在进行高压系统作业时将其意外重新连接。

3) 拆下检修塞把手后，在接触任何高压插接器或端子前，等待至少 10min。等待 10min 后，检查带变换器的逆变器总成检查点的端子电压。开始工作前的电压应为 0V。

提示：使带变换器的逆变器总成内的高压电容器放电至少需等待 10min。

三、混合动力蓄电池组电流传感器

位于 HV 蓄电池正极侧混合动力蓄电池接线盒总成内的蓄电池电流传感器，检测流入和流出 HV 蓄电池的安培数。蓄电池智能单元接收 0~5V 之间的电压（图5-2），此电压与电缆的安培数流量成比例。该电压从蓄电池电流传感器进入端子 IB。蓄电池电流传感器输出电压低于 2.5V 表示 HV 蓄电池正在放电，电压高于 2.5V 表示 HV 蓄电池正在充电。根据从蓄电池电流传感器输入至电池管理系统端子 IB 的信号，动力管理控制 ECU 确定由 HV 蓄电池总成接收的充电或放电的安培数。根据累计的安培数，动力管理控制 ECU 计算 HV 蓄电池的 SOC（充电状态）。

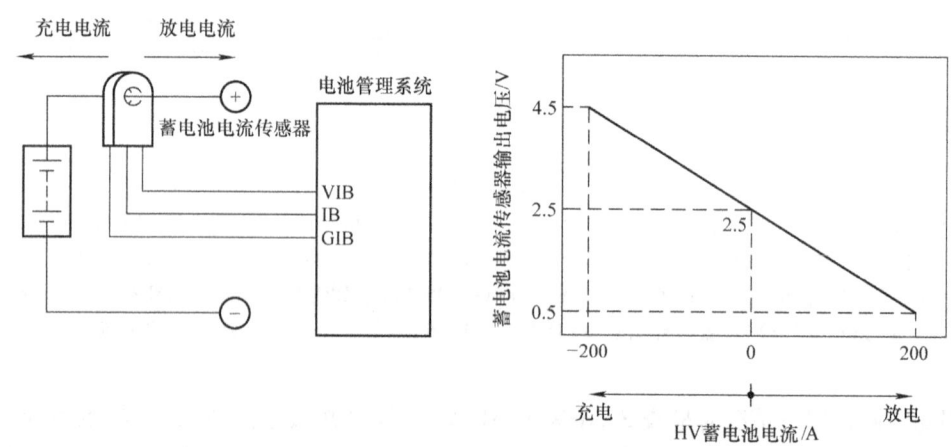

图 5-2 混合动力蓄电池组电流传感器电路及信号输出

四、混合动力蓄电池预充电触点控制电路低电位

1. 描述

SMR（系统主继电器）根据来自动力管理控制 ECU 的指令连接或断开高压动力系统的继电器。混合动力蓄电池预充电触点控制电路包括 3 个 SMR 和 1 个预充电电阻器。SMRB、SMRP、SMRG 和预充电电阻器位于 HV 蓄电池组内的混合动力蓄电池接线盒总成内。车辆

将首先打开 SMRP 和 SMRB，通过系统主电阻器对车辆充电，以连接高压动力系统。然后打开 SMRG 后关闭 SMRP，关闭 SMRB 和 SMRG 以切断高压动力系统。

混合动力蓄电池预充电触点控制电路低电位是指在继电器线圈断电后，继电器触点仍无法断开。

2. 电路图（图 5-3）

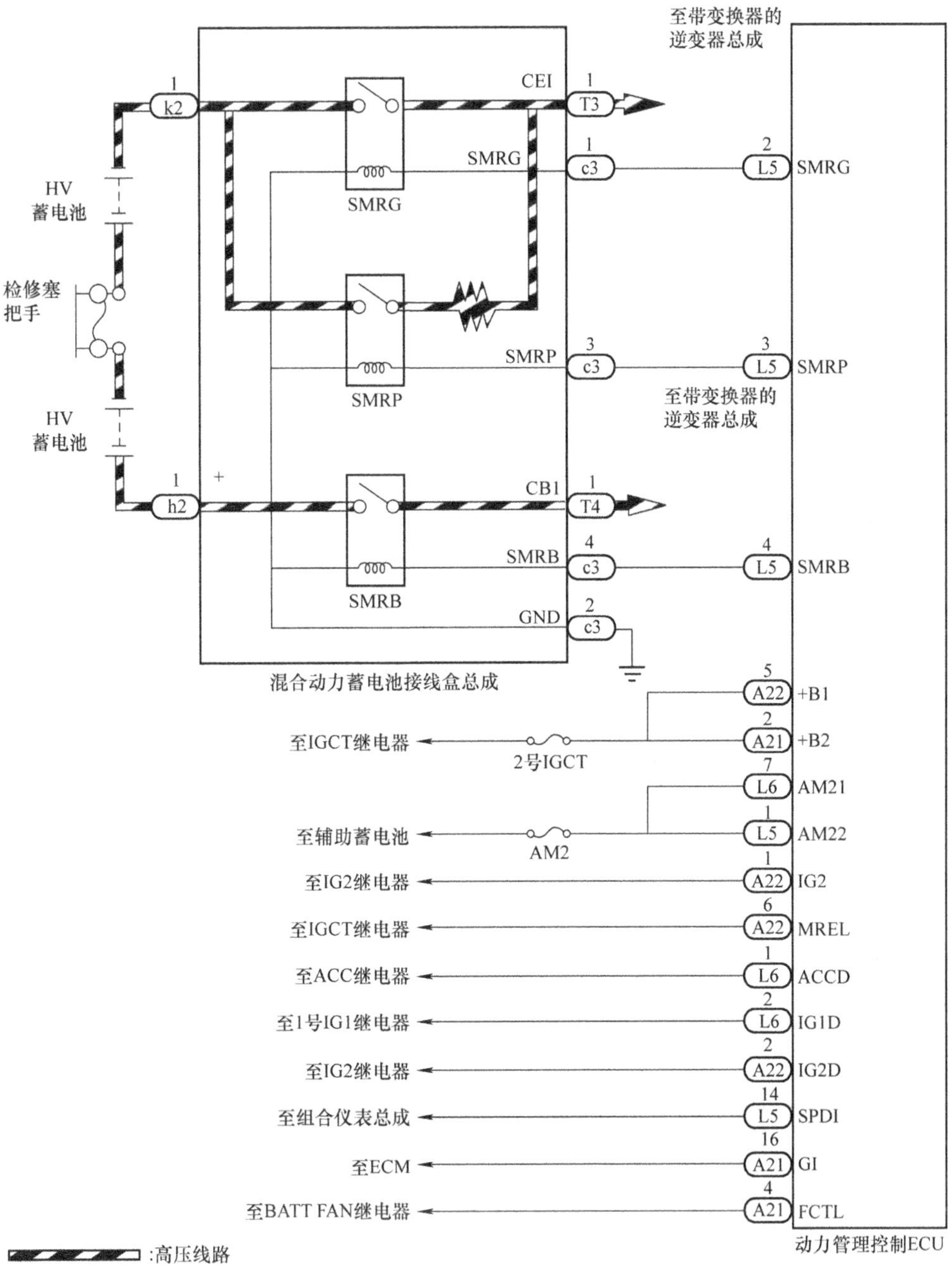

图 5-3　混合动力蓄电池预充电触点控制电路低电位

复 习 题

1. 丰田普锐斯高压配电箱故障码有哪些？
2. 怎样在车上测试系统主继电器的好坏？
3. 怎样安全地更换高压配电箱总成？

第六章 电机系统诊断与检修

情境引入

一位女性驾驶人感觉其驾驶的丰田普锐斯混合动力汽车有故障，她说在纯电动工况行驶时，电机工作无力，请小林同学分析原因。

假如你是车间的小林同学，如何来解决这个问题。

学习目标

1. 了解丰田普锐斯逆变器的内部组成和作用。
2. 能检查判定电机温度传感器的好坏。
3. 能检查判定电机解角传感器的好坏。
4. 能检查并更换逆变器和电机内的冷却液。

第一节 普锐斯逆变器概述

一、逆变器

逆变器包括三相桥接电路，该电路包括六个功率晶体管（IGBT），每个晶体管都对应MG1和MG2。逆变器将来自HV蓄电池的高压直流电转换为MG1和MG2的三相交流电；也可将MG1和MG2提供的三相交流电转换为HV蓄电池的直流电。MG ECU控制功率晶体管（IGBT）的执行。逆变器向MG ECU传输控制所必需的信息，如电流和电压。MG ECU使用内置于逆变器的逆变器电压传感器检测增压控制所需的增压后的高压。普锐斯混合动力汽车高压网络和低压控制框图如图6-1所示。

如果电动机逆变器或发电机逆变器出现过电压，则MG ECU对其进行检测并将该信息传输至动力管理控制ECU。

如果电动机逆变器过热、存在电路故障或内部短路，则逆变器通过电动机逆变器故障信号线路传输该信息至MG ECU。

如果异常电流流过电动机逆变器，则MG ECU检测此情况并发送信号以告知动力管理控制ECU出现故障。

如果MG2转矩执行值与从MG ECU至MG2的转矩指令值不一致，则动力管理控制ECU将存储该DTC。

如果逆变器接收来自MG ECU的电动机门切断信号，则它将关闭所有驱动MG2的功率晶体管以强行停止 MG2 工作。MG ECU 监视电动机门切断信号并检测故障。

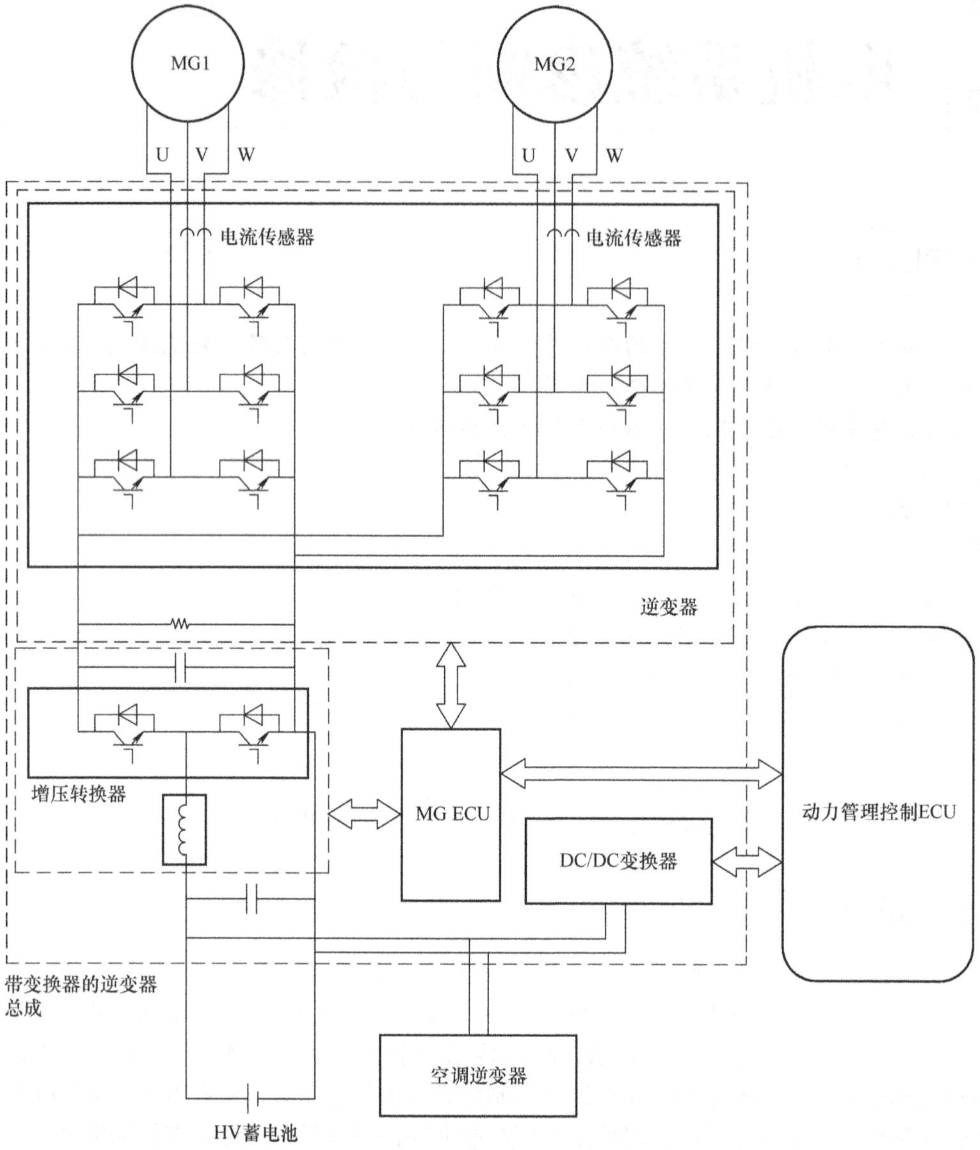

图 6-1 普锐斯混合动力汽车高压网络和低压控制框图

二、驱动电机

三相交流电流经定子三相绕组时,电机内产生旋转磁场。系统根据转子的旋转位置和速度控制磁场的旋转。结果,在旋转方向拉动转子上的永久磁铁,从而产生转矩。产生的转矩与电流量几乎成比例。系统通过调整交流电的频率来控制电机转速。此外,系统正确控制旋转磁场和转子磁铁的角度(图 6-2),以一种有效的方式产生高转矩,即使在高速时也是如此。

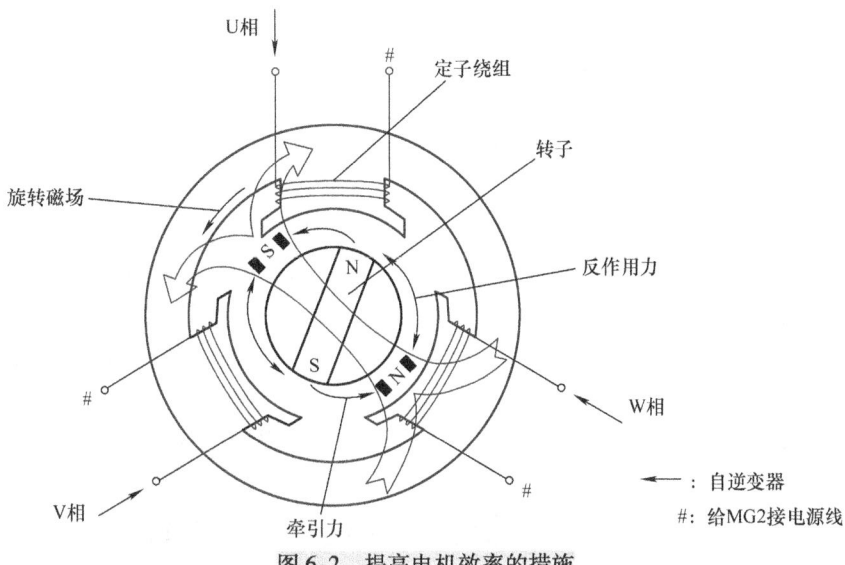

图 6-2 提高电机效率的措施

三、发动机无法起动

如果发动机出现故障,则从 ECM 发送发动机故障信号至动力管理控制 ECU。动力管理控制 ECU 接收到此信号时,其设定 DTC 并执行失效保护控制。

如果动力管理控制 ECU 检测到发动机或传动桥(图 6-3)齿轮卡住,则动力管理控制

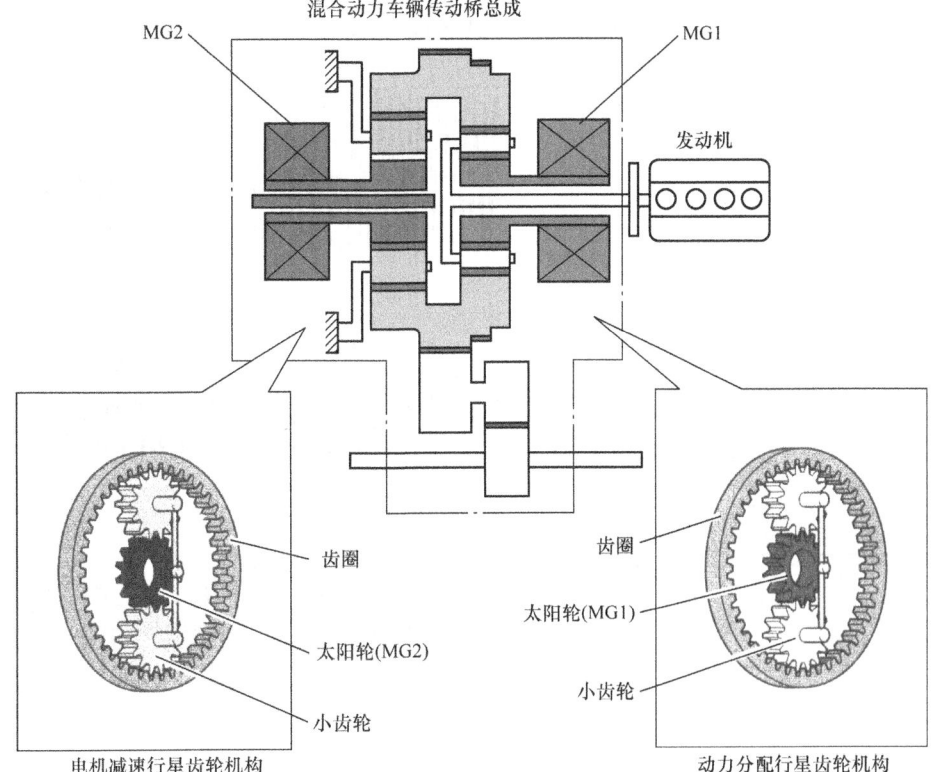

图 6-3 普锐斯电力无级变速驱动桥结构

ECU 将执行失效保护控制。同样,如果有物质或物体阻止发动机或传动桥内部零部件旋转,则动力管理控制 ECU 将执行失效保护控制。

位于带变换器的逆变器总成内的 MG ECU 监视其内部工作并在其检测到故障时将设定 DTC。如果输出以下任一 DTC,则更换带变换器的逆变器总成。

1) 运转脉冲信号循环偏差或停止。
2) ND 变换器故障。
3) MCU 的 ROM 和 RAM 故障。
4) 通信故障(从 MG1 至 MG2)。
5) A/D 变换器通信故障。
6) IPM 正极电源故障。
7) IPM 负极电源故障。
8) A/D 变换器故障。
9) R/D 变换器 NM 停止故障。
10) 标准电压模拟信号偏移。
11) 标准电压模拟信号故障。
12) 通信故障(从 MG2 至 MG1)。
13) ALU 故障。
14) R/D 变换器通信故障。

第二节 电机传感器诊断与检修

一、电机解角传感器

电机解角传感器是用来检测电机转子磁极位置的传感器(图6-4)。知道磁极位置对于保证 MG2 和 MG1 的精确控制来说是必不可少的。各解析器都包括由励磁线圈和两个检测线圈(S、C)组成的定子。由于转子是椭圆形的,转子转动过程中,定子和转子之间的间隙会发生改变。预定频率10kHz(或5kHz)、12V 的正弦交流电流过励磁线圈,并检测线圈 S

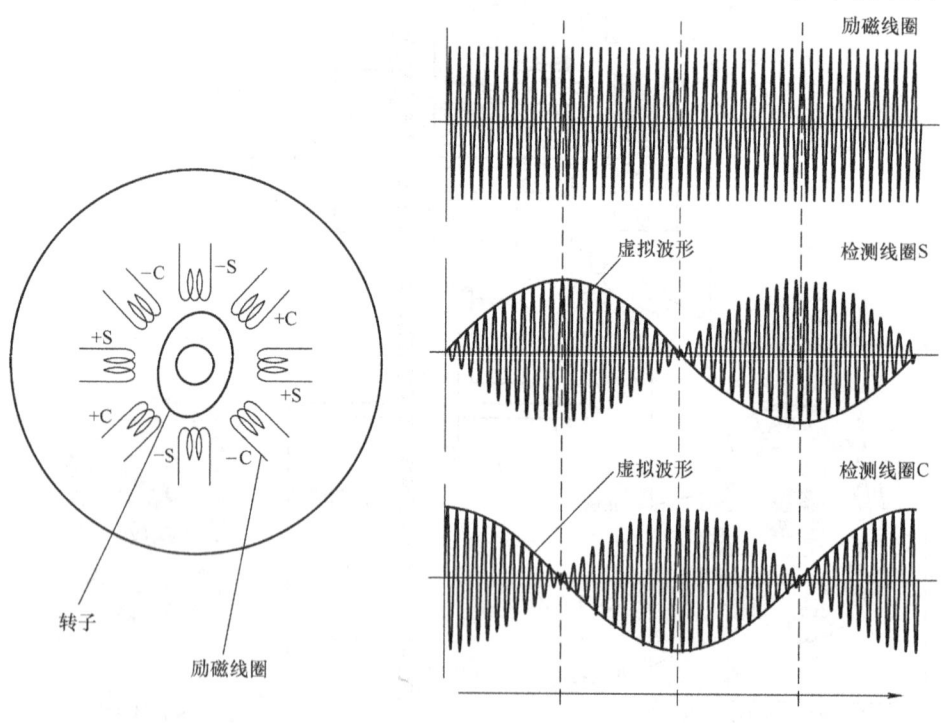

图6-4 旋转变压器式电机解角传感器及其正弦和余弦输出

和 C 输出与传感器转子位置相对应的交流电。

带变换器的逆变器总成（MG ECU）根据检测线圈 S（SIN）和 C（COS）的相位及其波形的高度，检测转子的绝对位置。此外，MCU 计算预定时长内位置的变化量，从而将解析器作为转速传感器使用。MG ECU 监视电机解析器的输出信号，并检测故障。

提示：术语"驱动电机 A"指 MG2。

普锐斯旋转变压器式电机解角传感器电路图如图 6-5 所示。

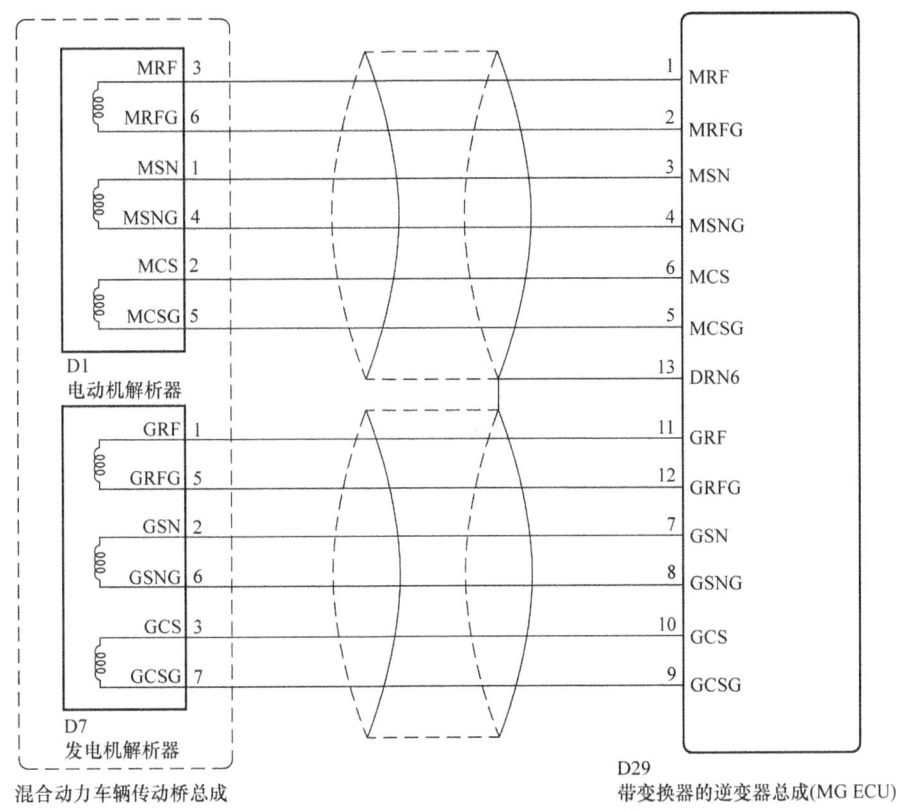

图 6-5　普锐斯旋转变压器式电机解角传感器电路图

二、电动机温度传感器

内置于电动机温度传感器内的热敏电阻的电阻随 MG2 温度的变化而变化。MG2 温度越低，热敏电阻的电阻越大。反之，温度越高，电阻越小。

普锐斯电动机温度传感器温度 – 电阻特性图如图 6-6 所示。

普锐斯电动机温度传感器电路图如图 6-7 所示。

三、发电机温度传感器

内置于发电机温度传感器内的热敏电阻的电阻随 MG1 温度的变化而变化。MG1 温度越低，热敏电阻的电阻值越大。反之，温度越高，电阻值越小。

普锐斯发电机温度传感器温度 – 电阻特性图如图 6-8 所示。

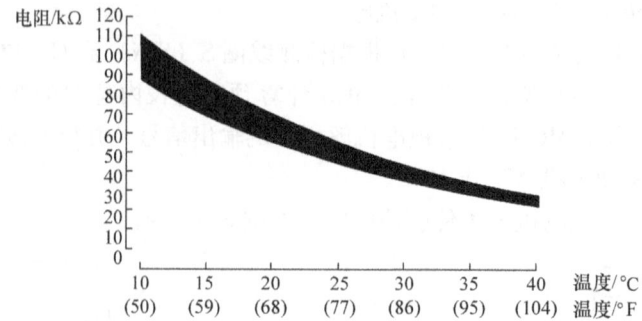

图 6-6　普锐斯电动机温度传感器温度 – 电阻特性图

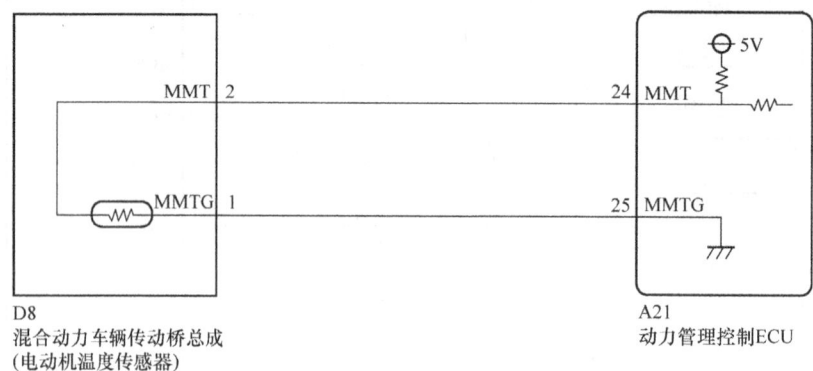

图 6-7　普锐斯电动机温度传感器电路图

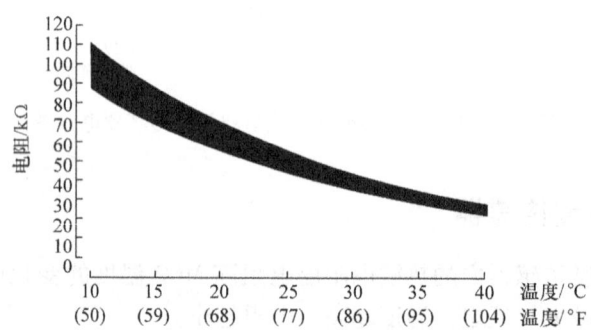

图 6-8　普锐斯发电机温度传感器温度 – 电阻特性图

普锐斯发电机温度传感器电路图如图 6-9 所示，发电机温度传感器断路或对 +B 短路数据流显示为 -40℃，短路或对搭铁短路数据流显示为 215℃。

第六章 电机系统诊断与检修 107

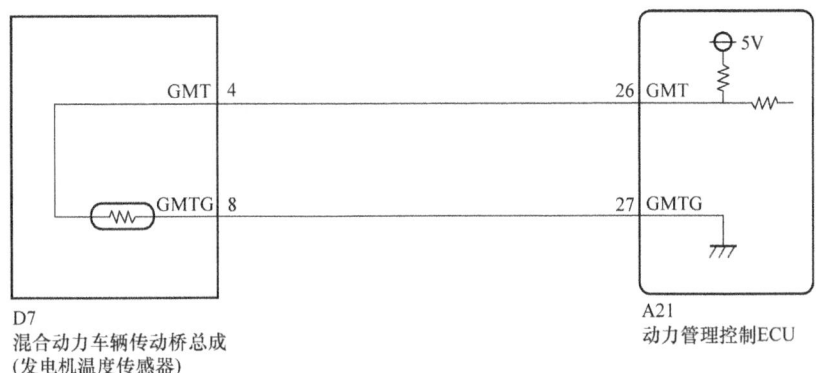

图6-9 普锐斯发电机温度传感器电路图

第三节 电机/逆变器冷却系统诊断与维修

一、逆变器冷却系统性能

普锐斯双电机及带有变换器的逆变器冷却系统如图6-10所示，逆变器将HV蓄电池的高压直流电转换为供MG1和MG2使用的交流电。在转换过程中逆变器会产生热量。因此，逆变器通过由逆变器水泵总成、冷却风扇和散热器组成的专用冷却系统进行冷却。该冷却系统独立于发动机冷却系统。动力管理控制ECU监视逆变器水泵总成、冷却风扇和冷却系统，并检测以下故障。

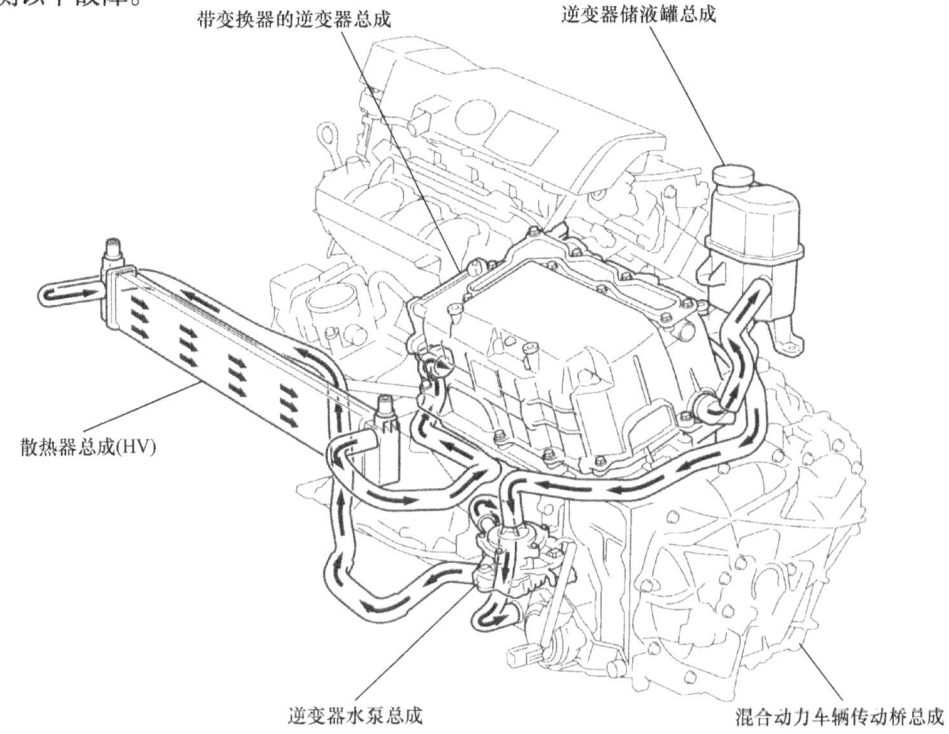

图6-10 普锐斯双电机及带有变换器的逆变器冷却系统

二、电动机逆变器温度传感器

位于带变换器的逆变器总成中的 MG ECU 使用内置于带变换器的逆变器总成的温度传感器检测电动机逆变器的温度。逆变器冷却系统独立于发动机冷却系统进行工作。MG ECU 利用来自电动机逆变器温度传感器的信号来检查逆变器冷却系统的效能。如有必要，则 MG ECU 将限制逆变器输出以防逆变器过热。MG ECU 还检测电动机逆变器温度传感器及其配线的故障。

三、发电机逆变器温度传感器

位于带变换器的逆变器总成中的 MG ECU 使用内置于带变换器的逆变器总成的温度传感器检测发电机逆变器的温度。逆变器冷却系统独立于发动机冷却系统进行工作。MG ECU 利用来自发电机逆变器温度传感器的信号来检查逆变器冷却系统的效能。如有必要，则 MG ECU 将限制逆变器输出以防逆变器过热。ECU 还检测发电机逆变器温度传感器及其配线的故障。

复 习 题

1. 丰田普锐斯逆变器的内部组成和作用是什么？
2. 怎样检查电机温度传感器的好坏？
3. 怎样检查电机解角传感器的好坏？
4. 怎样检查并更换逆变器和电机内的冷却液？

第七章 动力管理系统

情境引入

小林拆下丰田普锐斯混合动力汽车发动机舱内逆变器上盖的一条黑色金属盖板后，听到行李舱内部有一声继电器动作的声音，小林再试图打到 READY 档发现已不可能了。

假如你是车间的小林同学，你知道可能是什么原因导致无法打到 READY 档？

学习目标

1. 检查动力管理系统的注意事项？
2. 了解高压系统互锁电路的原理。
3. 能在车上找到相应零部件的位置。
4. 能画出丰田普锐斯混合动力汽车电路原理图。
5. 能结合原理图分析丰田普锐斯电路图。

第一节 混合动力汽车主要部件

驾驶室内主要部件如图 7-1 所示。

110 | 混合动力汽车构造 *原理与检修*

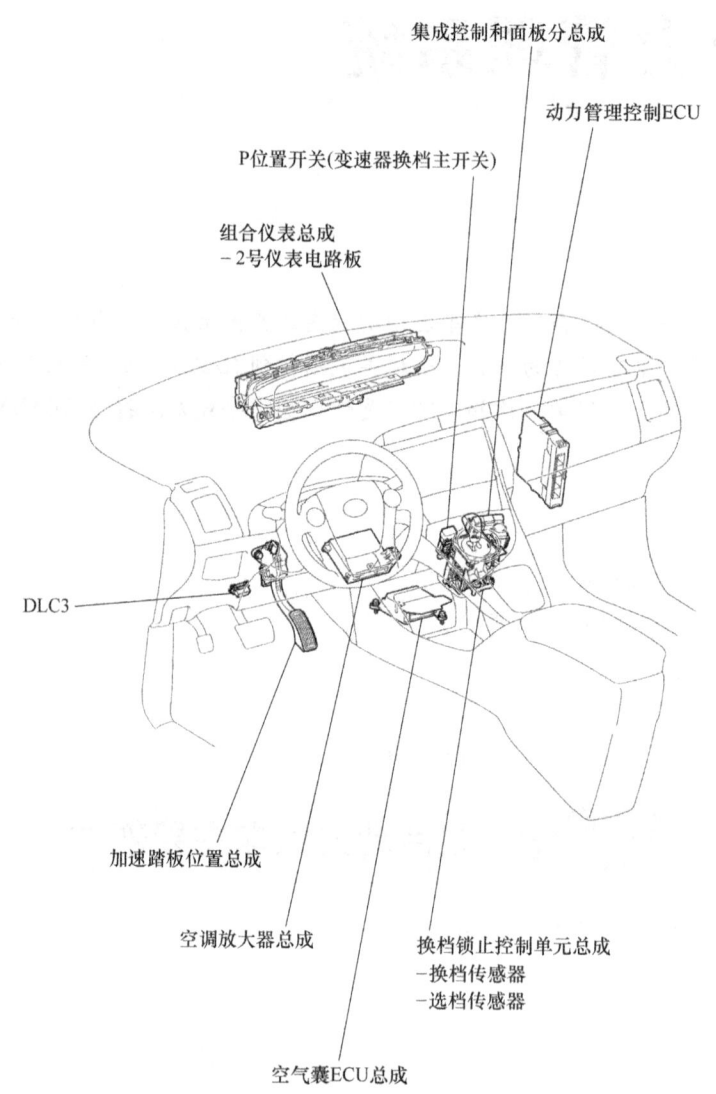

图 7-1 驾驶室内主要部件

请写出图 7-1 混合动力汽车主要部件的名称，并在车上找到它们。
1. _____； 2. _____； 3. _____； 4. _____；
5. _____； 6. _____； 7. _____； 8. _____；
9. _____； 10. _____；

整车主要部件如图 7-2 所示。

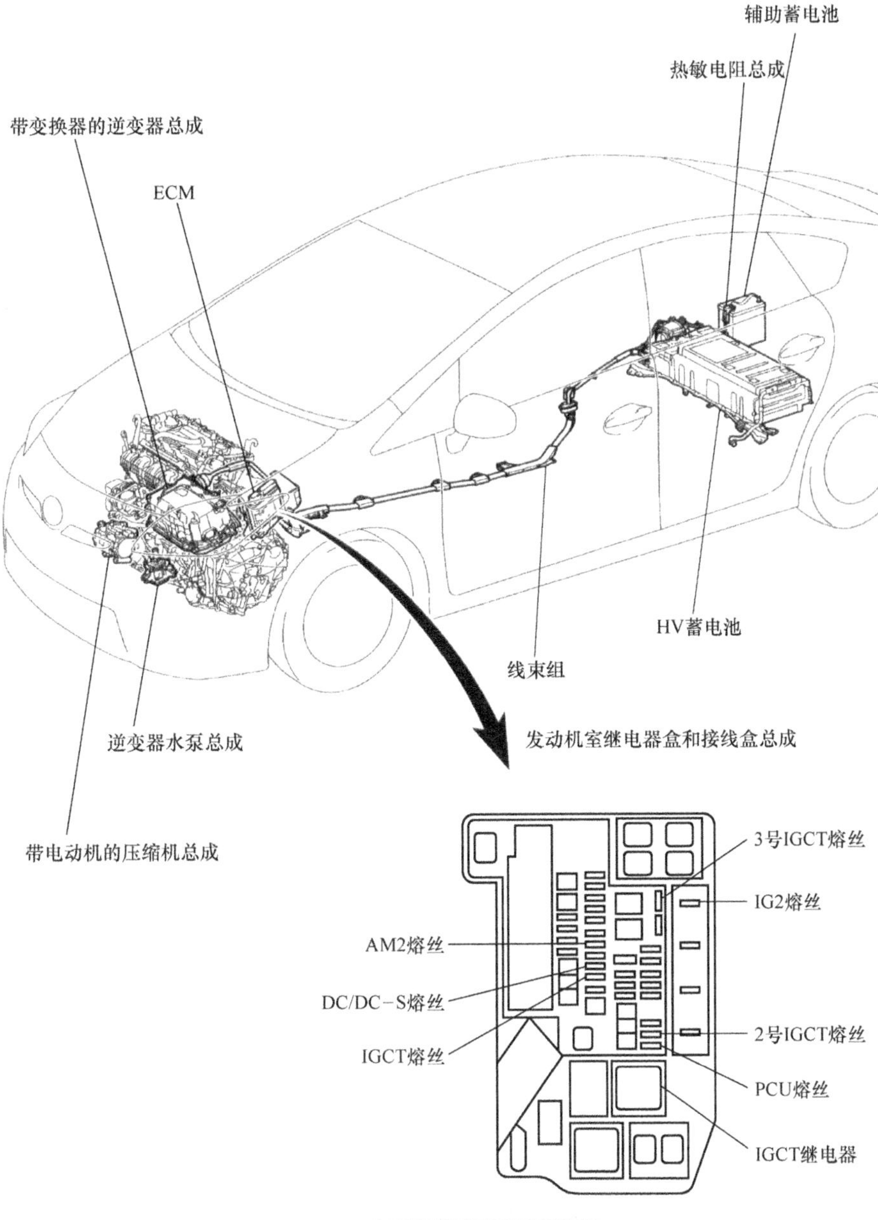

图 7-2　整车主要部件

请写出图 7-8 混合动力汽车主要部件的名称，并在车上找到它们。

1. _____；2. _____；3. _____；4. _____；5. _____；

6. _____；7. _____；8. _____；9. _____；10. _____；

11. _____；12. _____；13. _____；14. _____；15. _____；

逆变器及电力无级变速驱动桥主要部件如图 7-3 所示。

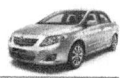

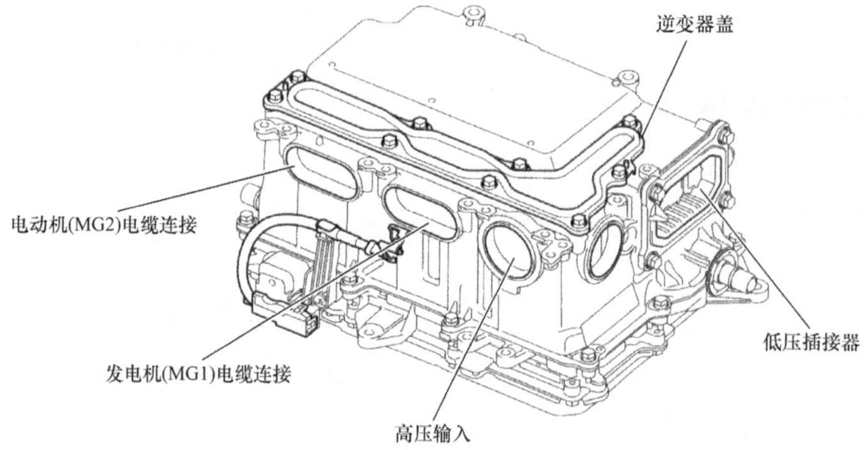

a) 带变换器的逆变器总成

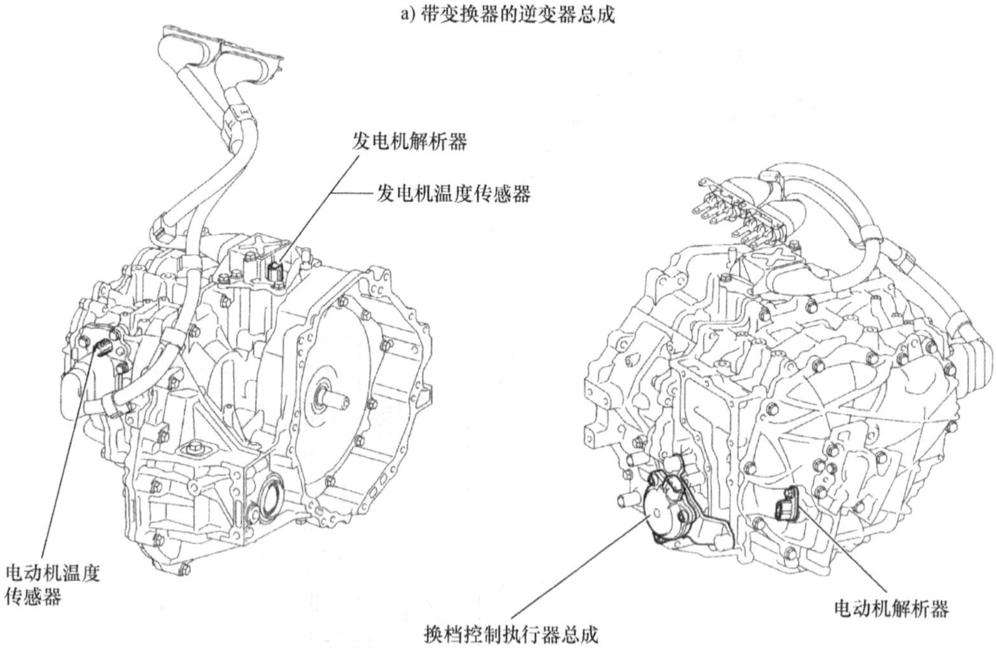

b) 混合动力车辆传动桥总成

图 7-3 逆变器及电力无级变速驱动桥

请写出图 7-3 混合动力汽车主要部件的名称，并在车上找到它们。

1. __________; 2. __________; 3. __________; 4. __________; 5. __________;

6. __________; 7. __________; 8. __________; 9. __________ ; 10. __________ ;

电池箱及主继电器组模块接线盒如图 7-4 所示。

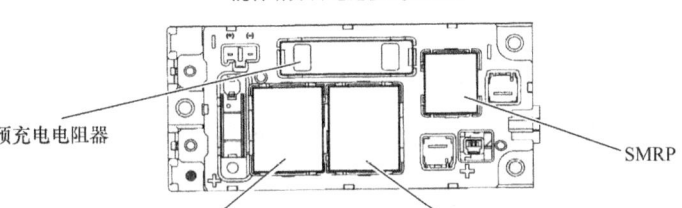

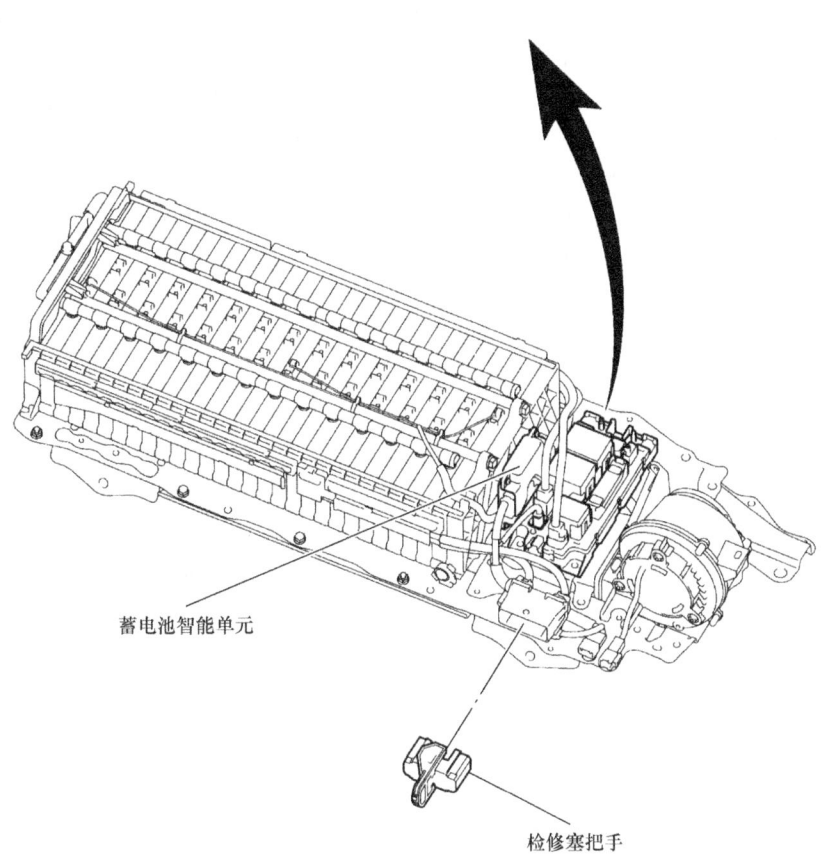

图 7-4 电池箱及主继电器组模块接线盒

请写出图 7-4 混合动力汽车主要部件的名称,并在车上找到它们。

1. _____ ; 2. _____ ; 3. _____ ; 4. _____ ; 5. _____ ;

6. _____ ; 7. _____ ; 8. _____ ; 9. _____ ; 10. _____ ;

第二节　动力管理系统检查及操作注意事项

一、检查动力管理系统的注意事项

检查高压系统或断开带变换器的逆变器总成低压插接器前,务必采取安全措施,如佩戴绝缘手套并拆下检修塞把手以防电击。拆下检修塞把手后放到自己口袋中,防止其他技师在进行高压系统作业时将其意外重新连接。

注意:将电源开关置于 OFF 位置后,从辅助蓄电池负极(-)端子上断开电缆前需要等待一定的时间。因此,继续工作前,确保阅读从辅助蓄电池负极(-)端子上断开电缆的注意事项。拆下检修塞把手后,将电源开关置于 ON(READY)位置可能会导致故障。除非修理手册规定,否则不要将电源开关置于 ON(READY)位置。拆检修塞过程分为检修塞互锁开关解锁(图 7-5)和转动手柄取出检修塞(图 7-6)两个过程。

断开检修塞把手后,接触任何高压插接器或端子前,等待至少 10min。使带变换器的逆变器总成内的高压电容器放电至少需等待 10min。

检查带变换器的逆变器总成内检查点的端子电压。注意务必佩戴绝缘手套。

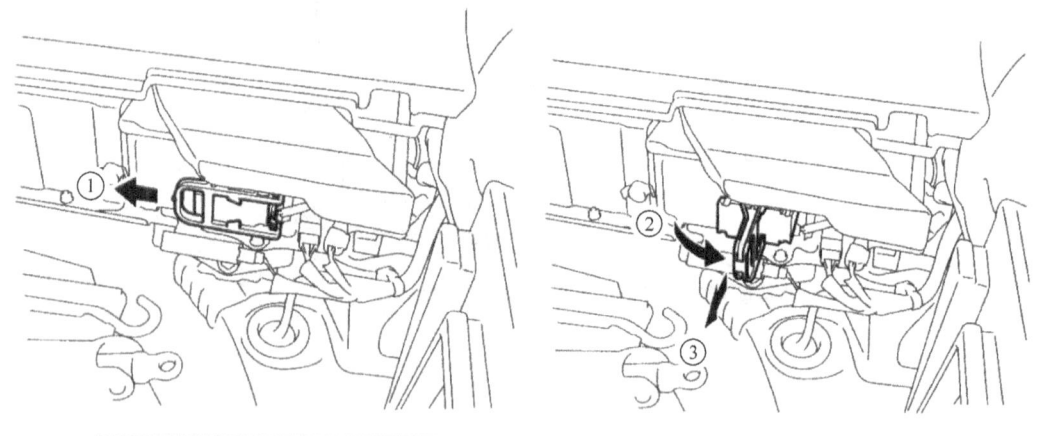

图 7-5　检修塞互锁开关解锁操作　　　　图 7-6　检修塞取出操作

拆下 9 个螺栓和逆变器盖(图 7-7)。拆下插接器盖后用非残留性胶带覆盖开口以防异物或液体进入。将万用表量程设定为 750 V 或更高的直流档以测量电压,进行验电操作(图 7-8)。

检查期间将电源开关置于 ON(IG)位置时,请勿在踩下制动踏板的情况下按下电源开关。

注意:在踩下制动踏板的情况下按下电源开关将导致系统进入 READY-ON 状态。这非常危险,因为可能对检查区域施加高电压。接触高压系统的任何橙色线束前,将电源开关置于 OFF 位置、佩戴绝缘手套并从辅助蓄电池负极(-)端子上断开电缆。

注意:将电源开关置于 OFF 位置后,从辅助蓄电池负极(-)端子上断开电缆前需要等待一定的时间。因此,继续工作前,确保阅读从辅助蓄电池负极(-)端子上断开电缆的注意事项。

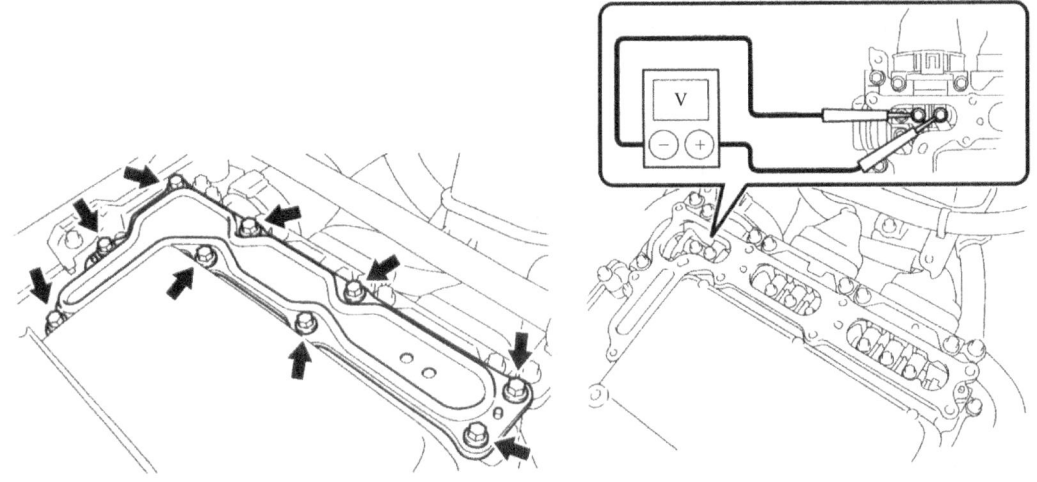

图 7-7　拆下逆变器上部 9 个螺栓　　　　图 7-8　逆变器供电验电操作

执行任何电阻检查前，将电源开关置于 OFF 位置。断开或重新连接任何插接器前，将电源开关置于 OFF 位置。进行涉及高压线束的作业时，使用缠有乙烯绝缘带的工具或绝缘工具。拆下高压插接器后，用绝缘胶带缠绕插接器以防止其接触异物。

二、高压系统互锁电路

动力管理控制 ECU 检测到安全装置工作时，将禁止混合动力系统运行或切断系统主继电器。在三个不同的位置有三个安全装置（图 7-9）。第一个安全装置位于检修塞把手。第二个安全装置位于与带变换器的逆变器总成连接的线束组上。第三个安全装置位于电动机和发电机电缆及发动机 2 号线束（空调线束）与带变换器的逆变器总成连接的逆变器盖上。如果拆下检修塞把手、逆变器盖或线束组，则互锁信号线路将断路。如果车辆正在行驶，则该情况将被判定为断路且系统主继电器将不切断。如果重新正确安装安全装置，则将电源开关置于 ON（IG）位置时，系统将恢复正常。

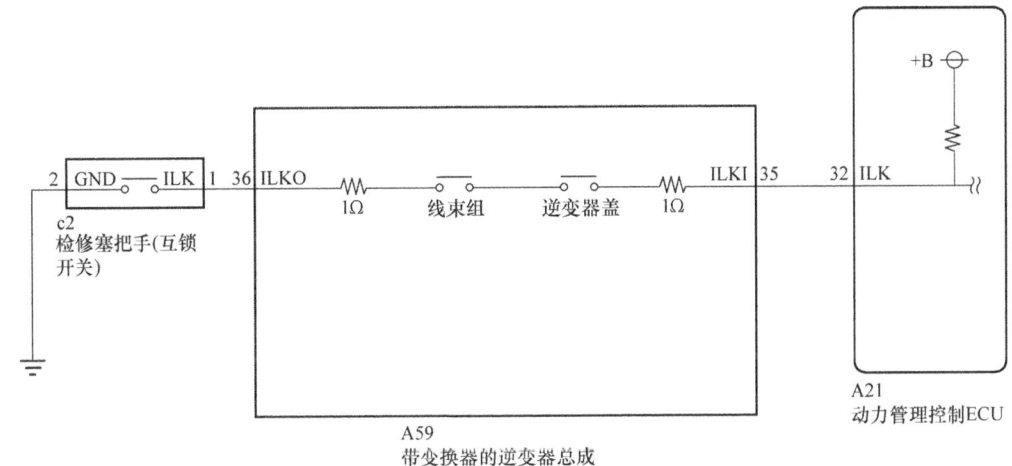

图 7-9　逆变器盖和检修塞互锁开关电路图

三、激活动力管理系统的注意事项

警告灯点亮或断开并重新连接辅助蓄电池时,首次尝试将电源开关置于 ON (READY) 位置可能不会启动系统 (系统可能未进入 READY - ON 状态)。如果这样,则将电源开关置于 OFF 位置并再次尝试启动混合动力系统。

注意:将电源开关置于 OFF 位置后,从辅助蓄电池负极 (-) 端子上断开电缆前需要等待一定的时间。因此,继续工作前,确保阅读从辅助蓄电池负极 (-) 端子上断开电缆的注意事项。

四、断开 AMD 端子的注意事项

提示:AMD 端子连接至辅助蓄电池正极端子。按照下列程序操作,以防断开 AMD 端子时使其受损。从发动机室继电器盒和接线盒总成上断开 AMD 端子前,务必从辅助蓄电池的负极 (-) 端子上断开电缆。

注意:将电源开关置于 OFF 位置后,从辅助蓄电池负极 (-) 端子上断开电缆前需要等待一定的时间。因此,继续工作前,确保阅读从辅助蓄电池负极 (-) 端子上断开电缆的注意事项。断开 AMD 端子后,用绝缘胶带缠绕端子。重新连接辅助蓄电池负极 (-) 端子电缆前,务必将 AMD 端子重新连接到发动机室继电器盒和接线盒总成上,如图 7-10 所示。

注意:如果从辅助蓄电池负极 (-) 端子上断开电缆前断开 AMD 端子,则可能对搭铁短路。如果对搭铁短路,则可能导致熔丝断路。

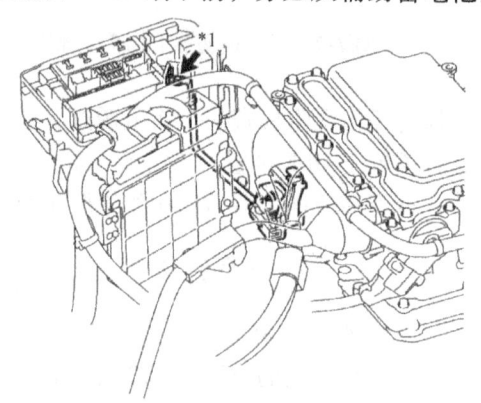

图 7-10 将 AMD 端子重新连接

第三节 动力管理系统的基本操作及主要故障

一、动力管理系统原理图

混合动力汽车的动力管理控制 ECU 是动力管理系统的核心,其作用是接收加速踏板的信号形成驱动转矩,申请的转矩数值经动力管理控制 ECU 分析确定以何种比例分配给发动机 ECM (Engine Control Module) 和逆变器内部的电机 MCU (Motor Control Unit),这种比例分配是以兼顾完成转矩需求和高效为目标的。

第三代丰田普锐斯混合动力汽车动力管理系统控制电路如图 7-11 ~ 图 7-13 所示。

带有 DC/DC 的变换器动力管理系统控制电路如图 7-14 所示。

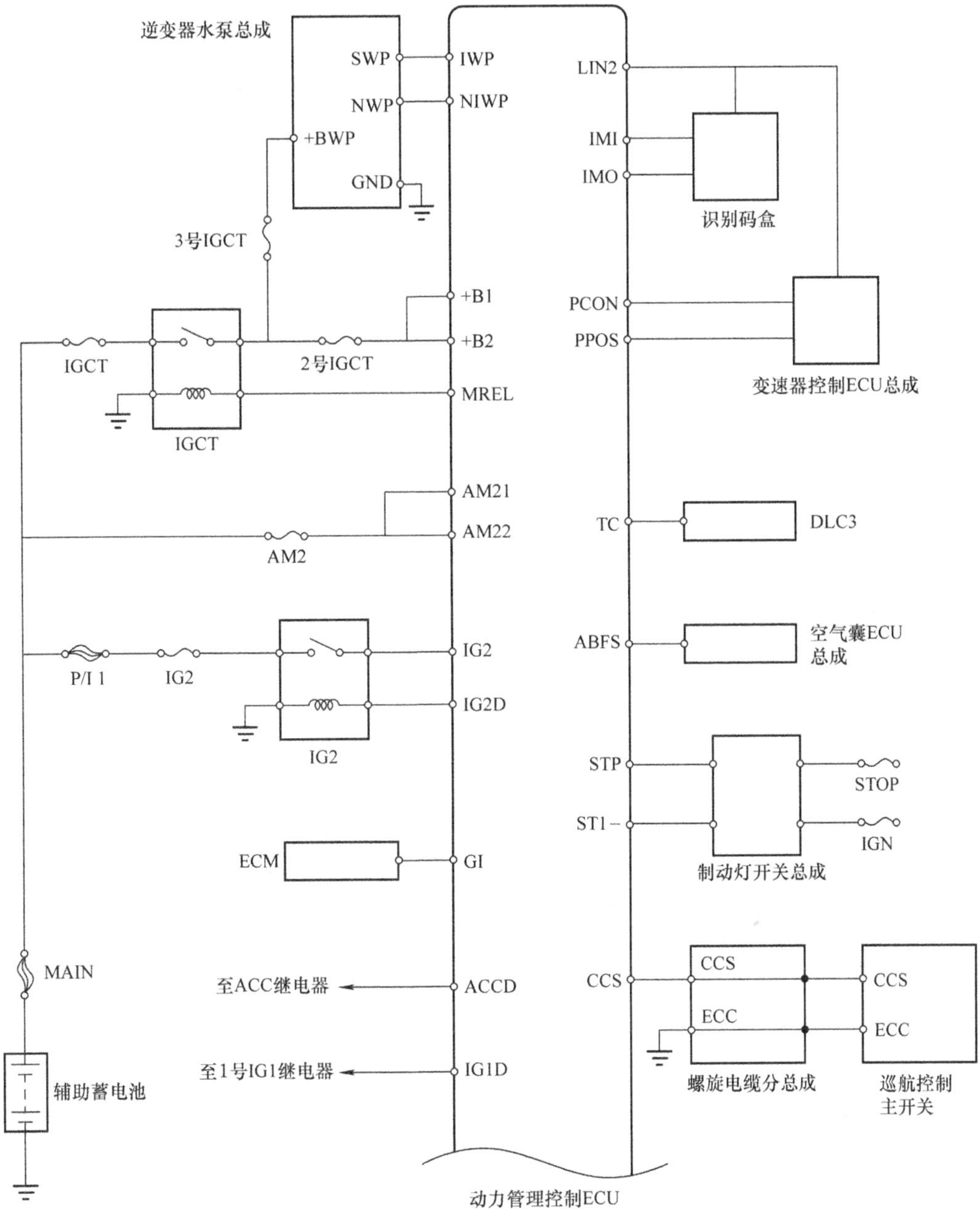

第七章 动力管理系统

图 7-11 第三代丰田普锐斯动力管理系统控制电路（一）

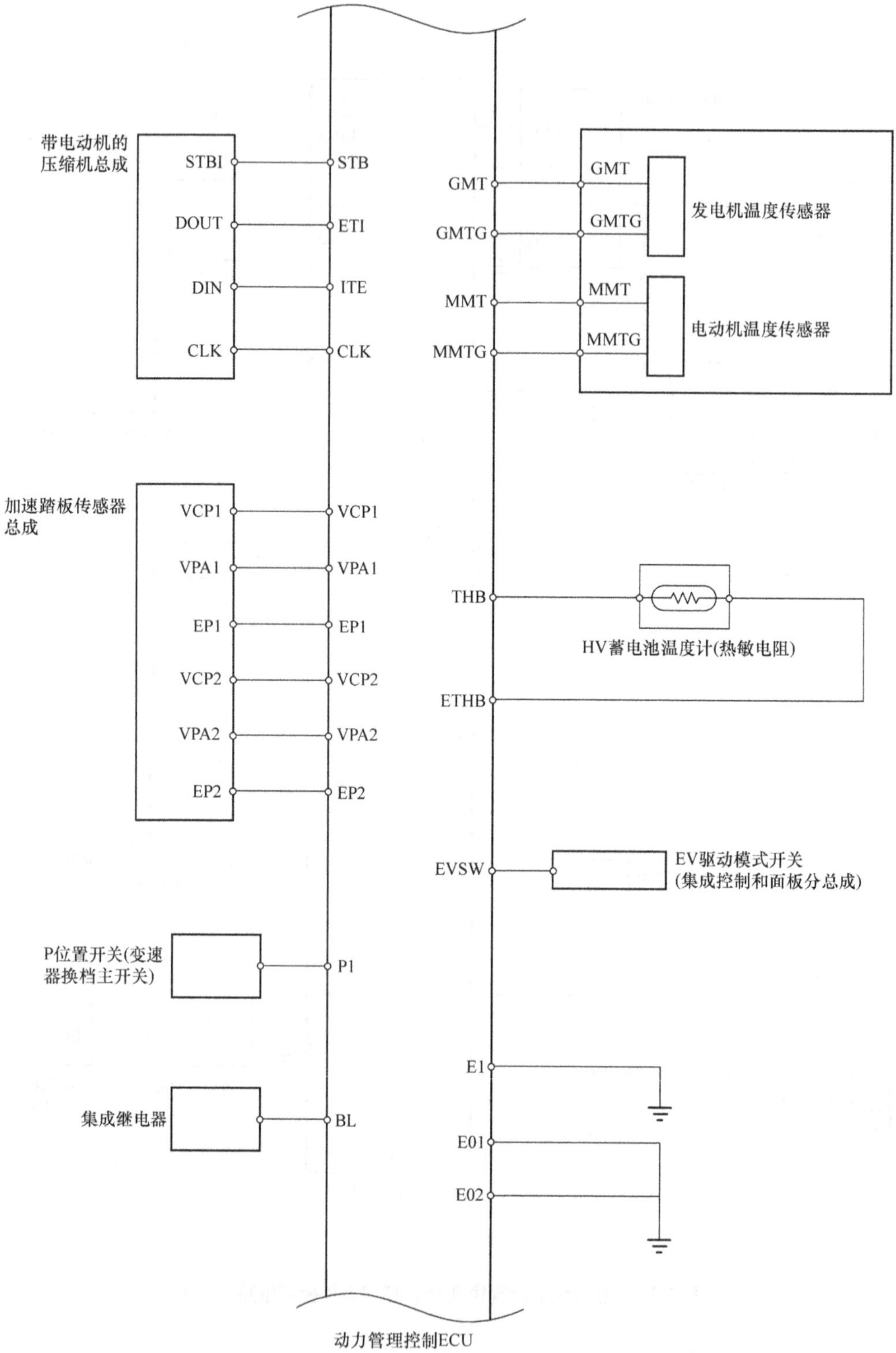

图 7-12 第三代丰田普锐斯动力管理系统控制电路（二）

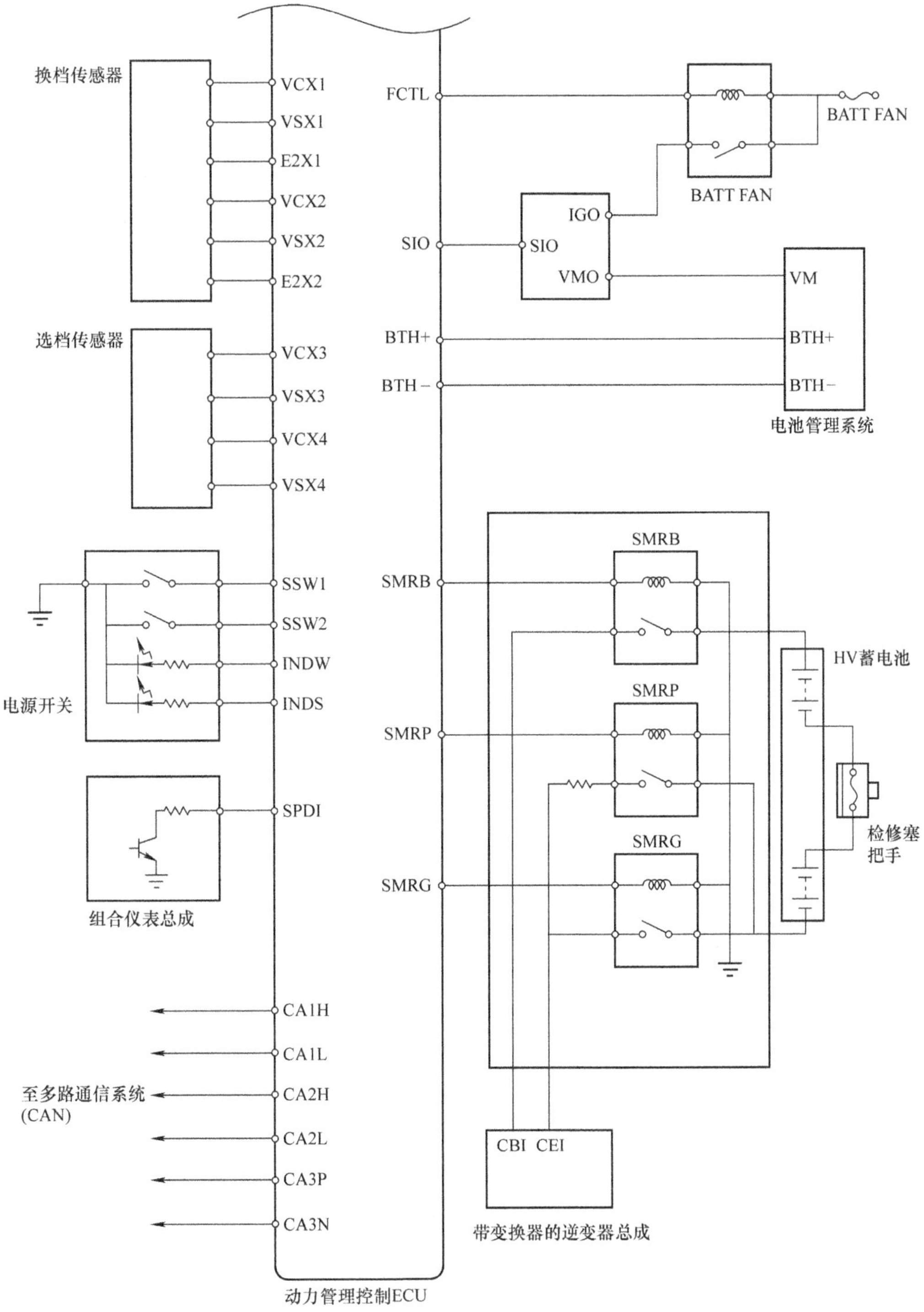

图 7-13 第三代丰田普锐斯动力管理系统控制电路（三）

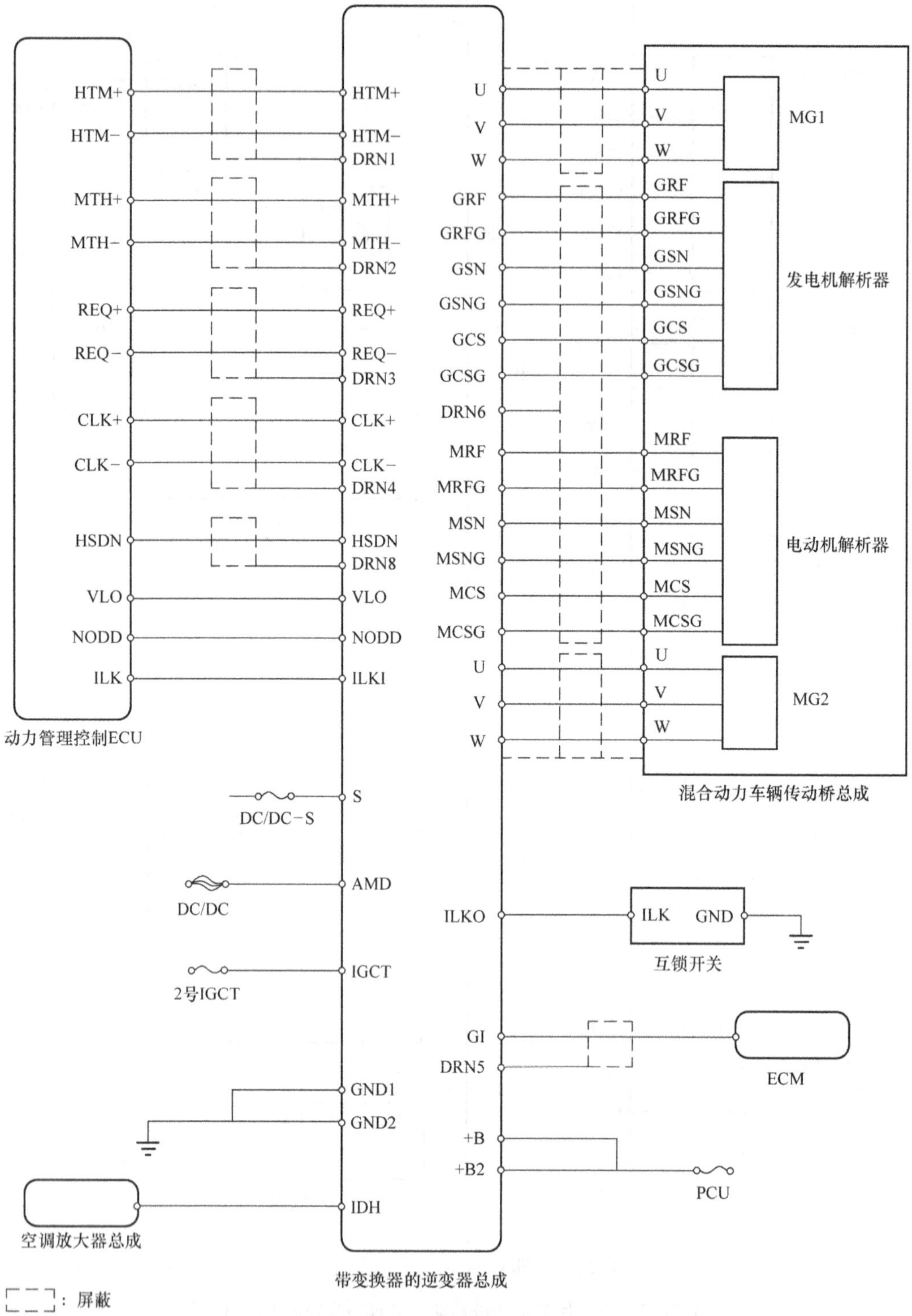

图 7-14 第三代丰田普锐斯带有 DC/DC 变换器动力管理系统控制电路

二、基本操作

根据驾驶条件,混合动力系统通过结合发动机、MG1 和 MG2 产生动力。
具体工作情况如下:

1) HV 蓄电池向 MG2 供电,从而提供驱动前轮的动力(图 7-15)。
2) 发动机通过行星齿轮机构驱动前轮时,也将通过行星齿轮机构驱动 MG1,以将产生的电力提供给 MG2(图 7-16)。

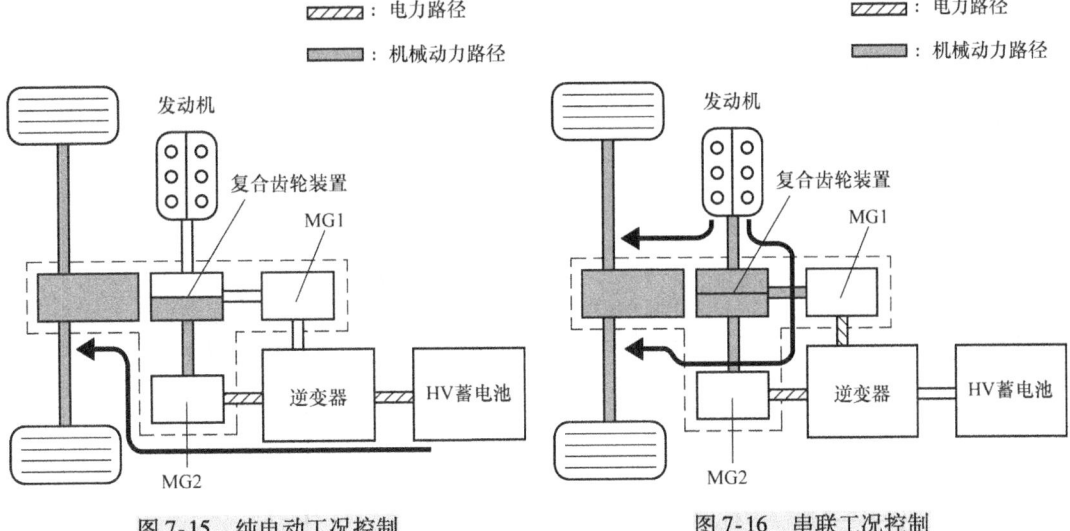

图 7-15 纯电动工况控制　　　　　　　图 7-16 串联工况控制

3) 发动机通过行星齿轮机构驱动 MG1,以对 HV 蓄电池充电(图 7-17)。
4) 车辆减速时,前轮的动能被回收并转换为电能,通过 MG2 向 HV 蓄电池再充电(图 7-18)。

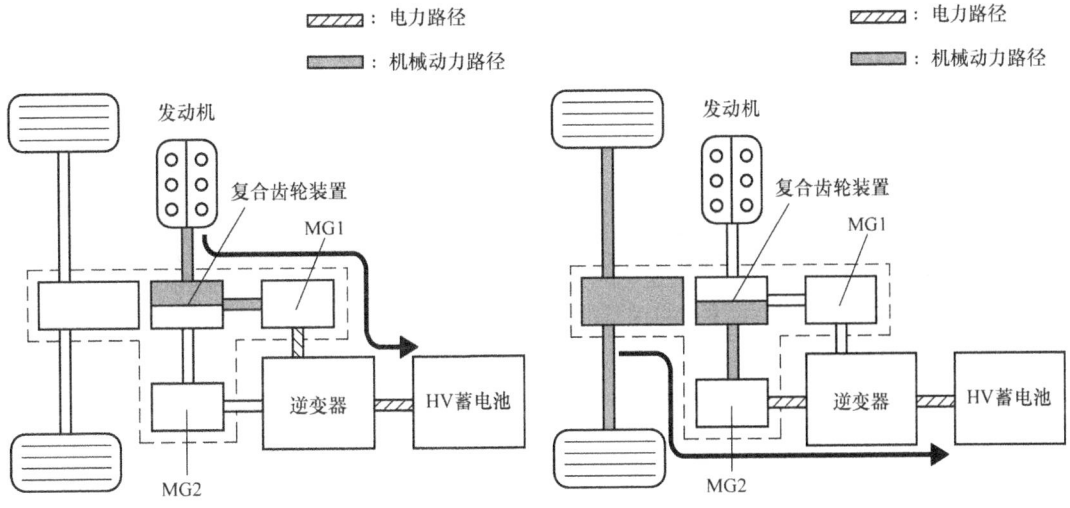

图 7-17 MG1 发电工况控制　　　　　　图 7-18 再生制动工况控制

三、主要零部件的功能

图 7-19 为第三代普锐斯驱动和制动系统图，其主要零部件的功能见表 7-1。

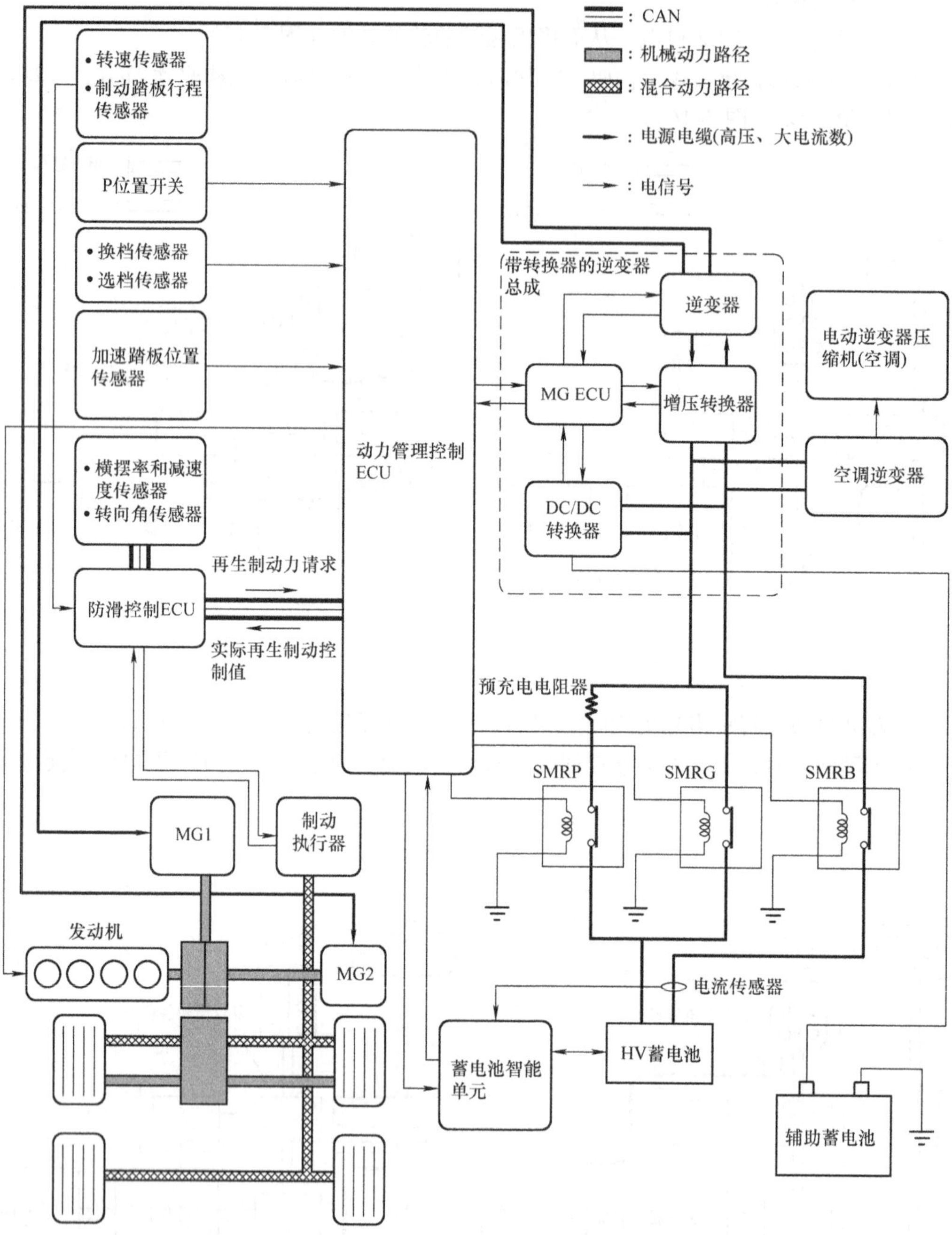

图 7-19 第三代普锐斯驱动和制动系统

表 7-1 驱动和制动系统主要零部件的功能

零部件	功 能	
动力管理控制 ECU	执行混合动力系统的综合控制 1）接收来自各传感器及 ECU（ECM、MG ECU、蓄电池智能单元和防滑控制 ECU）的信息，并基于该信息，计算出所需转矩及输出功率。动力管理控制 ECU 将计算的结果发送到 ECM、MG ECU 和防滑控制 ECU 2）监视 HV 蓄电池的 SOC 3）控制 DC/DC 变换器 4）控制带电动机的 HV 水泵 5）控制 HV 蓄电池冷却鼓风机	
混合动力车辆传动桥总成	电动机发电机 1（MG1）： 由发动机驱动的 MG1 产生高压电，以使 MG2 运行并为 HV 蓄电池充电。同时，它还可作为起动机以起动发动机	
	电动机发电机 2（MG2）： 1）MG2 由 MG1 和 HV 蓄电池的电能驱动，产生驱动轮原动力 2）制动期间，或未踩下加速踏板时，将产生高压电以对 HV 蓄电池再充电	
	解析器（MG1/MG2）： 检测转子位置、转速以及 MG1 和 MG2 的方向	
	温度传感器（MG1/MG2）： 检测 MG1 和 MG2 的温度	
	复合齿轮装置	动力分配行星齿轮机构： 合理分配发动机原动力以直接驱动车辆及 MG1
		电动机减速行星齿轮机构根据行星齿轮机构的特点降低 MG2 的转速，以增大转矩
带变换器的逆变器总成	逆变器	将来自增压变换器的直流电转换为用于 MG1 和 MG2 的交流电，反之亦然（从 AC 至 DC）
	增压变换器	将 HV 蓄电池公称电压从 DC 201.6V 增高为最高 DC 650V，反之亦然（将 DC 650V 降为 DC 201.6V）
	DC/DC 变换器	将 HV 蓄电池公称电压从 DC 201.6 V 降低为大约 DC 14V，以为电气部件提供电力，并为辅助蓄电池再充电
	MG – ECU	根据接收来自动力管理控制 ECU 的信号控制逆变器和增压变换器，从而使 MG1 和 MG2 作为发电机或电动机运行
	大气压力传感器	检测大气压力
	温度传感器（带变换器的逆变器总成）	检测带变换器的逆变器总成零件的温度和 HV 冷却液温度
	逆变器电流传感器	检测 MG1 和 MG2 的电流
HV 蓄电池	HV 蓄电池（蓄电池模块）	1）根据车辆驾驶条件，向 MG1 和 MG2 供电。 2）根据 SOC 及车辆驾驶条件，MG1 和 MG2 对其再充电
	HV 蓄电池温度传感器	检测 HV 蓄电池零件的温度和来自 HV 蓄电池冷却鼓风机的进气温度

（续）

零部件		功 能
混合动力蓄电池接线盒总成	系统主继电器	通过使用来自动力管理控制 ECU 的信号，连接和断开 HV 蓄电池和带变换器的逆变器总成之间的高压电路
	HV 蓄电池电流传感器	检测 HV 蓄电池的输入和输出电流
蓄电池智能单元		1）监视 HV 蓄电池状态，例如电压、电流和温度，并将此信息传输至动力管理控制 ECU 2）监视高压系统绝缘故障
检修塞把手		拆下检修塞把手时，切断 HV 蓄电池的高压电路以检查或保养车辆
互锁开关（检修塞把手、逆变器端子盖、电源电缆插接器）		确认已安装检修塞把手、逆变器盖和逆变器电源电缆插接器
电源电缆		连接 HV 蓄电池、带变换器的逆变器总成、混合动力车辆传动桥总成和带电动机的压缩机总成
逆变器水泵总成		由来自动力管理控制 ECU 的信号操作以冷却带变换器的逆变器总成和 MG1
HV 蓄电池冷却鼓风机		由来自动力管理控制 ECU 的信号操作以冷却 HV 蓄电池
热敏电阻总成		检测辅助蓄电池的温度
加速踏板位置传感器		将加速踏板位置转换为电信号，并将其输出至动力管理控制 ECU
变速杆位置传感器		将变速杆操作转换为电信号，并将其输出至动力管理控制 ECU
P 位置开关		驾驶人操作时，将 P 位置开关信号输出至动力管理控制 ECU
EV 行驶模式开关（集成控制和面板分总成）		驾驶人操作时，将 EV 行驶模式开关（集成控制和面板分总成）信号输出至动力管理控制 ECU
动力模式开关（集成控制和面板分总成）		驾驶人操作时，将动力模式开关（集成控制和面板分总成）信号通过 ECM 输出至动力管理控制 ECU
环保模式开关（集成控制和面板分总成）		驾驶人操作时，将环保模式开关（集成控制和面板分总成）信号通过空调放大器输出至动力管理控制 ECU
空调放大器		将各空调状态信号传输至动力管理控制 ECU

四、故障症状表

故障症状表是故障现象和故障原因的一张对照表，对每个症状都有一定的可疑部位对应。

能使用故障症状表在电路图中进行逆向分析是技师的一项高级技能，是高技能人才的一种体现。故障症状表的电路图逆向分析，是指对某种故障的症状，依据相应的电路图分析出可能产生这个症状的原因。混合动力管理系统故障症状表见表 7-2。

表 7-2 混合动力管理系统故障症状表

症　状	可疑部位
不能进入 EV 模式	CAN 通信系统
	组合仪表
	EV 行驶模式开关（集成控制和面板分总成）
	EV 行驶模式开关电路
EV 模式指示灯不亮	组合仪表
	EV 行驶模式开关（集成控制和面板分总成）
EV 模式指示灯不熄灭	组合仪表
	EV 行驶模式开关（集成控制和面板分总成）
不能进入动力模式	CAN 通信系统
	组合仪表
	动力模式开关（集成控制和面板分总成）
	模式选择开关动力模式电路
动力模式指示灯不亮	组合仪表
	动力模式开关（集成控制和面板分总成）
动力模式指示灯不熄灭	组合仪表
	动力模式开关（集成控制和面板分总成）
	模式选择开关动力模式电路
不能进入环保模式	CAN 通信系统
	组合仪表
	环保模式开关（集成控制和面板分总成）
	模式选择开关环保模式电路
环保模式指示灯不亮	组合仪表
	环保模式开关（集成控制和面板分总成）
环保模式指示灯不熄灭	组合仪表
	环保模式开关（集成控制和面板分总成）
	模式选择开关环保模式电路
喘抖和/或加速不良	制动操控系统
混合动力车辆传动桥发出较大的响声	混合动力车辆变速器发出较大的响声
	变速器输入减振器总成
	混合动力车辆传动桥总成
电源开关未置于 ON（READY）位置	智能上车和起动系统（起动功能）
	ECU 电源电路
	动力管理控制 ECU
	ECM

复 习 题

1. 说出检查混合动力控制系统的注意事项有哪些?
2. 说出高压系统互锁电路的原理。
3. 在车上找到相应零部件的位置。
4. 画出丰田普锐斯混合动力汽车电路原理图。
5. 结合原理图分析丰田普锐斯电路图。

第八章 DC/DC变换器的诊断与检修

情境引入

一辆丰田普锐斯混合动力汽车行李箱12V铅酸蓄电池馈电，在外边修理部更换了一块全新的12V蓄电池，可不到一天，车辆12V铅酸蓄电池就再次馈电。

假如你是车间的小林同学，你知道解决这个问题，需要用到哪些知识吗？

学习目标

1. 了解升压降压DC/DC变换器的工作原理。
2. 能操作诊断仪对升压DC/DC变换器进行诊断。
3. 操作诊断仪对降压DC/DC变换器进行诊断。
4. 能仅用万用表对降压DC/DC变换器进行诊断。

第一节 增压DC/DC变换器的诊断与检修

增压变换器将HV蓄电池从DC 201.6V增压至最大值约为DC 650V。逆变器将增压器增压后的电压转换为用于驱动MG1和MG2的交流电。电动机/发电机作为发电机工作时，产生的交流电通过逆变器转换为直流电。增压变换器将该电压降至大约DC 201.6V以对HV蓄电池充电。

其原理如图8-1所示。MG ECU使用内置于增压变换器的电压传感器（VL）检测增压前的高压。它也使用内置于逆变器的电压传感器（VH）检测增压后的高压。根据增压前后的电压，MG ECU控制增压变换器的工作，将电压增至目标电压。

MG ECU也使用蓄电池智能单元检测HV蓄电池电压（VB）。

[技师指导] 使用智能检测仪，检查HV蓄电池电压和电流的关系如图8-2所示。如果这些值不在图示范围内，则蓄电池智能单元有故障。

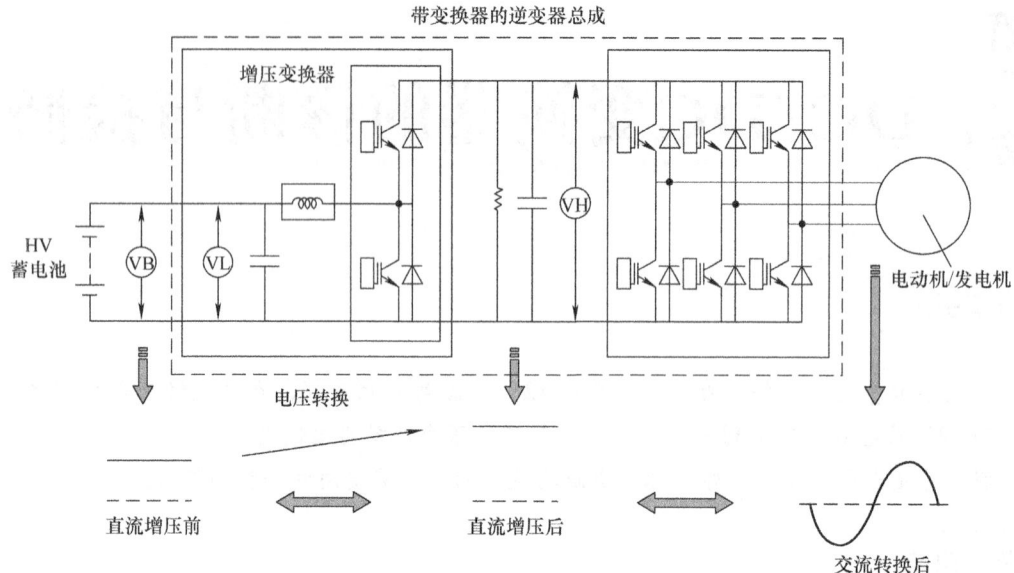

图 8-1　DC/DC 变换器的增压原理

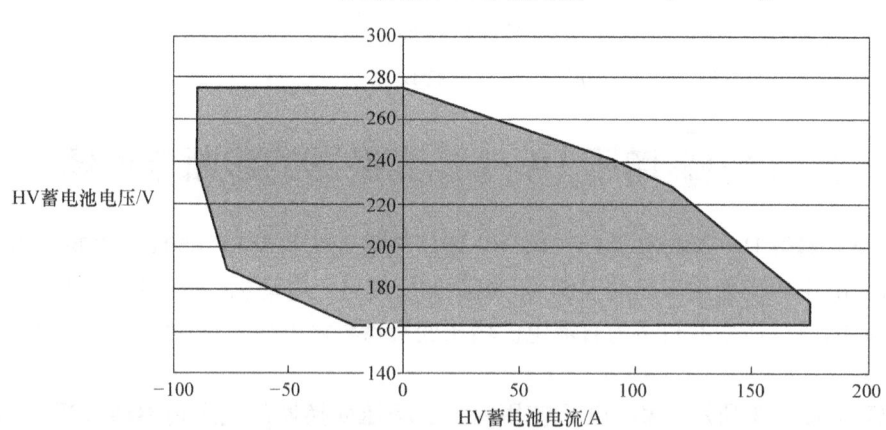

图 8-2　HV 蓄电池电压（V）和电流（A）的关系

第二节　降压 DC/DC 变换器的诊断与检修

一、DC/DC 变换器状态电路 NODD

1. 描述

混合动力车辆变换器（DC/DC 变换器）将 HV 蓄电池的 DC 201.6V 转换为 DC 12V，以对车辆照明、音响和 ECU 系统等部位供电。此外，还对辅助蓄电池充电。晶体管桥接电路先将 201.6V 的直流电转换为交流电，并经变压器降压。然后，经整流和滤波（转换为直流）转换为12V的直流电。混合动力车辆变换器控制输出电压，以保持辅助蓄电池端子处的电压恒定。

动力管理控制 ECU 使用 NODD 信号线路向混合动力车辆变换器传输 DC/DC 转换停止、接收指示 12V 充电系统正常或异常状态的信号。如果车辆行驶时混合动力车辆变换器不工作，则辅助蓄电池的电压将降低，这将阻止车辆继续运行。因此，动力管理控制 ECU 监视混合动力车辆变换器的工作情况，并在检测到故障时，警告驾驶人。

2. 原理图（图8-3）

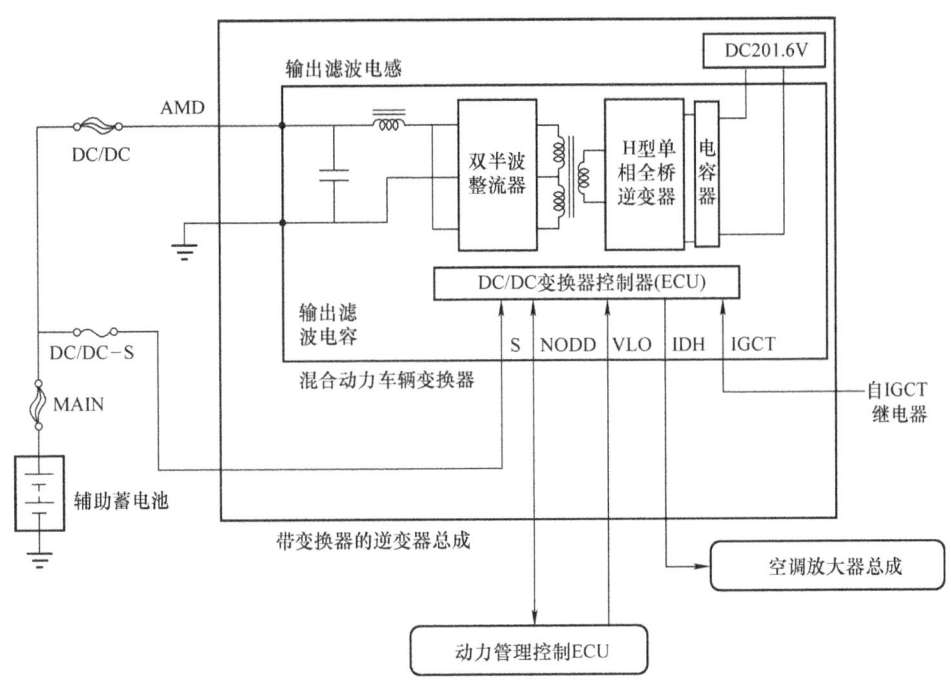

图8-3　DC/DC 变换器状态控制总电路

3. 电路图（图8-4）

二、DC/DC 变换器状态电路 VLO

混合动力车辆变换器（DC/DC 变换器）根据动力管理控制 ECU 发送的占空比信号（图8-5）控制输出电压（12V）。

三、DC/DC 变换器状态电路 IDH

混合动力车辆变换器（DC/DC 变换器）通过 IDH 端子控制空调电加热器是否打开，即 DC/DC 变换器检测到自身工作异常，不能全力提供充电电流或目前蓄电池电压低时禁止空调加热器操作。

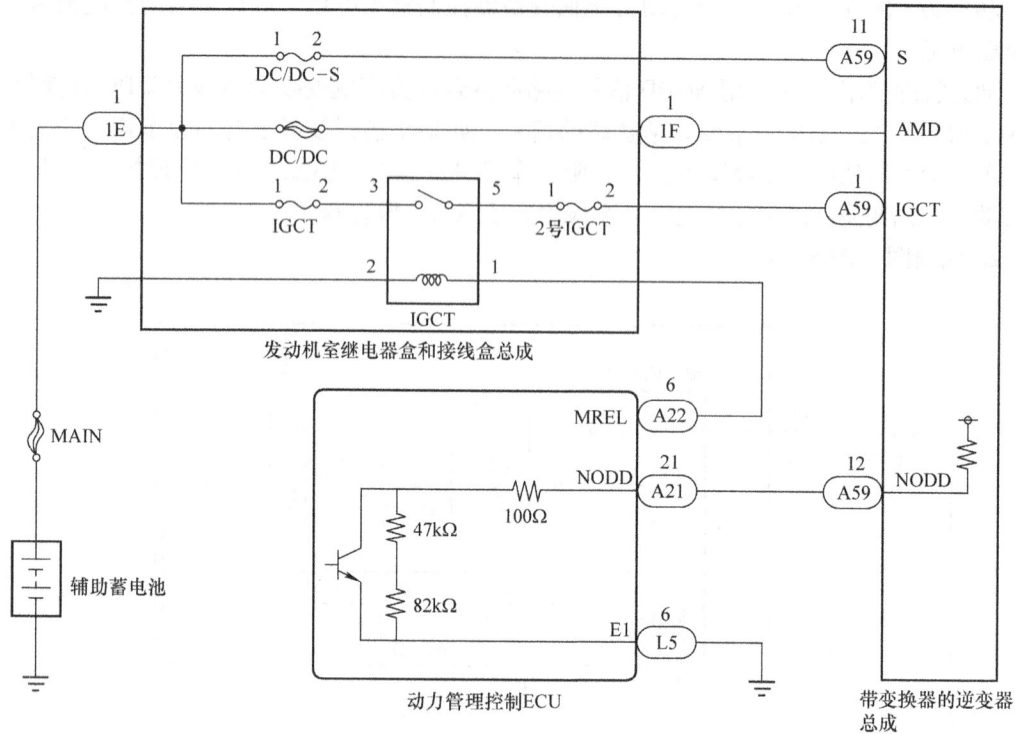

图 8-4 DC/DC 变换器状态电路 NODD

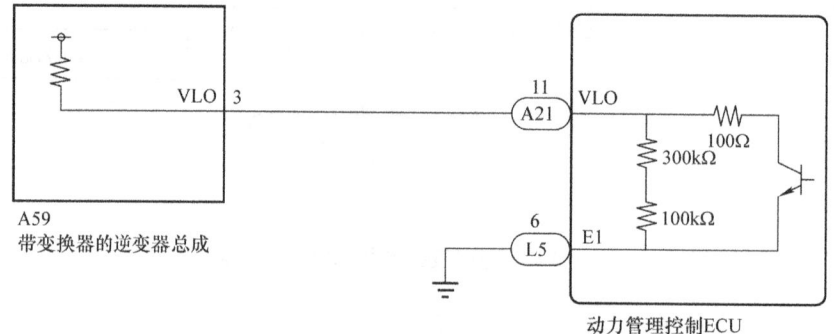

图 8-5 DC/DC 变换器状态电路 VLO

复 习 题

1. 说出升压 DC/DC 原理图的工作原理。
2. 操作诊断仪对升压 DC/DC 变换器进行诊断。
3. 说出降压 DC/DC 原理图的工作原理。
4. 操作诊断仪对降压 DC/DC 变换器进行诊断。
5. 仅用万用表对降压 DC/DC 变换器进行诊断。

第九章 线控换档模块

情境引入

在一次外出救援时，小林遇到一辆丰田普锐斯混合动力汽车的 P 位线控驻车无法解除的故障。假如你是车间的小林同学，你知道解决这个问题，需用到哪些知识吗？

学习目标

1. 了解线控变速杆的选档原理。
2. 了解线控换档模块快速故障判断方法。
3. 了解线控 P 位开关的工作原理、工作过程。
4. 了解如何解除线控 P 位对变速器齿轮的锁止。

第一节 选档和换档控制

一、变速杆传感器

1. 组成与功能

变速杆换档锁止控制单元总成为瞬间型，驾驶人换档后松开变速杆时可通过弹簧反作用力回到其原始位置。变速杆换档锁止控制单元总成包含一个换档传感器和一个选档传感器以检测变速杆位置（原始位置、R、N、D 或 B）。由于换档传感器采用霍尔集成电路且选档传感器采用 MR 集成电路，能够以可靠的方式准确检测变速杆位置。两个传感器含有两条检测电路，一条主电路和一条副电路。线控换档元件的组成如图 9-1 所示。

换档传感器将电压（根据变速杆的垂直移动在 0 和 5V 之间变化）输出至动力管理控制 ECU。动力管理控制 ECU 将来自换档传感器的低位电压输入视为 R 位置，将中位电压视为原始位置或 N 位置，将高位电压视为 D 或 B 位置。

选档传感器将电压（根据变速杆的水平移动在 0 和 5V 之间变化）输出至动力管理控制 ECU。动力管理控制 ECU 将来自选档传感器的低位电压输入视为原始位置或 B 位置，并将高位电压视为 R、N 或 D 位置。

根据来自换档传感器和选档传感器信号的组合，动力管理控制 ECU 判定变速杆的位置。

2. 电路原理图

选档传感器和换档传感器的电路如图 9-2 所示。

[技师指导] VC 为控制单元向传感器提供的 5V 稳恒电源、VS 是信号输出、E 是搭铁、+B

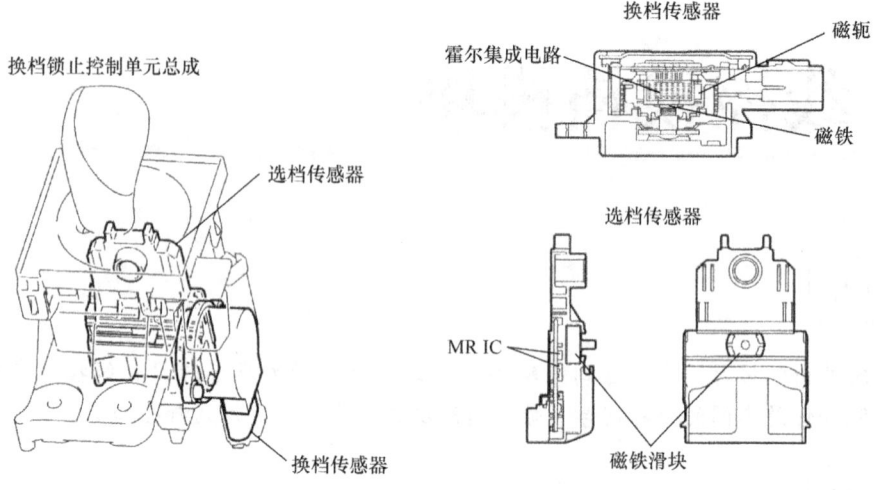

图9-1 线控换档元件组成

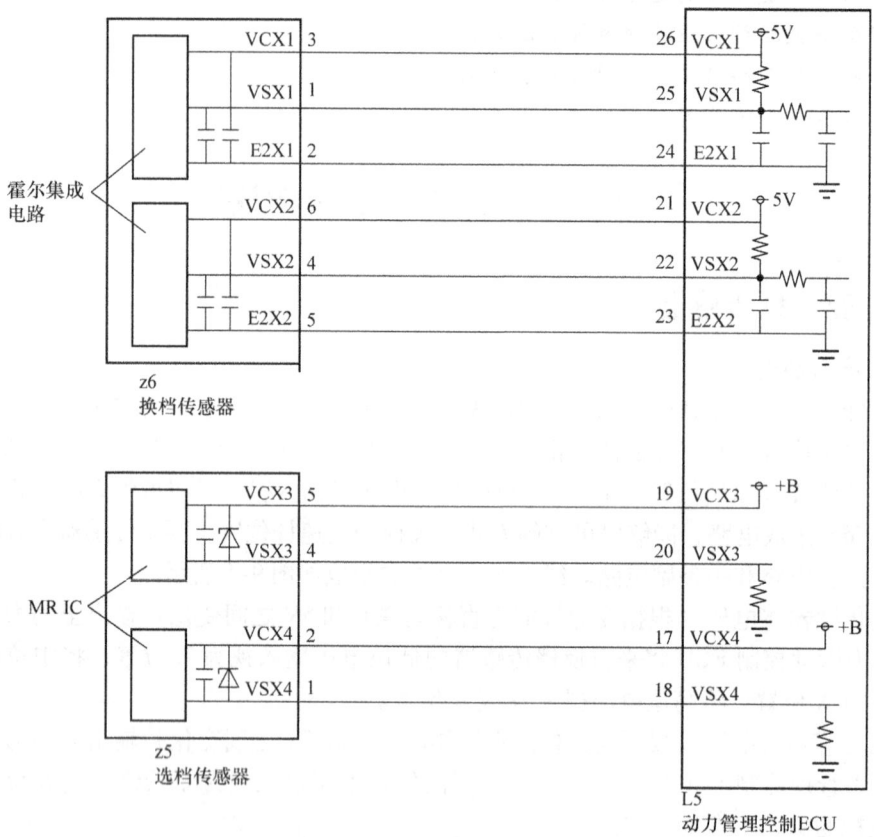

图9-2 线控换档电路

是12V供电源、X1是主传感器、X2是副传感器。MR IC是磁阻效应霍尔集成电路,利用磁阻效应工作。

霍尔集成电路一般三线时为电压型，两线时为电流型。在三线电压型中，可知VS的信号电压高低取决于左侧霍尔集成电路内部有多少电流流向E，流过的电流越大，信号电压越低。从图9-2可知，两线电流型的负极线经采样电阻搭铁，负极线在这里才是信号线，线路中电流越大，信号电压越高。

二、线控换档信号

1. 线控选档

选档传感器为两线电流型，为保证可靠，采用冗余控制方式。如图9-3所示，原始位置为主档，线控变速杆的横向运动称为选档。图中H表示电压输出在2.9～4.3V，表示的档位可以是R、N、D位；L表示电压输出在1.0～1.6V，表示的档位可以是主档和B位。

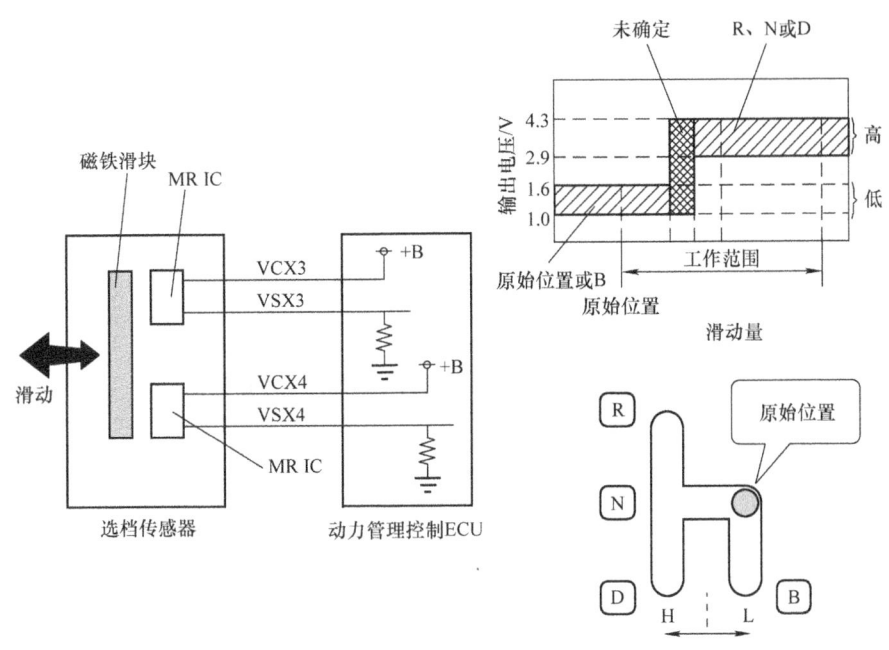

图9-3 线控选档原理

2. 线控换档原理

换档传感器为三线电压型，为保证可靠，采用冗余控制方式。如图9-4所示，原始位置为主档，线控变速杆的纵向运动称为换档。图中H表示电压输出在4.2～4.8V，表示的档位可以是D、B位；M表示电压输出在0.8～4.2V，表示的档位可以是N位、主档；L表示电压输出在0.2～0.8V，表示的档位可以是R位。

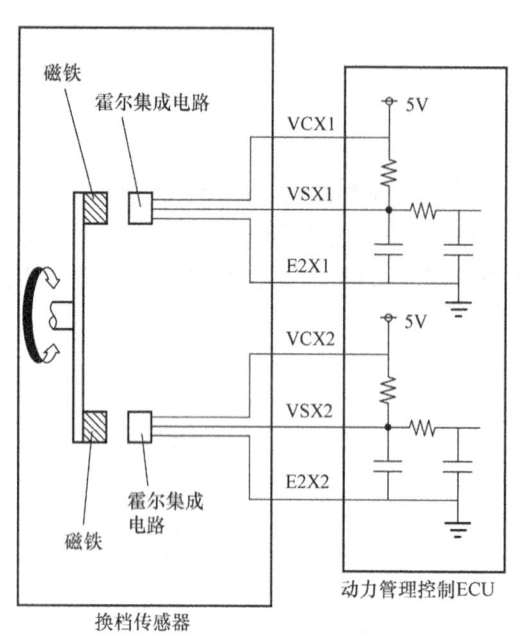
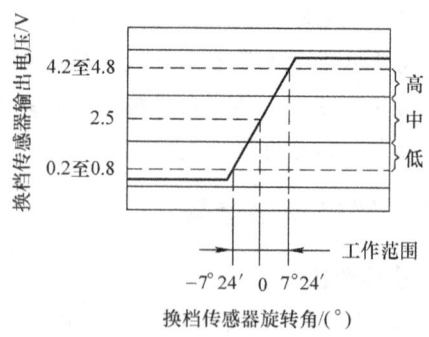
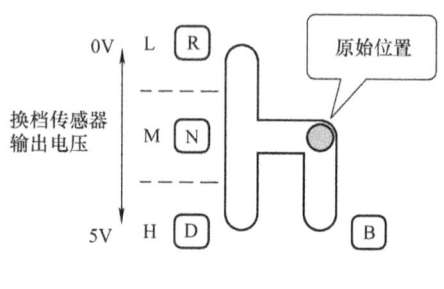

图 9-4 线控换档原理

第二节 驻车制动控制

一、驻车档、空档开关

1. 描述

不再将驻车档作为常规变速杆的一个档位,而是在变速杆上方独立安装一个 P 位置开关（变速器换档主开关）。此开关为瞬时开关,置于其中的按钮不能机械锁止。P 位置开关,（变速器换档主开关）含有电阻 R1 和 R2。未按下 P 位置开关（变速器换档主开关）时,开关提供 R1 和 R2 的合成电阻；按下 P 位置开关（变速器换档主开关）时,开关仅提供 R1 的电阻。动力管理控制 ECU 端子 P1 的电压随开关电阻的变化而变化。根据该电阻信号,动力管理控制 ECU 判定 P 位置开关（变速器换档主开关）的操作情况。

2. 电路图（图 9-5）

二、换档控制模块

1. 描述

如图 9-6 所示,按下 P 位置开关,P 位置开关向动力管理控制 ECU 提供一个搭铁信号,动力管理控制 ECU 收到该信号以及变速器换档主开关或变速杆换档锁止控制单元总成的信

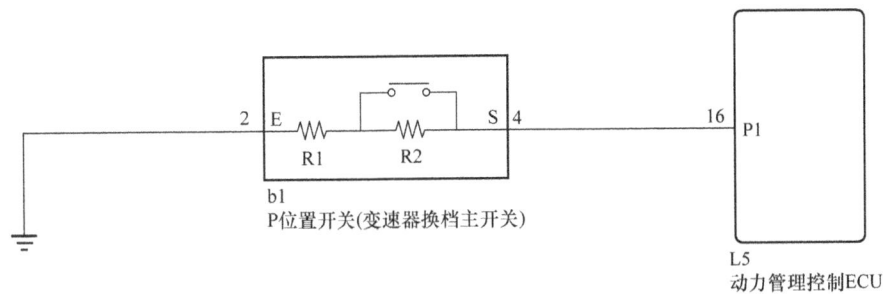

图9-5 驻车档开关

号时,将P位置控制(PCON)信号传输至变速器控制ECU总成。基于此信号,变速器控制ECU总成驱动换档控制执行器总成以机械锁止或解锁混合动力车辆传动桥总成的中间轴主动齿轮。

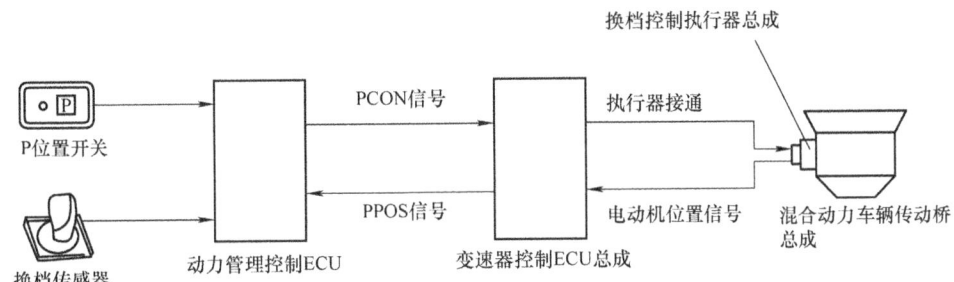

图9-6 P位置控制过程

2. 电路图

如图9-7所示,变速器控制ECU将执行器总成的P位置状态(接合或松开)作为P位置(PPOS)信号发送至动力管理控制ECU。

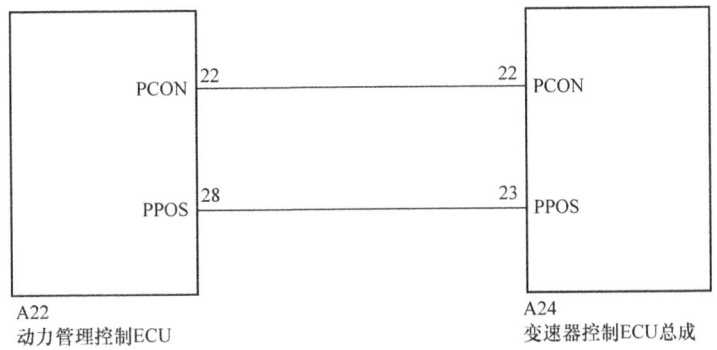

图9-7 P位置控制和反馈

[技师指导] PCON为P位置控制"Park Control"的缩写,PPOS是Park Position的

缩写。

复 习 题

1. 说出什么是线控变速杆。
2. 说出线控变速杆的选档原理。
3. 说出线控变速杆的换档原理。
4. 说出线控换档模块快速故障判断方法。
5. 说出线控P位开关的工作原理。
6. 说出线控P位的工作过程。
7. 如何解除线控P位对变速器齿轮的锁止？

第十章 奥迪Q5混合动力汽车技术特点

> 情境引入

学完丰田普锐斯混合动力汽车的小林同学还想了解一下德国奥迪混合动力汽车的结构和原理,所以找到了奥迪 Q5 混合动力汽车的电路图,这是因为在上课时老师讲过奥迪 Q5 混合动力汽车的特点,通过电路图结合本章内容就能很快掌握奥迪 Q5 混合动力汽车电力驱动系统的诊断和维修。

不久前,车间一辆奥迪 Q5 混合动力汽车的发动机无法起动,在踩下加速踏板时,曲轴没有丝毫转动的征兆,初步分析是高压起动机不工作。

假如你是车间的小林同学,你知道解决这个问题,需用到哪些知识吗?

> 学习目标

1. 了解奥迪 Q5 混合动力车型与奥迪 Q5 非混合动力车型的部件有哪些区别。
2. 了解奥迪 Q5 混合动力系统的工作过程。
3. 了解奥迪 Q5 混合动力系统高压橙色电缆的供电过程。
4. 了解奥迪 Q5 混合动力汽车制动真空泵的工作过程。
5. 了解奥迪 Q5 混合动力汽车电动空调压缩机的工作过程。
6. 能对奥迪 Q5 混合动力汽车的电路图做出原理说明。
7. 了解奥迪 Q5 混合动力汽车的显示和操纵。
8. 会使用奥迪 Q5 混合动力汽车专用工具对高压电缆进行检测。

第一节 奥迪 Q5 混合动力汽车简介

奥迪公司早在 1989 年以奥迪 100 Avant C3 车型为基础开发出了第一代奥迪混合动力轿车。该车用 5 缸汽油发动机驱动前轮,用一台 9kW 电机驱动后轮,使用镍镉电池来储存电能。两年以后(1992 年),又以奥迪 100 Avant quattro C4 车为基础推出了另一款奥迪混合动力轿车。在 1997 年,奥迪公司以 A4 Avant B5 车为基础开发并小批量生产全混式混合动力汽车。该车使用一台 66 kW 的 1.9L TDI 发动机和一台水冷式 21kW 电机来提供动力,使用安装在车后部的铅酸凝胶蓄电池来提供电能,油电两种动力装置都驱动前轮。量产的奥迪混合动力轿车采用插电式(Plug-in)设计,在纯电动模式时,奥迪混合动力轿车的最高车速可达 80km/h;以 TDI 发动机作为动力,其最高车速可达170km/h。

奥迪轿车e-tron采用了插电(Plug-in)串联式混合动力技术,即增程式电动汽车,增程用的发动机和前轮之间没有任何机械连接,发动机带动发电机发电来驱动汽车。

一、概述

奥迪Q5混合动力汽车(Audi Q5 hybrid quattro)是奥迪公司第一款高级SUV级的完全混合动力汽车,这种混合动力是一种并联式混合动力技术,该车使用155kW的2.0L TFSI发动机,其动力接近V6发动机,油耗接近四缸TDI发动机。

二、奥迪Q5能量流

1)电驱动阶段。高压蓄电池放电给电机供电,为了提高电机效率,电压还要升高。同时12V的车载电网也由高压蓄电池来供电。图10-1所示为蓄电池向电机和低压电气系统供电。

2)能量回收阶段。如图10-2所示,在减速阶段,牵引电机以发电方式来实施制动,从而为高压蓄电池充电。驾驶人刚一松开加速踏板,一部分能量就得到了回收,在制动过程中,回收的能量也会更多。12V的车载电网由牵引电机发电来供电。

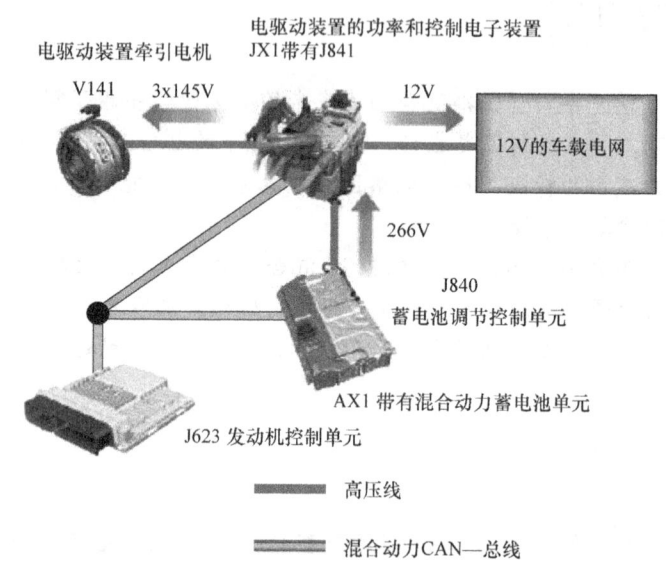

图10-1 蓄电池向电机和低压12V电气系统供电

3)电动加速(E-Boost)阶段。执行电动加速(E-Boost)功能时,发动机功率是155kW,电机功率是40kW(该电机作为发电机时是31kW)。总体算来,发动机和电机共计可产生180kW(并不是195kW)的功率。

4)下坡阶段。车轮处在车身推动的滚动状态,这时离合器断开,发动机关闭,电机通过能量回收来发电,再降压至12V,为12V的车载电网供电。

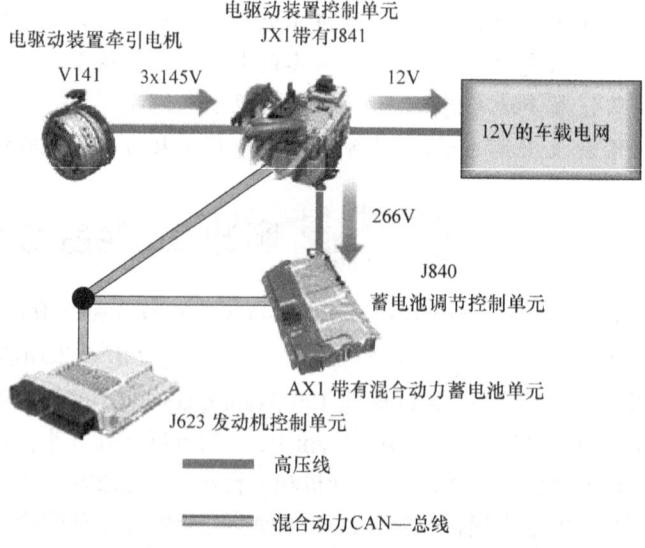

图10-2 电机能量再生发电供给蓄电池和低压电气系统

第二节 奥迪 Q5 混合动力汽车动力系统

一、发动机工作曲线和技术数据

图 10-3 所示为奥迪 Q5 混合动力 2.0L TFSI 发动机转矩 - 功率特性曲线，从虚线可以看出转矩和功率都得到了提升，低速小功率时产生大转矩才是汽车行驶需要的扭力输出。

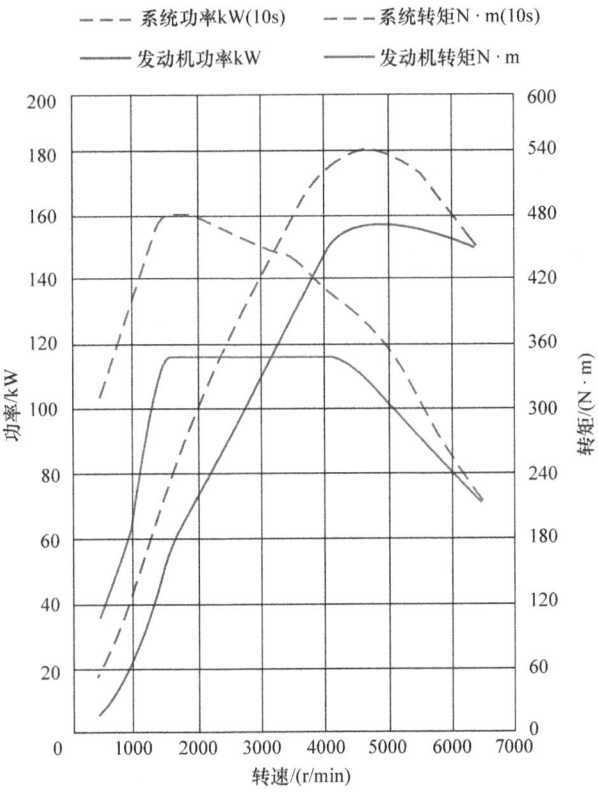

图 10-3　2.0L TFSI 发动机转矩 - 功率特性曲线

奥迪 Q5 汽车技术参数见表 10-1。

表 10-1　奥迪 Q5 汽车技术参数

发动机代码	CHJA
结构形式	四缸直列发动机和三相交流电机 / 发电机
排量 /cm³	1984
内燃机功率 /[kW/(r/min)]	155/（4300~6000）
系统功率 /kW	180
内燃机转矩 /[N·m/(r/min)]	350/（1500~4200）
系统转矩 /[N·m/(r/min)]	480
纯电力驱动时的最高车速 /(km/h)	100
纯电力驱动时的可达里程 /km	3（车速为 60km/h 时）
每缸气门数	4

(续)

发动机代码	CHJA
缸径 /mm	82.5
行程 /mm	92.8
压缩比	9.6∶1
传动形式	8 档自动变速器，quattro
发动机管理系统	MED 17.1.1
燃油	高级无铅汽油 ROZ 95
排放标准	EU V
CO_2- 排放 /（g/km）	159
混合动力部件所增加的额外重量 /kg	<130

二、2.0L TFSI 发动机的变化

1. 省去了辅助装置的带传动机构

由于没有了传统的发电机，就省去了带传动机构，因此使用新的辅助装置支架，该支架用于电动空调压缩机。曲轴和平衡轴轴承的材质有所变化，以满足起动停止模式的工作需要。

2. 后消音器上的可控式排气阀

只有左侧的后消音器上才装有这种可控式排气阀，如图 10-4 所示。该阀由排气控制阀 1 – N321 来控制。该排气控制阀膜盒上有真空作用时，排气管内的排气阀就关闭，断电后开真空消失，排气阀打开。

在发动机停机时，该阀是打开的。在转矩低于 300N·m，或者转速低于 1800r/min 时，以及急速工况电机作为发电机给蓄电池充电时，为防止产生节流噪声，该阀关闭。

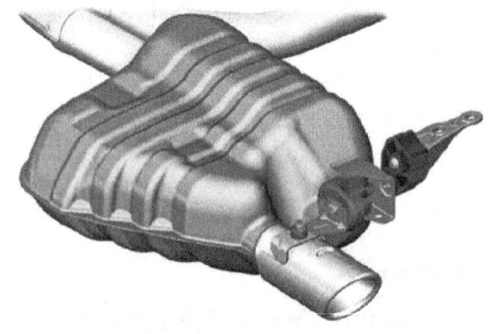

图 10-4　左侧的后消音器真空单元（用于通过真空来控制排气阀）

3. 冷却

如图 10-5 所示，为了冷却电驱动装置的功率控制装置 JX1，增设一个低温冷却循环回路。在冷却液循环和温度管理方面引入了发动机控制系统 MED.17.1.1，它有三个处理器，因此也可以实现创新温度管理。使用这种控制单元的目的是通过改进车辆热平衡，来进一步降低油耗和 CO_2 排放。所谓改进热平衡，是指将所有受热部件和连接在冷却系统上的部件，比如发动机或变速器上的温度保持在能使发动机效率最佳的范围内。

奥迪 Q5 hybrid quattro 上的冷却系统分为低温循环和高温循环两部分。在发动机不工作时，冷却液是由电动冷却液泵来循环的。

第十章 奥迪Q5混合动力汽车技术特点

发动机冷却系统为高温循环部分，组件包括暖风热交换器、冷却液截止阀N82、电机V141、高温循环冷却液泵V467、冷却液泵、废气涡轮增压器、发动机机油冷却器、冷却液温度传感器G62、特性曲线控制的发动机冷却系统节温器F265、冷却液续动泵V51、高温循环散热器和变速器机油冷却器。

电机驱动为低温循环部分，组件包括电驱动装置的功率和控制电子装置JX1、低温循环冷却液泵V468、低温循环散热器。

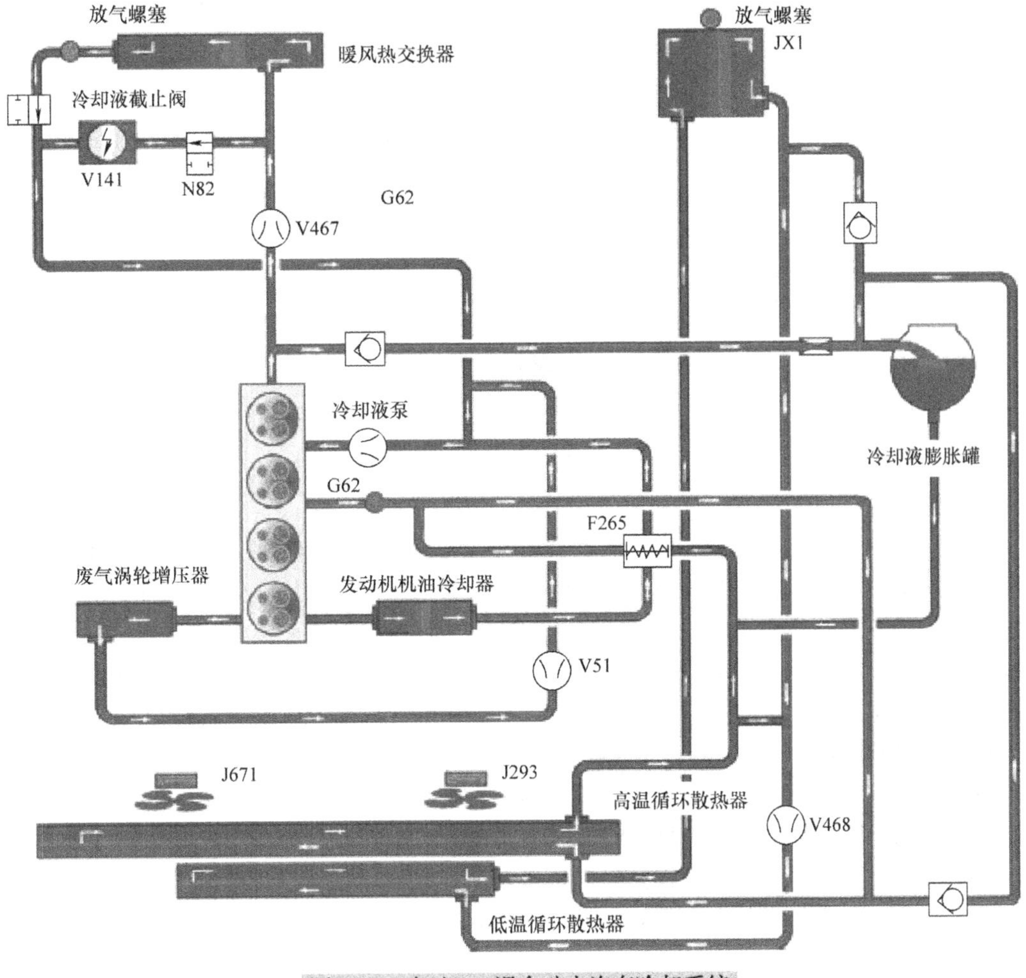

图 10-5 奥迪Q5混合动力汽车冷却系统

F265—特性曲线控制的发动机冷却系统节温器[2]
（开启温度95℃）
G62—冷却液温度传感器
J293—散热器风扇控制单元[2]
J671—散热器风扇控制单元[2]
JX1—电机构功率和控制装置

N82—冷却液截止阀[2]（在热的一侧）
V51—冷却液续动泵[2]
V141—电机[1]
V467—高温循环冷却液泵[2]
V468—低温循环冷却液泵[1]

[1] 由电驱动装置的功率和控制电子装置JX1控制。
[2] 由发动机控制单元J623来控制。

[完成任务] 在图10-5中找出发动机的高温循环部件和电机驱动的低温循环部件，并试写出发动机的高温循环和电机驱动的低温循环路径。

发动机的高温循环路径：_____
_____。
电机驱动的低温循环路径：_____。

4. 发动机控制单元 J623

图 10-6 所示为发动机控制单元 J623。J623 不仅要控制发动机工作，还要控制温度管理系统，发动机控制单元在执行温度管理功能时会控制所有冷却液循环过程。J623 还是车辆混合动力功能的管理单元，决定是否要用电动方式来驱动车辆，并将驾驶人期望的车速通知功率控制电子系统 JX1。

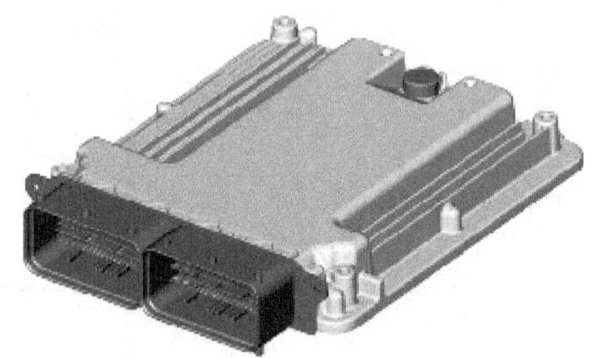

图 10-6　发动机控制单元 J623

5. 运输模式

在运输模式下，发动机运转时会一直为高压蓄电池充电。电机只作为发电机来使用，不能靠电动方式来驱动车辆，无电动加速（E-Boost）功能，无起动停止模式功能，无能量回收功能。在运输模式时，汽车最高车速为 35km/h，发动机最高转速为 3500r/min。如果未关闭运输模式，那么当车辆在下次 15 号线（ON 档）供电时，如果行驶距离超过了 100km，运输模式就会自动被关闭。

6. 售后服务模式

在发动机控制单元内进行自适应，就可激活售后服务模式，此时冷却液温度必须不低于 25℃。作为识别标记，废气警告灯 K83（MIL）和发动机电子系统指示灯 K149（EPC）会亮起。在售后服务模式下，电机只作为发电机来使用，且发动机运转时会一直为高压蓄电池充电。因此也就不能靠电动方式来驱动车辆，无电动加速（E-Boost）功能，无起动停止模式功能，无能量回收功能。

此外，可以通过 12V 辅助起动机来起动发动机。若未取消自适应过程，那么当车辆在下次 15 号线供电时如果行驶距离超过了 50km，该模式就会被关闭。

［完成任务］　维修发动机系统，需要发动机工作时，要启动什么模式才能让发动机工作：_____。用诊断仪进入哪个控制单元进行自适应才能使供电开关 READY 档起点火开关 START 档的作用：_____。

三、变速器

奥迪 Q5 混合动力汽车带有混合动力模块的 8 档自动变速器如图 10-7 所示。自动变速器控制单元 J217 是混合动力 CAN 总线和驱动 CAN 总线的用户。

第十章 奥迪Q5混合动力汽车技术特点

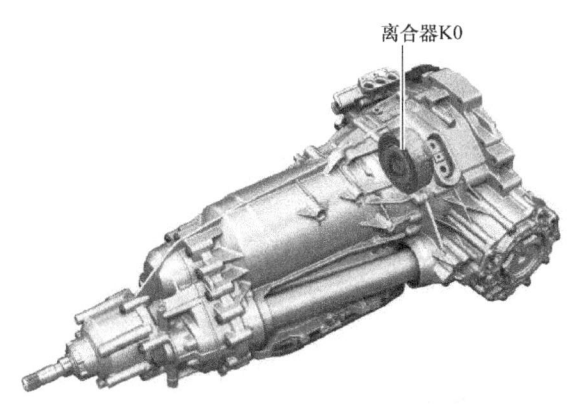

图10-7 奥迪Q5混合动力8档自动变速器

多片式离合器K0与电机转子一体取代了变矩器，多片式离合器浸在油池中工作，它用于将发动机和电机断开或连接。由于取消了变矩器，离合器K1用来做起步元件用。各执行元件具体工作参考表10-2。

表10-2 各工况变速器执行元件的工作情况

行驶状态	离合器K0	离合器K1
发动机起动	接合	未接合
纯电力驱动时	未接合	接合
能量回收	未接合	接合
内燃机驱动车辆行驶	接合	接合
内燃机在急速运转	接合	未接合
电动加速（E-Boost）	接合	接合
车辆滑行（无能量回收）	未接合	未接合
车辆滑行（有能量回收）	未接合	接合

为了能在电机不工作时润滑自动变速器，并为液压操纵机构建立起必要的自动变速器油（ATF）液压压力，安装了一个变速器ATF辅助液压泵1-V475。如果温度较低，该泵可能无法建立起所需要的压力。

由于在被动牵引时，变速器是得不到润滑的，如果需要牵引车辆，其规定与以前的自动变速器一样，需要将变速杆挂在N位置，牵引距离不超过50km，牵引车速不超过50km/h。

[完成任务] 离合器K0的位置在_____；作用是_____。

离合器K1的位置在_____；作用是_____。

第三节 奥迪Q5混合动力汽车转向和制动系统

一、电动转向系统

图10-8所示为奥迪Q5混合动力汽车上使用的电动助力循环球式转向机，转向控制单元

J500 是组合仪表/底盘 CAN 总线的用户。

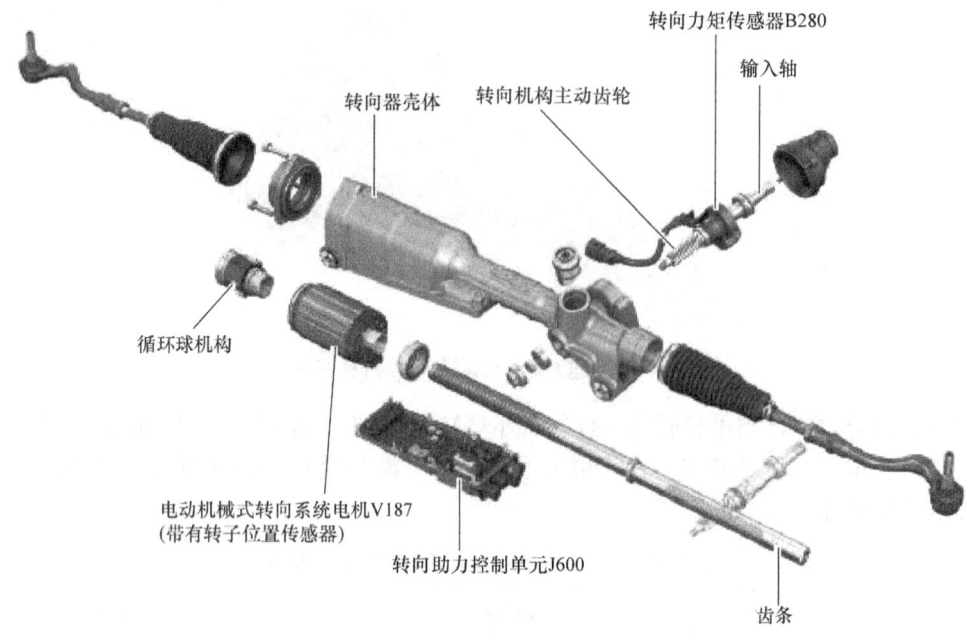

图 10-8　奥迪 Q5 混合动力电动转向系统

二、制动系统电动真空泵 V192

电动真空泵 V192 固定在 ESP 总成的前面，如图 10-9 所示。该泵的作用是在发动机关闭期间，为制动助力器提供足够的真空度。真空度低时，通过制动助力压力传感器 G294 来产生信号，由发动机控制单元 J623 经继电器 J318 来操控。

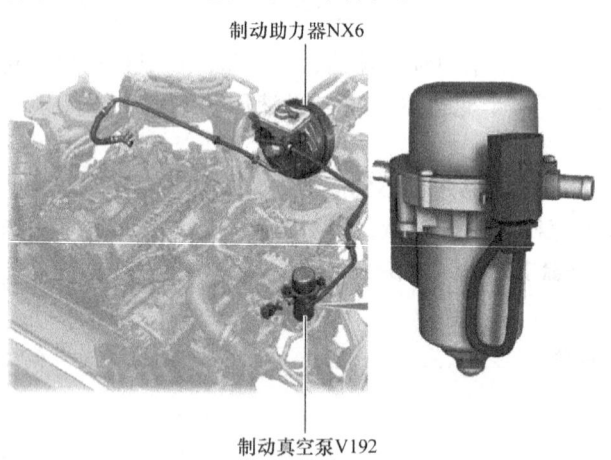

图 10-9　电动真空泵位置

[完成任务]　奥迪 Q5 混合动力制动系统采用电动真空泵 V192 后，发动机工作时，电动真空泵是否还工作：_____；纯电动工况电动真空泵工作的机会多还是少：_____。

三、ESP 总成

奥迪 Q5 混合动力汽车上的 ESP 总成,其结构与常规车型一样,但是软件方面在混合动力发动机牵引力矩调节(MSR)功能做了如下变动。

在电力制动（能量回收）时,出于稳定考虑不会令制动压力泄压,所以发动机控制单元在需要时会下令去调节驱动力矩。如果在 D 位时关闭了 ESP 或者是接通了坡路起步辅助系统,那么在车辆行驶过程中,发动机一直都在工作着。

制动踏板位置传感器 G100 连接在发动机控制单元上。发动机控制单元通过制动踏板位置传感器 G100 的信号来操控"电力制动（能量回收）"和"液压制动"的比例分配。制动踏板在制动助力器上有一个约 9mm 的空行程。在这段空行程中仅有能量再生制动,这样就可以很好地过渡到液压制动了。

在更换了制动踏板位置传感器或者更换了发动机控制单元时,必须进行制动踏板位置传感器 G100 与发动机控制单元之间的自适应学习。

[完成任务] 奥迪 Q5 混合动力制动系统哪个传感器控制能量回收：_____。

第四节　奥迪 Q5 混合动力汽车电气系统

一、混合动力蓄电池单元 AX1

混合动力蓄电池单元 AX1 在行李箱内的备胎坑中,结构如图 10-10 所示,由高压蓄电池 A38、蓄电池管理控制单元 J840、高压系统保养插头 TW、安全插头 TV44、高压线束接口 PX1 和 12V 车载电网接口构成。

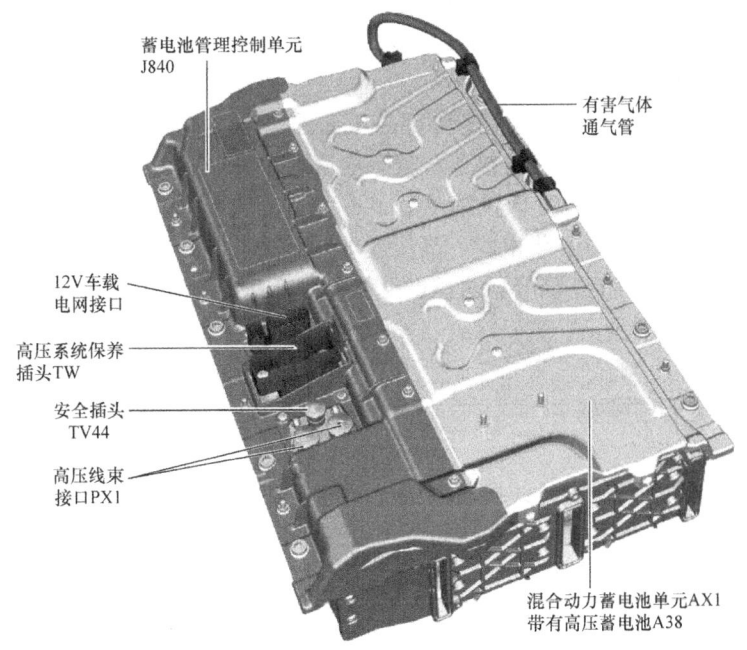

图 10-10　混合动力蓄电池单元 AX1

在这个蓄电池壳体内,集成有用于吸入和排出冷却空气的开口。混合动力蓄电池单元电池参数见表10-3,壳体使用电位补偿线(电位均衡线)与车辆相连。

[完成任务] 蓄电池壳体使用电位均衡线后,壳体一旦漏电,人站在车身上是否会被电击:_____;实践中见到这根电位均衡线没有接到车身上是错误的。

为了能在蓄电池出现过热故障时,将溢出的气体引至车底部位,在该壳体上装了一个有害气体排出管,这根管子从车底通向车外。

表10-3 混合动力蓄电池单元电池参数

高压蓄电池	参　数
额定电压/V	266
单体电压/V	3.7
电池单体数量	72(串联的)
容量/A·h	5.0
工作温度/℃	+15~+55
总能量/kW·h	1.3
可用能量/kW·h	0.8
功率/kW	最大40
重量/kg	38

二、蓄电池管理控制单元 J840

J840集成在混合动力蓄电池单元AX1的左侧,该控制单元是混合动力CAN总线和驱动CAN总线的用户。J840监测高压蓄电池的温度,并通过蓄电池冷却模块来调节蓄电池冷却状况,这个控制称为温度管理。同时该控制单元监控充电状态、电池单体电压和蓄电池总电压的信息,并将这些信息通过混合动力CAN总线传至发动机控制单元J623。

1. 高压上电继电器

高压蓄电池通过高压上电继电器与外部高压部件连接。高压上电继电器采用正极和负极各一个继电器的形式。一旦15号线接通,蓄电池管理控制单元J840会立即接通高压继电器,继电器触点闭合。如果蓄电池管理控制单元J840供电的12V电压中断,高压触点断开。当出现车载12V电网无法向J840供电时,高压继电器无法上电,因此高压装置无法工作。

出现下述情况之一,高压继电器的触点由蓄电池管理控制单元J840断开:
1)点火开关已关闭。
2)安全线已切断。
3)安全带张紧器已触发。
4)安全气囊已触发。
5)两个12V蓄电池在15号线接通的情况下与车载电网断开。

[完成任务] 想一想丰田普锐斯的高压上电继电器是由哪个控制单元控制的:_____;和奥迪Q5有什么区别:_____。

2. 高压蓄电池 A38

高压蓄电池A38集成在混合动力蓄电池单元AX1内,一个霍尔电流传感器用于在充电和放电时监测电流。另有霍尔传感器用于监测高压触点前和后的电压。

控制高压蓄电池的电量状态（SOC）保持在 30%~80% 之间可以明显提高高压蓄电池的寿命，但组合仪表上的蓄电池显示是以 0~100% 显示的。电池电量状态百分数作为一个信息被放置在混合动力 CAN 总线上，哪个控制单元想用，哪个控制单元接收。

在达到了高压起动能力最低极限值时（高压蓄电池电量状态低于 25%）或者没能起动发动机，那么发动机控制单元会给仪表显示发送一个信息，随后就会显示"车辆现在无法起动"。如果电量状态低于 20%，那么就不允许有放电电流了。此时高压蓄电池仍给 12V 车载电网供电。

[完成任务] 奥迪 Q5 混合动力仪表的 SOC 值为 0 说明电池电量为多少：_____；奥迪 Q5 混合动力仪表的 SOC 值在 100% 说明电池电量为多少：_____；电池电量状态低于多少无法进行高压起动：_____；电量状态低于 20%，高压上电继电器是否断开：_____。

3. 高压蓄电池的充电

如果组合仪表上显示"车辆现在无法起动"（见随车的使用说明书），那就必须给高压蓄电池进行充电。要充电的话，应先关闭点火开关，将充电器（至少 30A）或者带有三相发电机的发电车接到跨接起动销上。充电过程完成后接通点火开关，仪表就会显示"正在形成起动能力，请稍等…"。

如果在 1min 内，高压蓄电池无法接收充电电流，那么就会显示"充电过程已中断，无法形成起动能力"。其原因是充电器或者发电车的充电能力太弱。另外这种故障信息也可以以红色的混合动力警告灯来提示。如果识别出充电电流，那么当高压蓄电池被充电到 35% 的状态，组合仪表上会显示一个绿色的充电插头，表示 12V 蓄电池在这时被充电。如果高压蓄电池的电量状态降至 5% 以下，那么 12V 蓄电池就无法再充电了。

[完成任务] 奥迪 Q5 混合动力汽车高压蓄电池无电时，充电机要跨接到什么上：_____；请在车上找到这个起动销：_____；若充电过程中断说明什么：_____；电量状态低于 5%，高压蓄电池还能向 12V 蓄电池充电吗：_____。

4. 高压系统保养（维修）插头 TW

该插头是高压蓄电池两部分之间的中间保险，如果拔下了这个插头，那么这两部分电池的连接就断开了。如果在高压部件上或者在高压部件附近使用车削工具、成形工具或棱角锋利的工具，那么必须拔下这个插头。要想恢复供电的话，应在诊断仪中进行故障码清除操作，这也是一个安全设计。

（1）保养插头的开锁和上锁

关闭点火开关。要想接触到高压系统保养插头 TW，必须打开行李箱内的高压系统保养盖板。这个插头就在混合动力蓄电池单元 AX1 的橘黄色橡胶盖下，因此必须先移开这个橡胶盖。操作如图 10-11 所示。

（2）拔下保养插头

断开高压上电继电器，只控制了外部 P1 和 P2 的供电输出。如果维修操作是在高压蓄电池箱的内部进行的，为了安全，必须拔下高压系统保养插头 TW，因为该插头控制着高压蓄电池两个部分之间的连通。

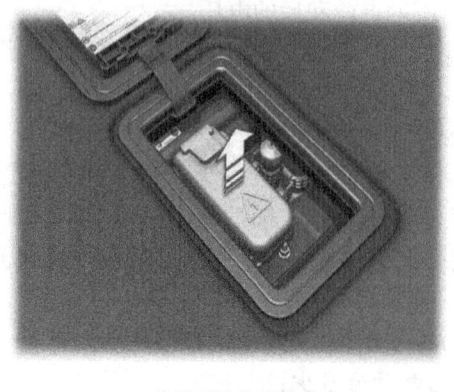
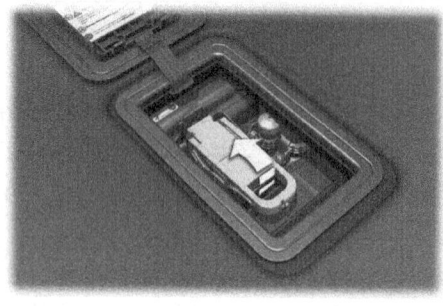
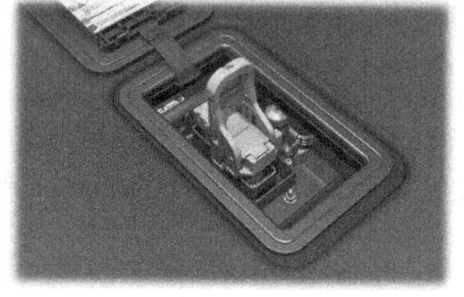

a) 先移开这个橡胶盖　　　　b) 保养插头已插好状态

c) 保养插头在位置1　　　　d) 保养插头在位置2

图 10-11　保养插头的开锁与上锁

高压系统保养插头 TW 有两个确定的开关位置。在位置 1 时，安全线被切断（高压上电继电器断开）。在位置 2 时，蓄电池两个部分之间的串联连接被断开（蓄电池中间熔丝被拔下），这时可以将保养插头从支架上拉出。此时高压装置被关闭，从更安全的角度讲，应检查是否可靠断电（即验电）。

保养插头内有一个直流高压装置熔丝，其额定规格是 125A（与丰田普锐斯相同），如图 10-12 所示。

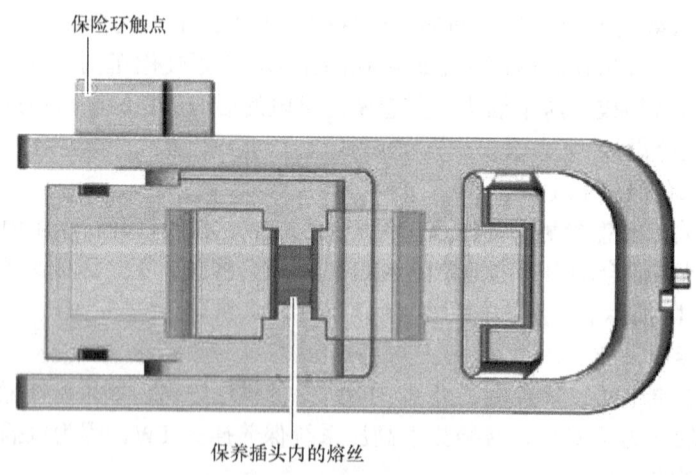

图 10-12　保养插头内的熔丝

要想让高压系统恢复工作，应按相反顺序将保养插头回位。测量操作的细节，详见诊断仪的故障导航。

说明：只有受训合格的高压电技工才可以拔这个插头，以保证装置处于停电状态。

[完成任务] 针对奥迪Q5混合动力汽车，为学生组织一次蓄电池箱维护的安全操作。

三、高压安全设计

图10-13所示为蓄电池单元上的安全设计。

1. 绝缘控制

整个高压回路包括高压蓄电池内部、正负母线、功率控制电子装置（逆变器）、电机的三相线和连接空调压缩机（包括空调压缩机）的导线。为了识别整个高压回路上的绝缘故障，系统每30s对高压电网完成一次绝缘测量。如果有绝缘故障的话，那么组合仪表上会有信息，提示用户去服务站寻求帮助。

2. 带有安全插头TV44的安全设计

安全设计包含一个电气元件和一个机械元件。电气元件设计为用安全线串联所有高压元件，一旦将某个高压部件与电网分离了，控制单元控制高压上电继电器断开。机

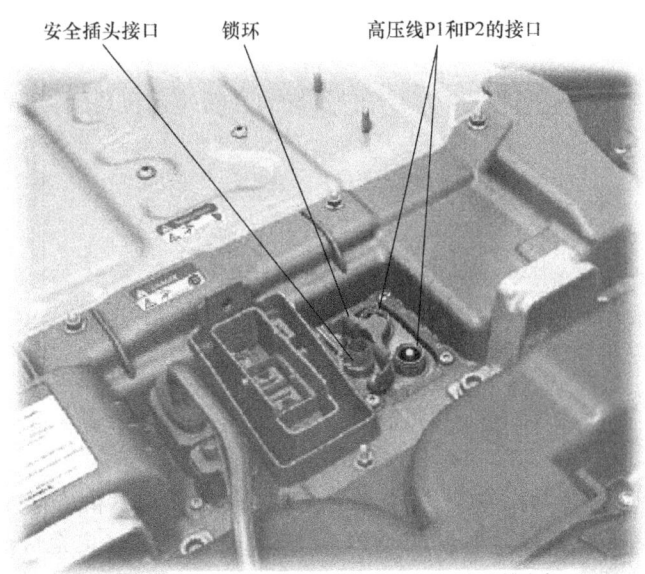

混合动力蓄电池单元上带有锁环的安全插头座
（插头和高压线均已拔下）

图10-13 蓄电池单元上的安全设计

械部分是由安全插头与锁环构成的机械锁，该锁可防止高压线在未断开高压上电继电器时（即P1和P2有电时）被拔出。

奥迪Q5汽车上的安全线和丰田普锐斯汽车的互锁开关功能相同，但奥迪Q5汽车的安全线串联了更多的高压元件。

3. 安全线接合

高压装置的所有部件都是通过一根单独的低压呈环状彼此相连的导线串联的。当所有部件都可以工作时，高压继电器触点就可以接合了。

4. 安全线中断

如果安全线脱开（比如因为某个部件无法工作或者安全插头已拔下），即使再插上这个高压元件，高压上电继电器也不会闭合，这是因为系统检测到安全线断开后，存储了针对安全线断开的故障码。

检查安全线插头是接合还是断开的工作由混合动力蓄电池单元（电池箱）内的蓄电池管理控制单元来完成。如果该控制单元判断出安全线是断开的，那么就不会去操控高压继电器触点闭合，于是高压蓄电池与高压装置之间的连接就中断了。

[**完成任务**] P1 是蓄电池的正极还是负极：_____。

5. 安全插头 TV44

安全插头操作参考图 10-14 所示。开始进行电池箱的拆开或移动工作前，必须拔下安全插头（只有培训合格的高压电技工才允许执行此项工作）。只有在先拔下了安全插头 TV44 后，才允许断开混合动力蓄电池单元的高压线，此时高压线上没有电（无电压），拔高压线时就不会遭电击了。操作时先拨离锁环后，才能拔下高压线的插头，断开 P1 和 P2 两条正、负高压线。

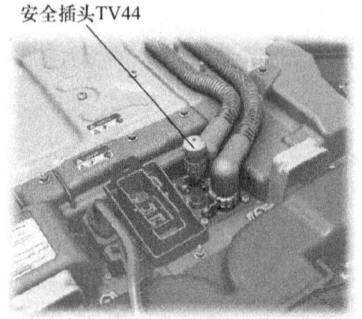 

a）拔下安全插头 TV44　　　　　　　b）拨离锁环

图 10-14　安全插头操作

说明：只有受训合格的高压电技工才可以操作安全插头，以保证装置处于停电状态。

[**技师指导**] 安全插头 TV44 是为防止不拔检修塞而直接拔 P1 和 P2 供电线而设计的，因为不拔检修塞时断开 P1 和 P2 供电线是有一定危险的，而在加了 TV44 这个安全插头后，必须断开 TV44 插头和转动锁环才能断开 P1 和 P2 供电线。断开 TV44 插头后，安全线断开，高压上电继电器下电（断开）。

四、蓄电池冷却

由于奥迪 Q5 混合动力汽车上的高压蓄电池总是在不断地充电和放电，蓄电池在充电或放电都会放出热量。热量除了导致蓄电池老化外，最重要的是还会使得相关导体上的电阻增大，这会导致电能不转换为功，而是转换成热量释放掉了。因此，高压蓄电池有一个冷却模块，该模块上有自己的蒸发器，并连接在电动空调压缩机的冷却液循环管路上。这个冷却模块使用 12V 的车载电网电压工作。

图 10-15 所示为蓄电池冷却系统元件位置，该冷却模块的部件如下：

1）蓄电池风扇 1-V457。
2）混合动力蓄电池循环空气翻板 1 的伺服电动机 V479。
3）混合动力蓄电池循环空气翻板 2 的伺服电动机 V480。
4）混合动力蓄电池蒸发器前的温度传感器 G756。
5）混合动力蓄电池蒸发器后的温度传感器 G757。
6）混合动力蓄电池冷却液截止阀 1-N516。
7）混合动力蓄电池冷却液截止阀 2-N517。

第十章 奥迪 Q5 混合动力汽车技术特点 151

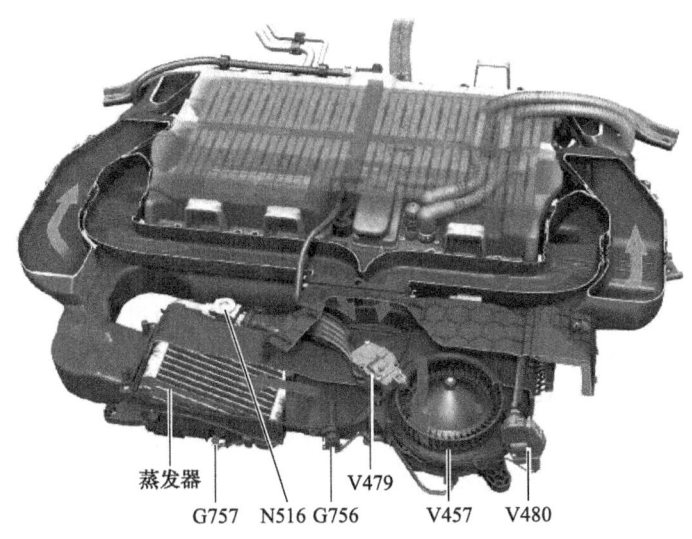

图 10-15 蓄电池冷却系统元件位置

如果蓄电池管理控制单元通过蒸发器前传感器 G756 或者蒸发器后传感器 G757 探测到蓄电池的温度过高了，那么蓄电池管理控制单元接通风扇 V457。控制单元内设置了冷却功能模型，根据具体温度情况，在蒸发器工作时可从新鲜空气模式切换为循环空气模式。发往自动空调控制单元 J255 的冷却功率请求分为三级，鼓风机转速由蓄电池管理控制单元 J840 通过 LIN 总线来控制。

在新鲜空气工作模式时，风扇 V457 从备胎坑内抽入空气，空气经蒸发器被引入到蓄电池，热空气经后保险杠下方被引出。在循环空气工作模式时，循环空气翻板 1 和 2 都是关闭着的，不会吸入新鲜空气。

在需要时，控制单元 J840 将请求信息通过 CAN 总线发送给空调控制单元，以便接通电动空调压缩机 V470、蓄电池风扇 1-V457，混合动力蓄电池循环空气翻板 1 的伺服电动机 V479 和混合动力蓄电池循环空气翻板 2 的伺服电动机 V480 由控制单元经 LIN 总线来调节。伺服电动机 V479 和 V480 是串联的。混合动力蓄电池冷却液截止阀 1-N516 在不通电时是关闭着的，它控制去往混合动力蓄电池空调器的冷却液液流；混合动力蓄电池冷却液截止阀 2-N517 在不通电时是打开着的，它控制去往车内空调器的冷却液液流。冷却模块有一个维修位置，以便能够着其下的 12V 蓄电池。

[完成任务] 奥迪 Q5 的蓄电池降温是通过在电池箱内使用空调的蒸发器，这与丰田普锐斯是否相同？

_____。

数一数电池箱内的电池单元个数是多少：_____；热空气遇冷会生成水，设计上是否应该有排水装置：_____；循环空气模式是否从备胎坑中吸入空气：_____。

请写出图 10-15 蓄电池冷却系统元件名称，不要从前面直接抄录下来。

G757：_____；N516：_____；G756：_____；V479：_____；V457：_____；V480：_____。

五、电驱动装置的功率和控制电子系统 JX1

电驱动装置的功率和控制电子系统 JX1 是翻译名称，实际上是电机的逆变器和电机控制单元（DSP 控制器，微控制器中的高速型）。表 10-4 列出了控制功率的电子装置参数。

电驱动装置的功率和控制电子系统 JX1 由电机驱动控制单元 J841、交流电机驱动装置 VX54、牵引电机逆变器 A37、降压 DC/DC 变换器 A19 和中间电容器 1-C25 组成。电机驱动控制单元 J841 是混合动力 CAN 总线和驱动 CAN 总线用户，承担着混合动力控制单元发送来的直接转矩数值控制。牵引电机逆变器 A37 将高压蓄电池的直流电转换成三相交流电，供交流电机使用。在能量回收时和发电机工况时，会将三相交流电经过斩波控制转换成直流电，用于给高压蓄电池充电。电机的转速是通过改变逆变器的输出频率进行调节的，比如在转速为 1000r/min 时，供电频率约为 267Hz，转矩是通过脉冲宽度调制进行调节的。降压 DC/DC 变换器 A19 用于将高压蓄电池（266V）的直流电压转换成较低的 12V 车载电网用直流电压。中间电容器 1-C25 在电机电动时作为一个物理电源，在充电时起缓冲作用，功能相当于一个电的蓄能器。在 15 号线关闭或者高压系统切断（因有撞车信号）时，该中间电容器通过电驱动装置的内部电路主动放电。

由于 A19 可双向工作，它也能将 12V 较低的车载电网电压转换成高压蓄电池的高电压（266V），但该功能仅用于跨接起动时，目的是给高压蓄电池充电。

功率控制电子装置（IGBT 或 IPM）在逆变和整流时要生热，为使电子装置能正常工作，要将温度控制在一定范围内（一般在 70℃或 80℃以下），因此要有自己的低温循环管路，该管路连接在发动机冷却循环管路的冷却液膨胀罐上。冷却液通过低温循环冷却液泵按需要进行循环，低温循环管路是温度管理功能的一个组成部分，发动机控制单元 J623 负责触发该泵。

在电动驱动车辆行驶时，发动机控制单元为功率控制电子装置提供关于能量回收、发电模式和车速方面的信息。功率控制电子装置通过电驱动装置的位置传感器 1-G713 来检查转子的转速和位置，用电驱动装置温度传感器 1-G712 来检查电机 V141 的冷却液温度。

表 10-4 控制功率的电子装置参数

功率控制电子装置	
DC/AC	266V（额定），AC 189V（有效）
AC 恒定电流	240A（有效）
AC 峰值电流	395A（有效）
AC/DC	189V（有效），266V（额定）
电机驱动	0~215V
DC/DC	266V 到 12V 以及 12V 到 266V（双向）
DC/DC 功率 /kW	2.6
重量 /kg	9.3
体积 /L	6

接通点火开关在 READY 档，且已踩下制动踏板时，高压上电控制如下：15 号线接通，且 50 号线接通，仪表显示"Hybrid Ready"（混合动力已准备完毕），表明正、负极母线的高压上电继电器有工作电流流过，高压电从高压蓄电池到功率控制电子装置，并且能从功率控制电子装置到电驱动装置的电机，也可从高压蓄电池到 12V 车载电网。

［完成任务］ 从单/双向角度说一说奥迪 Q5 的 12V DC/DC 和丰田普锐斯的 12V DC/DC 的不同。_____。

丰田普锐斯汽车的功率电子装置的冷却电动循环泵是由哪个控制单元控制的：_____；

奥迪 Q5 混合动力汽车的冷却电动循环泵是由哪个控制单元控制的：_____。

Q5 混合动力汽车电机控制上采用了电机相线电流传感器、电机转子位置传感器 1-G713（检查转子的转速和位置），电机温度传感器 1-G712（检查电机 V141 的冷却液温度），从控制传感器的种类上与丰田普锐斯是否相同：_____。

第五节　奥迪 Q5 混合动力汽车电机

一、电驱动装置的电机 V141

表 10-5 列出了电机 V141 的参数。

表 10-5　电机 V141 参数

电驱动装置的电机	
功率 /［kW/（r/min）］	40/2300
转矩 /N·m	210
模块重量 /kg	31
电机重量 /kg	26
电压 /V	AC 3~145

电驱动装置的电机安装在 2.0L TFSI 发动机和 8 档自动变速器之间的空隙处，取代了变矩器，如图 10-16 所示。该电机是永磁同步电机，由一个三相磁场来驱动，转子上装备有永久磁铁（由钕 - 铁 - 硼制成，NdFeB）。电机 V141 的电驱动装置集成在三相交流驱动装置 VX54 内。电驱动装置的电机由电驱动控制单元 J841 和电驱动功率和控制电子装置 JX1 来操控，通过改变频率来调节转速，通过脉冲宽度调制来调节转矩。通过功率控制电子装置将 266V 的直流电转换成三相交流电。

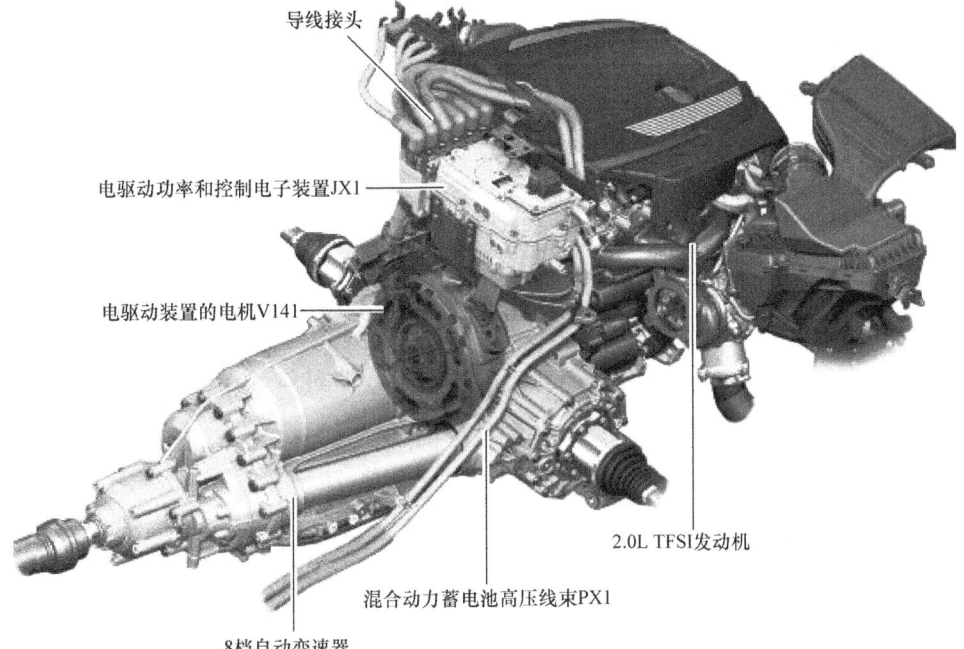

图 10-16　电机 V141 在变速器壳体内部

电机除用于起动发动机外,在发电机模式时借助于电驱动功率和控制电子装置 JX1 内的 DC/DC 变压器给高压蓄电池和 12V 蓄电池充电。奥迪 Q5 混合动力汽车可使用这个电驱动装置的电机以纯电动方式驱动车辆行驶(但是车速和可达里程是受限制的),且该电机可在车辆加速(Boost)时给发动机提供助力。如果混合动力管理器识别出电驱动装置的电机足够用于驱动车辆行驶,那么发动机关闭。

[完成任务] 描述一下奥迪 Q5 发动机的排量是多少:_____;逆变桥位置:_____;电机控制器的位置:_____;电机 V141 位置:_____;从逆变器引入了几根电缆:_____;从逆变器又引出了几根电缆:_____;请注意一下电缆的走向。

二、永磁同步电机

电机是水冷式的,它集成在发动机的高温循环管路上。冷却液由高温循环管路冷却液泵 V467 根据需要情况分三级进行调节,该泵由发动机控制单元 J623 来操控。电驱动装置温度传感器 1-G712 是一个负温度系数电阻(NTC),它测量电机线圈间的温度。如果这个温度高于 180~200℃,那么电机的功率就被降至零。重新起动发动机取决于电机温度的情况,必要时可通过 12V 起动机来起动。电机转子位置传感器 1-G713 是按坐标变换器原理来工作的,它用于监测转子的实际转速和角位置。

如图 10-17 所示,电驱动装置的电机由铸造铝壳体、带有电磁线圈的定子、永久磁铁(由钕-铁-硼 NdFeB 制成)、一个轴承盖(用于连接到自动变矩器的变矩器上)、分离离合器和三相动力接头组成。

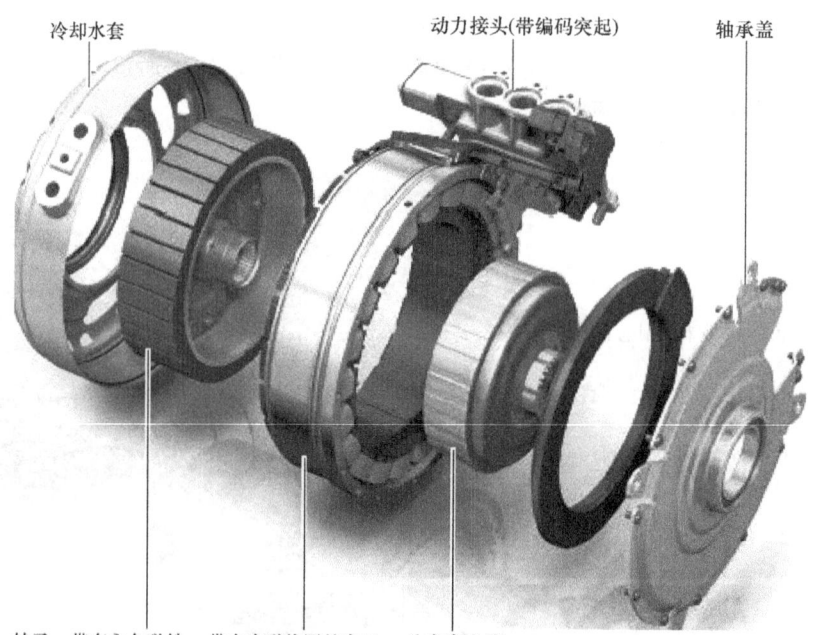

图 10-17 电机 V141 结构

如图 10-18 所示,电机温度传感器 1-G712 通过一个温度模型来工作。这个温度传感器的信号用于操控高温循环的冷却能力,该冷却循环管路是创新温度管理的组件。通过一个电动冷却液辅助泵和接通发动机的冷却液泵,可让冷却液状态从静止不流动到最大冷却能力之间进行调节。如果该传感器出现故障，那么组合仪表上就会显示黄色的混合动力系统警告灯。这时驾驶人必须到就近的服务站寻求帮助。车辆如果无法重新起动，可以继续靠发动机工作来行驶，由于没有发电机，发动机单独行驶的里程取决于12V蓄电池，即直至12V蓄电池提供的电压不能维持汽车控制单元或发动机电控元件工作为止。

图10-18所示为电机转子位置传感器1-G713。由于发动机有独立的转速传感器，在以电动模式工作时，与电驱动装置的电机是断开的，因此电驱动装置的电机需要有自己的传感器，以便于监测转子位置和转子转速。为此，在电驱动装置的电机内集成了一个转速传感器。如果该传感器出现故障，组合仪表上就会显示红色的混合动力系统警告灯。失效时的影响是电机关闭，无法使用电动方式来驱动车辆行驶，发电机工作模式关闭，无法起动发动机，这时驾驶人应寻求服务站帮助。

发动机管理系统和变速器管理系统根据这个传感器传来的信号，来判断电驱动装置的电机是否转动以及转速是多少。该信号用于操控电机是作为发电机还是电动机，还可操控电机作为发动机的起动机使用。

[**完成任务**] 奥迪Q5混合动力的电机冷却在发动机的高温回路上，还是低温回路上：＿＿＿＿＿＿；与丰田普锐斯电机冷却的区别：＿＿＿＿＿＿＿＿＿＿＿＿＿＿＿。在学习发动机冷却系统时，请掌握创新温度管理的控制思路，为学习奥迪发动机高温冷却系统提供技术支撑。

图10-18 电机温度传感器G712、电机转速和位置传感器G713

第六节 奥迪Q5混合动力汽车空调

电动空调压缩机V470使用压缩机内置的功率控制电子装置的交流高电压来工作。在电动空调压缩机V470上，工作参数见表10-6，压缩机上集成有空调压缩机控制单元J842。该控制单元连接在扩展CAN总线上。转速是通过脉冲宽度调制（PWM）信号来调节的（PWM信号从0到100%）。该压缩机由自动空调控制单元J255激活，"OFF"或者"AC关闭"功能只会影响到为车内制冷的空调。

表10-6 电动空调压缩机V470参数

电动空调压缩机V470	
电动机	无电刷式异步电动机
消耗功率/kW	最大6
供电/V	DC266
电流消耗/A	最大17
转速/（r/min）	800~8600
冷却	通过吸入冷却液
重量/kg	7

对高压蓄电池进行冷却可以单独激活该压缩机（不依赖于自动空调控制单元J255）。另外还安装了柴油发动机上常见的、用于空气辅助加热器Z35的PTC（正温度系数）加热元件。

空气辅助加热控制单元 J604 负责操控小循环继电器 J359 和大循环继电器 J360。

[完成任务] 奥迪 Q5 混合动力汽车空调电动机的逆变器位置：_____；电动机外部的高压线为几根线芯：_____。丰田普锐斯空调电动机逆变器位置：_____。

空调系统元件如图 10-19a 所示。电动空调压缩机 V470 用螺栓固定在缸体上，如图 10-19b 所示。它通过一条四芯线与功率电子（逆变桥）和控制电子装置连接。该四芯高压线与其他单芯高压线不同，有两条用于高压空调压缩机电动机逆变桥的正、负高压线，另外两条线用作安全线。

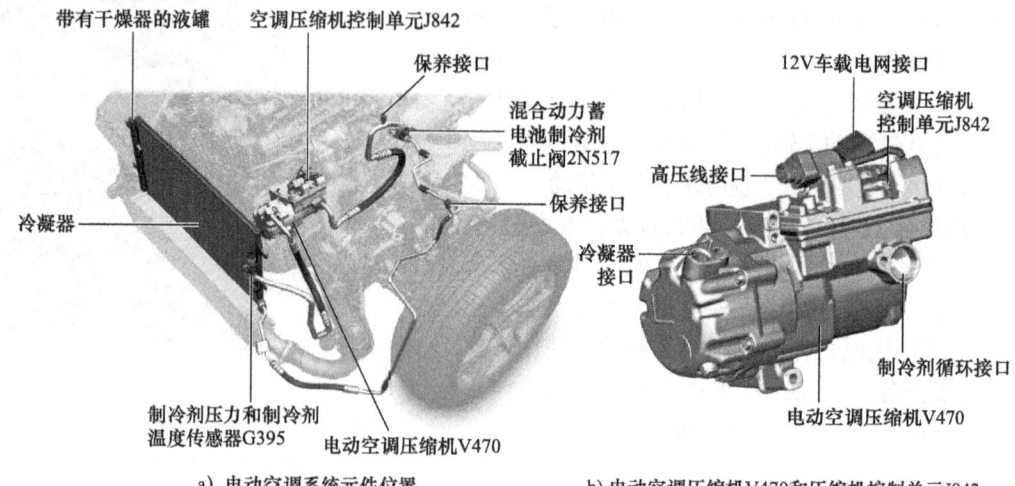

a) 电动空调系统元件位置　　b) 电动空调压缩机V470和压缩机控制单元J842

图 10-19　电动空调系统元件与空调压缩机

空调系统与总线系统的电气连接如图 10-20 所示。

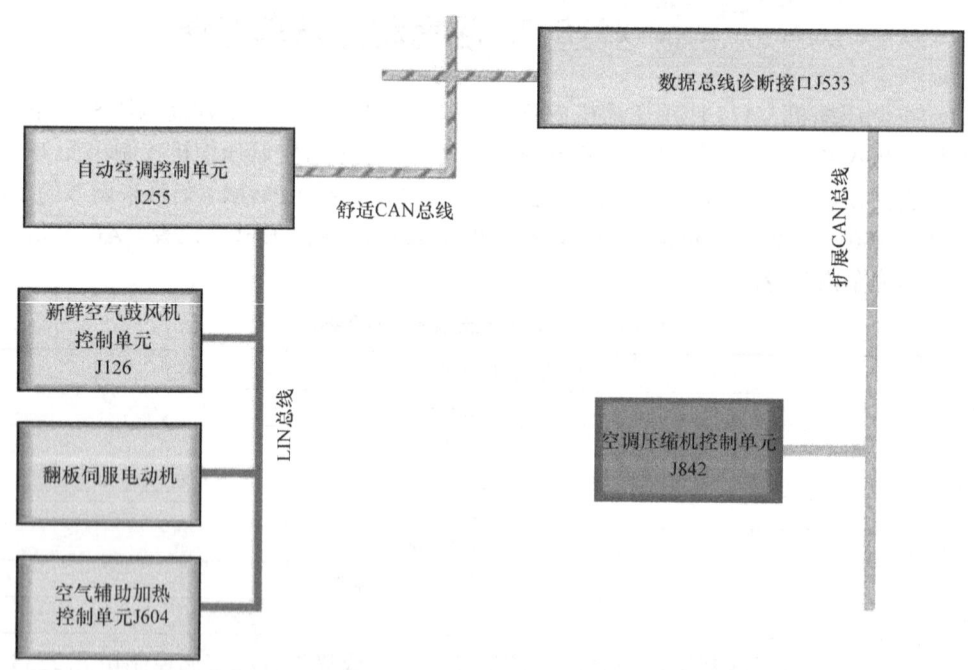

图 10-20　奥迪 Q5 混合动力汽车电动空调系统通信

[完成任务] 请写出奥迪 Q5 混合动力汽车调元件的位置和名称。
V470：_____；_____。J842：_____；_____。
G395：_____；_____。N157：_____；_____。

第七节 奥迪 Q5 混合动力汽车高压系统

在高压系统内要完成 IT 线路结构转换。I 代表绝缘传递电能（通过单独的、对车身绝缘的正极导线和负极导线）。T 表示所有用电器都采用等电位与车身相连，该导线由蓄电池控制单元 J840 在绝缘检查时一同监控，以便识别出绝缘故障或者短路。另外，高压线的圆形触点上也有机械编码。在高压电网中，所有插头都有防接触层，所有高压导线都有厚厚的绝缘层和一个波纹管（多加了一层抗刮磨层）。

高压装置的导线与车载 12V 电气系统用的导线是有明显区别的。因为电压高、电流大，所以高压装置导线的横截面积要明显大一些，且使用专用的插头触点来连接。为了让人们注意到高压导线所在位置，高压导线都是橙色的，在这方面所有生产厂商均已达成一致。为避免安装错误，高压导线都有机械编码，并用一个插接环下面的颜色环做了标记。图 10-21 展示了奥迪 Q5 混合动力汽车高压系统连接，表 10-7 展示了奥迪 Q5 混合动力汽车高压系统连接的详细内容。

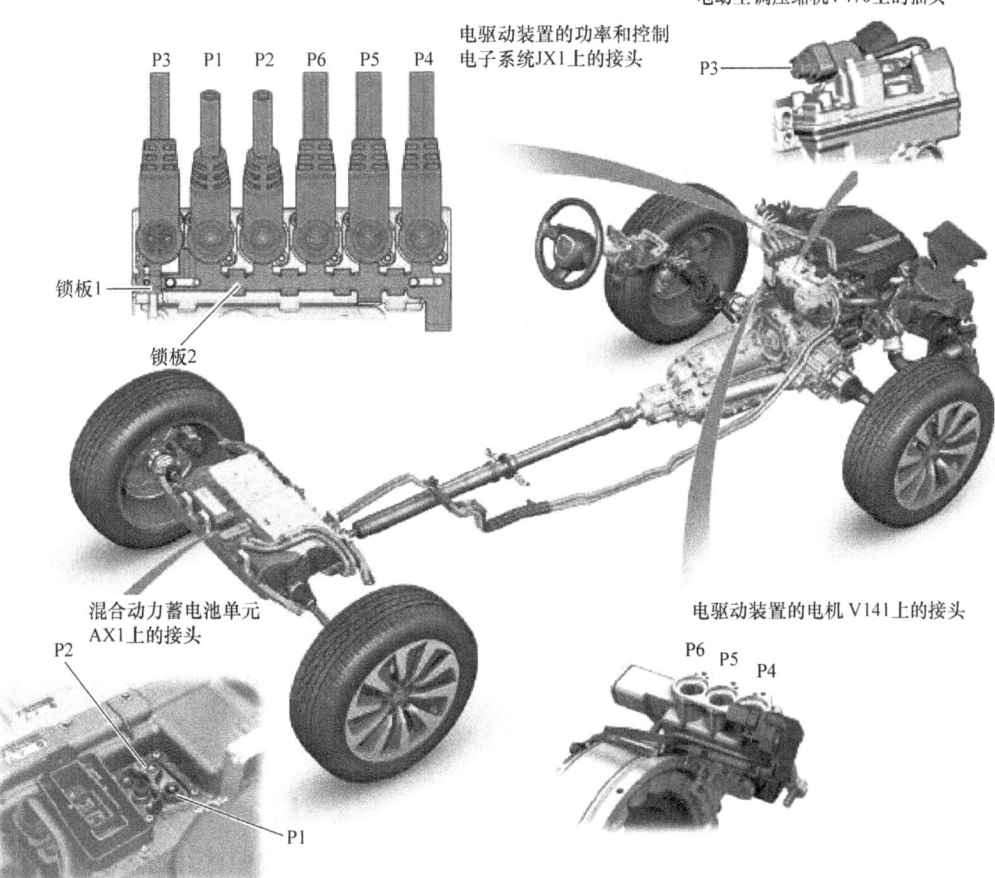

图 10-21 奥迪 Q5 混合动力汽车高压系统连接

[完成任务] 从图 10-21 所示奥迪 Q5 混合动力汽车高压系统连接提示说出高压线路段功能。

P3：_____；_____。P1 和 P2：_____；_____。
P4、P5、P6_____；_____。

高压装置内有如下线路段：

1）从高压蓄电池到功率控制电子装置的两根高压线（P1，P2）。

2）从功率控制电子装置到电机的三根高压导线（P4 U 编码环为蓝色，P5V 编码环为绿色，P6 W 编码环为紫色）。

3）从功率控制电子装置到空调压缩机的一根双芯高压线（P3 编码环为红色）。

表 10-7 奥迪 Q5 混合动力汽车高压系统连接

接头	编号	环颜色和局部颜色	状态
功率控制电子装置—高压蓄电池混合动力蓄电池高压线束 PX1	P1	红色	T+（HV-Plus）
	P2	棕色	T-（HV-Minus）
功率控制电子装置—空调压缩机	P3	红色	—
功率控制电子装置—电驱动装置的电机 电机高压线束 PX2	P4	蓝色	U
	P5	绿色	V
	P6	紫色	W

一、导线高压插头环编码和机械编码

图 10-22 所示为高压插头使用介绍。给空调压缩机供电的 P3 导线与其他导线插头是不同的，该插头有正、负双芯的双圆形触点和两个用于安全线的触点，所以 P3 实际是四芯结构，其余 5 根导线为单芯结构。

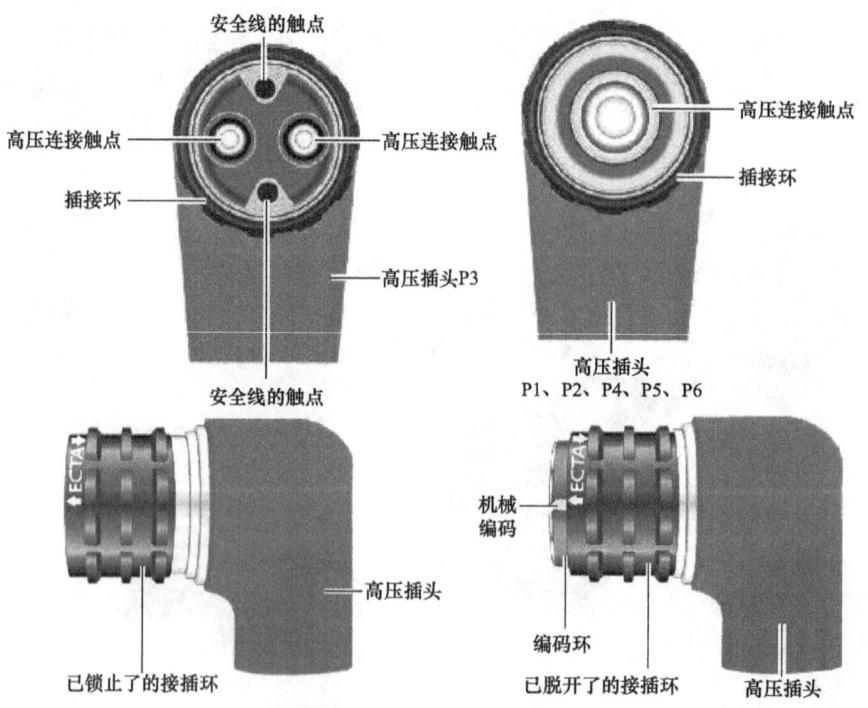

图 10-22 高压插头使用介绍

[完成任务] 机械编码是点还是环：_____。

如果向上拔出并松开插接环的话，就能看见环编码的颜色了。在插上了插头后，必须向下压插接环，直至其卡止，这样才算真正接好。除了通过颜色环来标出编码外，高压插头和接口上还有机械编码。编码的位置用黄色标记标出。

二、功率控制电子装置的连接

图 10-23a 所示为高压插头 P1、P2 的位置。高压蓄电池和功率控制电子装置是通过两根橙色高压线连接的。这两根导线是单极的，都有屏蔽功能，各有各的电位。

图 10-23b 所示为高压插头 P3 的位置。空调装置因空调压缩机的原因而成为奥迪 Q5 混合动力汽车高压装置的一部分。这种新颖的操控方式的优点在于：即使发动机不工作，也仍能对车内空间进行空气调节。该空调装置视蓄电池充电状态工作。如果高压蓄电池的充电量下降，那么系统会自动起动发动机来给高压蓄电池充电。

为防止弄混，高压线采用颜色标识和机械标识，并带有屏蔽功能和安全线。如果将该导线两个插头中的一个拔下，相当于拔下了安全插头，高压系统将关闭。

图 10-23c 所示为高压插头 P4、P5、P6 的位置。

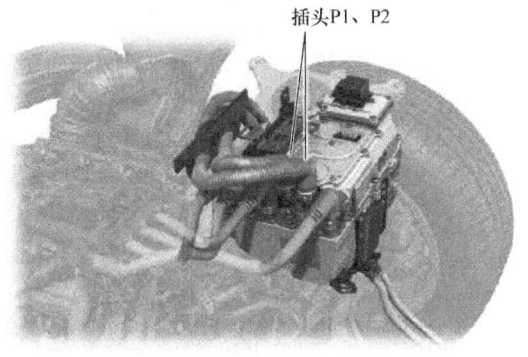

a）高压插头 P1、P2 的位置

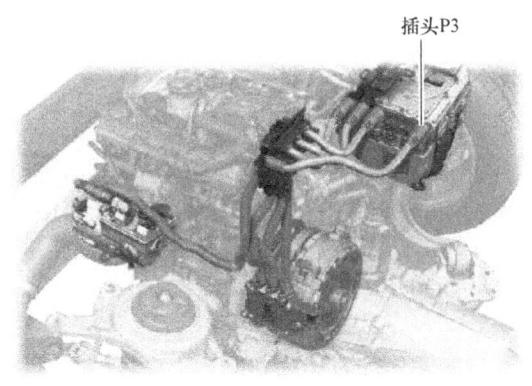

b）高压插头 P3 的位置

c）高压插头 P4、P5 和 P6 的位置

图 10-23 功率控制电子装置的连接

三、12V 车载供电网

图 10-24 所示为高压和低压电源系统元件位置。与传统燃油奥迪 Q5 汽车相比，12V 车载供电网取消了 12V 交流发电机，交流发电机的功能由高压电机代替，12V 车载供电网由功率控制电子装置中的 DC/DC 供电。一个备用蓄电池 A1（12A·h）安装在左后侧围板内。12V 蓄电池监控控制单元 2-J934 连接在数据总线诊断接口 J533 的 LIN 总线上。备用蓄电池在 15 号线接通时由蓄电池分离继电器 J7 来接通。取消了稳压器 J532，其再生能量由备用蓄电池来承担。在 15 号线关闭时，备用蓄电池不消耗电流。

图 10-24 高压和低压电源系统元件位置

[完成任务] 请写出图 10-24 所示高压和低压电源系统元件位置和名称。
A1：_____；_____。2-J934：_____；_____。
J387：_____；_____。J7：_____；_____。
TV1：_____；_____。J580：_____；_____。

1. 12V 辅助起动机

Q5 混合动力汽车仍保留 12V 起动机，目的是在高压蓄电池无法起动高压电机的特定情况下用于起动发动机。这时发动机舱的 12V、68A·h 起动用蓄电池 A（不是备用 A1 蓄电池）就由发动机控制单元通过起动蓄电池转换继电器 J580 与车载供电网断开，以便将全部能量都用于起动机。断开后的车载电网由备用蓄电池 A1 和 DC/DC 变换器来供电。

说明：在检修 12V 车载供电网时，必须将这两个 12V 蓄电池的接线都断开。跨接起动螺栓可在诊断仪的自诊断中找到帮助，通过外接起动螺栓可以给 12V 蓄电池充电，也可在 12V 蓄电池没电时，借助于跨接起动螺栓来起动，通过外接起动螺栓也可以给高压蓄电池充电。而备用蓄电池 A1 只有在接通点火开关时才能充电。

[完成任务] 丰田普锐斯只有备用12V蓄电池,没有12V起动机用蓄电池的优缺点是什么?
_____。
奥迪Q5采用备用12V蓄电池和12V起动机用蓄电池的优点是什么?
_____。

2. 电子点火开关

通过"点火钥匙已插入"这个信息,点火开关告知高压装置,现在准备要行车了。对于蓄电池管理控制单元来说,"点火钥匙已插入"这个信息是个必须要满足的条件,满足该条件后,蓄电池管理控制单元才能将高压蓄电池的高压继电器上电,高压触点闭合,将高压电从电池箱的P1、P2输出。如果拔出了点火钥匙,蓄电池管理控制单元将高压蓄电池与高压供电网断开。

高压上电控制:踩下制动踏板,操作点火开关实现15号线接通和50号线接通,并在仪表上显示"Hybrid Ready"(混合动力已准备完毕),才可以靠电机来驱动车辆行驶(当然在高压蓄电池电量严重不足时会自动起动发动机)。

3. 安全气囊控制单元 J234

为了避免在碰撞后高压装置对乘员和救援人员造成危害,安全气囊控制单元识别出碰撞信号后,蓄电池管理控制单元J840利用这个碰撞识别信号将高压上电继电器触点断开,从而将高压蓄电池与高压供电网络分离。

在第一个碰撞级时,安全带张紧器触发,同时高压上电继电器触点断开。第一级碰撞引起的高压断开过程是可逆的,也就是说,当再次接通点火开关后,高压触点可以再次闭合。在第二个碰撞级时,安全带张紧器和安全气囊都触发了,高压蓄电池与高压供电网的分离就是不可逆的了,只能使用诊断仪来重置此过程。救援人员根据触发的安全气囊就可知道高压上电继电器已断开了。

4. 系统管理

图 10-25 所示为系统管理功能涉及的控制单元。该图展示了使用电机驱动行驶时所用到的部件。所有参与行驶的车辆系统之间要交换大量的输入和输出信号,比如用于驱动暖风和空调、助力转向和制动器等。其中最重要的是从电驱动切换到发动机驱动或反之时两个动力系统的配合问题,以便使得驱动力矩的变化不影响行驶舒适性。

因此,发动机管理系统、变速器管理系统和混合动力管理系统之间的彼此配合就需要非常精确。对于发动机驱动和电动驱动来说,发动机控制单元和电机控制单元是混合动力管理系统单元的两个子单元。

四、下车识别和自动驻车功能

如果满足驾驶人车门已关闭、行驶准备状态为"Hybrid Ready"或者发动机正在运行、车速低于7km/h 已挂入 D、R、S 或 Tip 等行驶档位、未踩下制动踏板这些条件时,若驾驶人车门打开了,那么就识别为驾驶人下车了,这时电动机械式驻车制动器自动实现驻车。要想再次激活驾驶人下车识别功能,车速必须要高于 7km/h。变速器在 N 位(车辆在洗车机中)或 P 位(自动变速器内的机械锁)时,电动机械式驻车制动器不会自动驻车。

五、驾驶人缺席识别

如果满足行驶准备状态为"Hybrid Ready",并识别出驾驶人在场(通过驾驶人车门关

162 混合动力汽车构造 原理与检修

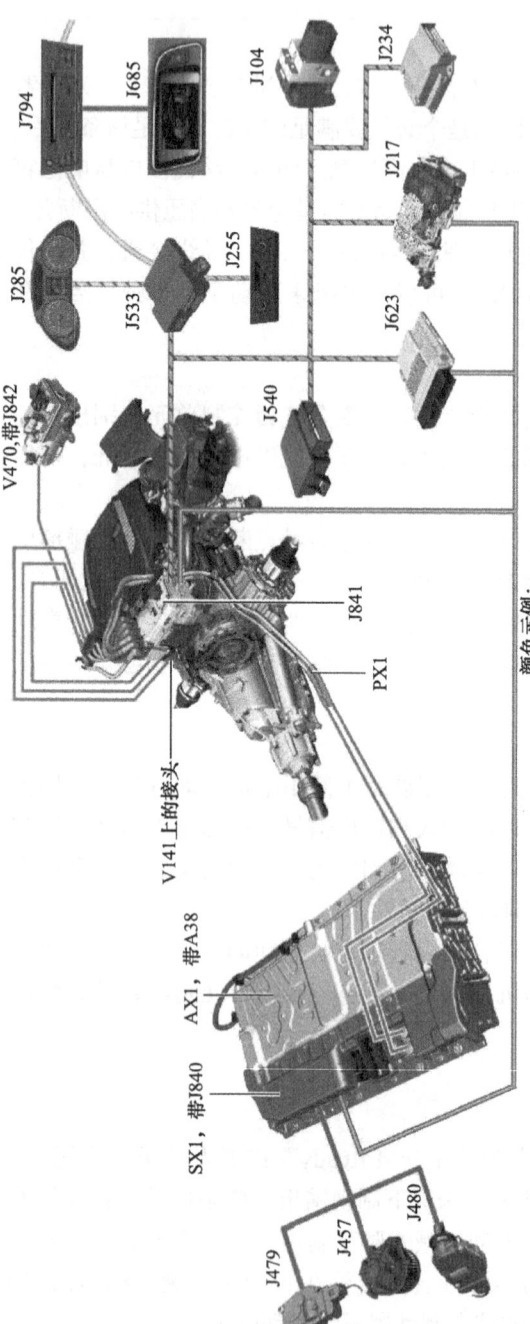

图 10-25 系统管理功能涉及的控制单元

颜色示例：
— 驱动CAN总线
— 组合仪表/底盘CAN总线
— 混合动力CAN总线
— 舒适CAN总线
— MOST总线
— LIN总线
— 高压线

各控制元件说明如下：
- AX1 混合动力蓄电池单元
- PX1 混合动力蓄电池高压线束
- SX1 插头和配电盒1
- 高压线监控
- A38 高压蓄电池
- J104 ABS控制单元
- 制动装置液压压力，制动压力监测
- 车轮转速监测
- J217 自动变速器控制单元
- 变速器转速
- 档位识别
- 变速器液压系统温度
- 变速器液压泵，电驱动电机的离合器操纵
- 发动机/变速控制器操纵
- 碰撞信号
- J255 自动空调控制单元

- 激活空调压缩机
- J285 组合仪表控制单元
- 组合仪表显示屏上的文字信息和行驶状态说明
- J457 蓄电池风扇1
- J479 混合动力蓄电池循环空气翻板1的伺服电动机
- J480 混合动力蓄电池循环空气翻板2的伺服电动机
- J533 数据总线系统之间的数据传送
- J540 电动机机械式驻车制动器
- 驾驶人下车识别
- J623 发动机控制单元
- 电动驱动模式接通/关闭
- 制动操作信号
- 电子节气门E-Gas信号
- 发动机转速
- 发动机温度
- 驾驶人缺席识别
- 电驱动电机的冷却液温度

J685 MMI显示器
- 显示行驶状态说明
- J794 信息电子控制单元1
- 传送显示信息
- J840 蓄电池管理控制单元
- 蓄电池温度
- 操控高压触点
- J841 电驱动机控制单元
- 电驱动电机的转速
- 功率电子控制装置的温度
- 电压监控
- J842 空调压缩机控制单元
- 压缩机转速
- V141 电驱动电机
- V470 电动空调压缩机

闭,且驾驶人系安全带)或驾驶人车门已关闭且已挂入某个行驶档位三个条件的话,就判定为驾驶人在场。

如果在挂入档位 P 时,打开了驾驶人车门或者摘下了安全带,将判定为驾驶人缺席。如果是在发动机工作时识别出这种情况,那么发动机会继续工作。如果是在发动机不工作时识别出这种情况,那么混合动力管理系统将转换为待命状态,此时高压蓄电池不会有电流输出,且发动机也不能再起动。由于没有高压蓄电池给 12V 蓄电池充电,12V 蓄电池会耗光电能。

[完成任务] 请创造出驾驶人缺席的假象,测试这时 DC/DC 是否给 12V 蓄电池供电,丰田普锐有这个功能吗?

六、行驶程序

奥迪 Q5 混合动力汽车有三种行驶程序可供用户来选择,见表 10-8。

表 10-8 行驶程序控制

行驶档位	程序	可能的影响
EV	扩展了的电驱动模式	▶ 电动行驶,只能使用到高压蓄电池的充电状态不低于 30% ▶ 纯电动行驶的最大车速为 100km/h ▶ 滑行(发动机和电机都不产生驱动力) ▶ 起动 - 停止 ▶ 无 Boost 功能 ▶ 制动能量回收
D	燃油消耗情况最佳,Boost 功能适中	▶ 电动行驶,只能使用到高压蓄电池的充电状态不低于 30% ▶ 滑行(发动机和电机都不产生驱动力) ▶ 起动 - 停止 ▶ Boost 功能适中 ▶ 制动能量回收
S 和 Tip 通道	电驱动的 Boost 功能较强	▶ 起动 - 停止 ▶ 出色的 Boost 功能 ▶ 制动能量回收 ▶ 无电动行驶功能

第八节 奥迪 Q5 混合动力汽车显示和操纵单元

奥迪 Q5 混合动力汽车装备了下述装置和功能,用于操纵和显示电动驱动系统:①功率表取代了发动机转速表;②高压蓄电池充电状态显示;③取消了冷却液温度显示;④电驱动切换按钮 E709。

一、功率表上的显示

图 10-26 所示为仪表显示功能。在行车过程中,功率表上会显示各种车辆状态、混合动力系统的动力输出情况或者充电功率情况。

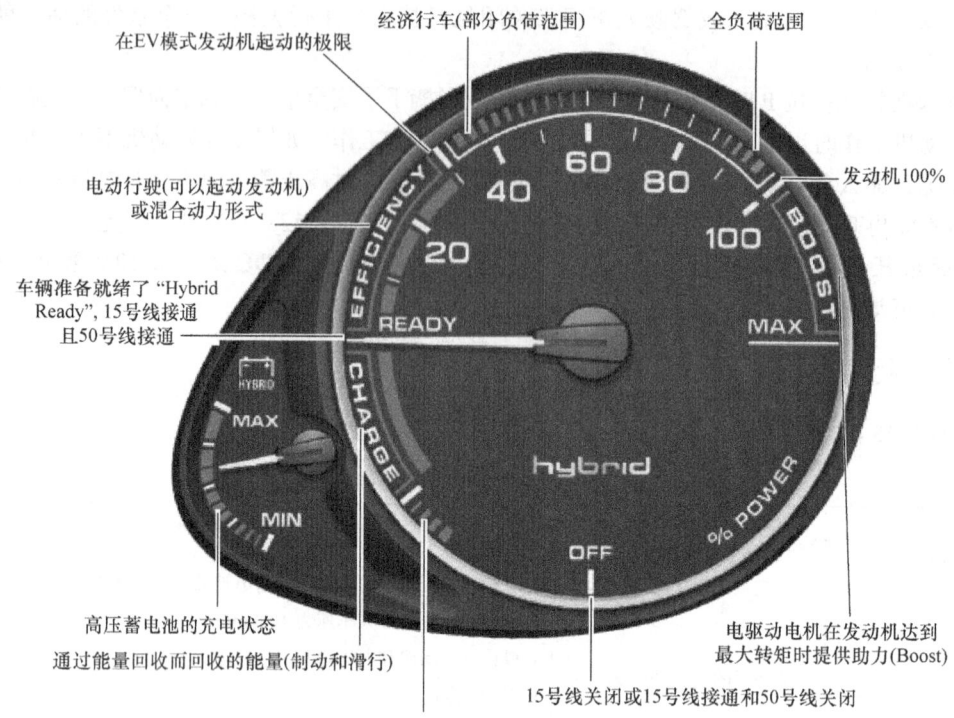

图 10-26 仪表显示功能

[完成任务] 在图 10-26 所示仪表显示功能中请找到高压蓄电池的 SOC 值；在发动机工作时，将加速踏板踩到底，仪表指针应指到哪？大指针的这个仪表是功率表还是转速表？

二、显示屏

1. 显示故障

如果高压系统有故障，那么组合仪表显示屏上的警告灯会加以提示。该警告灯可能以黄色亮起表示有故障但还能行驶，也可能以红色亮起表示车辆无法行驶。根据高压系统的故障类型会显示相应的提示文字（图 10-27）。

显示	文字提示	含义
！HYBRID	Hybridantrieb:（混合动力驱动装置：） Systemstörung.（系统故障.） Bitte Service aufsuchen（请寻求服务站帮助）	车辆仍能行驶 可以使用内燃机来驱动车辆继续行驶 请寻求服务站帮助
！HYBRID	Hybridantrieb:（混合动力驱动装置：） Systemstörung!（系统故障！） Ausfall Lenk–und Bremsunterstützung möglich. （转向助力和制动助力可能失灵.）	车辆无法再行驶了 系统故障 转向助力和制动助力可能失灵

图 10-27 显示屏显示功能

2. 显示充电状态

图 10-28 所示为高压蓄电池充电的仪表显示。如果识别出有充电电流，组合仪表显示屏

会出现一个"绿色"的充电插头表示。

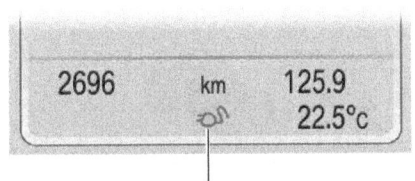

图10-28 显示屏显示功能

[完成任务] 显示屏出现图10-28所示的插头的话，是高压蓄电池在充电还是12V蓄电池在充电：_____。

3. 能量流显示

（1）Hybrid ready

如图10-29所示，"hybrid ready"这个显示内容表示混合动力系统已经准备就绪，可以工作了。

（2）电动驱动模式

高压蓄电池符号和车轮行驶箭头表示正在用高压蓄电池来驱动，且电驱动电机正在工作。组合仪表显示屏上也会显示所有其他的行驶状态，显示内容只针对对应的行车状态。图10-30所示的高压蓄电池符号和远离车轮的绿色箭头表示正在用高压蓄电池来驱动且电驱动电机正在工作。

（3）发动机来驱动

如图10-31所示，仅用发动机行车时，黄色的发动机和黄色的车轮行驶箭头表示现在是以发动机来驱动车辆行驶的。

图10-29 准备就绪显示

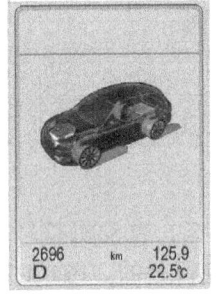

图10-30 电机驱动显示

图10-31 发动机驱动显示

（4）混合动力

图10-32所示为使用电驱动和发动机来行车（Boost）。

（5）能量回收

发动机符号、高压蓄电池符号和远离车轮的黄色-绿色箭头表示正在用发动机、高压蓄电池和电驱动电机来驱动车辆行驶。图10-33所示为车辆滑行时的能量回收（<160km/h），高压蓄电池符号和指向车轮的绿色箭头表示正在回收能量且正在给高压蓄电池充电。

（6）停车

图10-34所示为停车显示，发动机符号和高压蓄电池符号表示发动机正在运转且正在给高压蓄电池充电。

 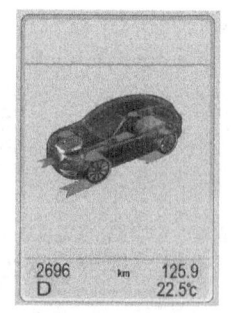 

图 10-32　混合驱动显示　　图 10-33　能量回收显示　　图 10-34　停车显示

[完成任务] 仪表中央显示屏出现的能量流动状态显示图共用几屏：_____。
分别是什么：_____。

4. MMI 显示屏上的显示

奥迪 Q5 混合动力汽车上装备有 MMI 增强版导航系统。在 MMI 显示屏上也显示使用发动机或者电驱动电机驱动车辆行驶的信息，以及高压蓄电池的充电状态信息。MMI 显示屏上的显示与组合仪表上的显示有所不同。

如图 10-35 所示，"Hybrid ready"这个显示内容表示混合动力系统已经准备就绪、可以工作。图 10-36 所示为仅用电机来驱动车辆行驶，高压蓄电池符号和远离车轮的绿色箭头表示：正在用高压蓄电池来驱动且电驱动电机正在工作。

 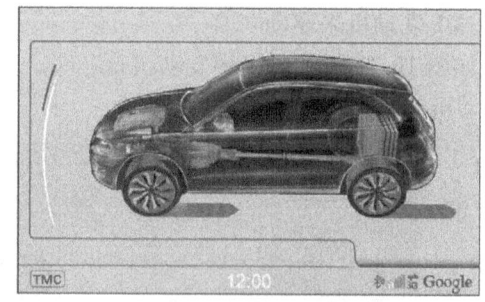

图 10-35　准备就绪显示　　　　　　　图 10-36　电机驱动显示

图 10-37 所示为仅用发动机来行车，发动机符号、高压蓄电池符号和远离车轮的黄色箭头表示现在是以发动机来驱动车辆行驶的。图 10-38 所示为使用电驱动和发动机来行车（Boost），发动机符号、高压蓄电池符号和远离车轮的黄色-绿色箭头表示正在用发动机、高压蓄电池和电驱动电机来驱动车辆行驶。

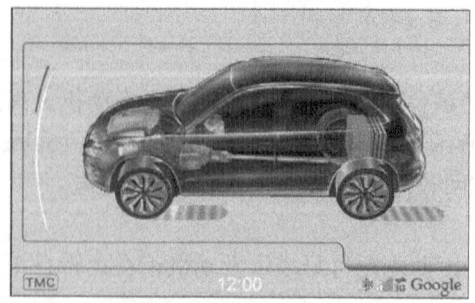 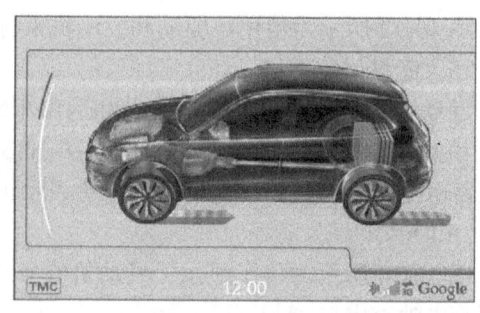

图 10-37　发动机驱动显示　　　　　　图 10-38　混合驱动显示

图 10-39 所示为车辆滑行时的能量回收（< 160km/h），高压蓄电池符号和指向车轮的绿色箭头表示正在回收能量且正在给高压蓄电池充电。图 10-40 所示为停车显示，发动机符号和高压蓄电池符号表示发动机正在运转且正在给高压蓄电池充电。

图 10-39 能量回收显示

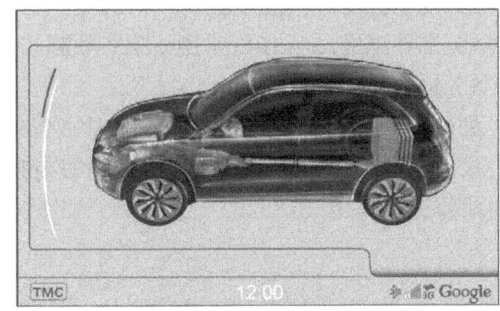

图 10-40 停车显示

消耗统计如图 10-41 所示，每 5min 就会显示一次车辆行驶时的能量消耗和能量回收情况。这些数据表示刚刚过去的 60min 内的情况，以柱形图的形式给出。实心的柱形图表示当前的行车状况，空心的柱形图表示以前的行车状况。

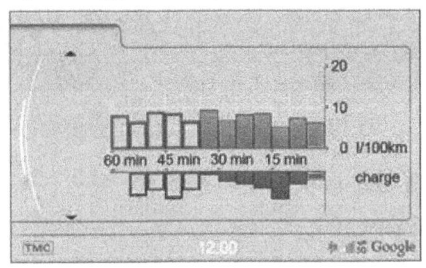

图 10-41 消耗统计

[**完成任务**] 图 10-41 所示的能量消耗统计图中一个柱条代表几分钟：_____；共有多少个柱条：_____。

三、操纵面板

使用电驱动切换按钮 E709 选择 EV 模式，如图 10-42 所示，可以延长电动行驶的里程，电池的全部功率都用于车辆的电动行驶。只要车速不高于 100km/h 或者蓄电池的电量状态（SOC）不低于 34%，那么就可以使用纯电动方式来驱动车辆行驶。

图 10-42 电驱动优先切换按钮 E709

使用 EV 模式行车的先决条件：
1）蓄电池电量状态 > 42%。
2）高压蓄电池温度 > +10℃。
3）发动机冷却液温度在 +5～+50℃。
4）车外温度 ≥ +10℃（用于 EV 冷起步）。
5）12V 起动机已分离。
6）海拔 < 4000m。
7）非 Tiptronic（非手自一体模式）。
8）系统有效电功率 ≥ 15kW。
9）停止-使能在起作用。

如图 10-43 所示，组合仪表上出现一个绿色符号且 EV 模式按钮下出现一个绿色的方块，就表示 EV 模式已经激活了。该按钮失效对混合动力驱动无影响，只是扩展了的电动行驶的附加功能无法再用。

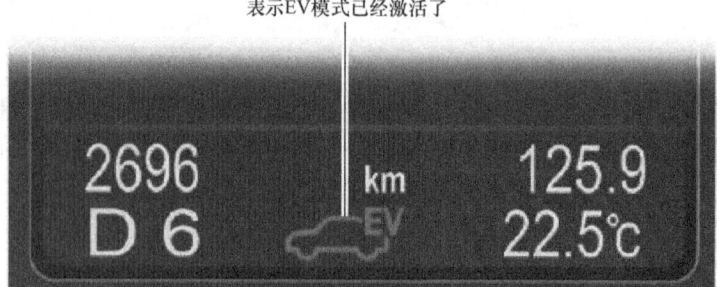

图 10-43　显示屏显示的 EV 模式

[完成任务] 按下电驱动切换按钮 E709 选择 EV 模式，观察仪表显示。EV 模式在电池电量低时发动机会自动起动吗：_____。

第九节　售后服务和车间设备

一、售后服务专用工具 T40262、T40259 和 T40258

售后服务专用工具如图 10-44 所示。

图 10-44　售后服务专用工具 T40262、T40259 和 T40258

1. 保养用断开锁 T40262

为了在保养时防止高压装置接通，厂家设计保养插头用 T40262 这个带挂锁的塑料盖上锁锁住。这是在检修电气装置时的第二点安全规程，即"严防设备重新合闸"。

2. 适配头 T40259

这组工具由三套钩环组成，用于拆装高压蓄电池。

3. 松开工具 T40258

该工具用于拆卸高压插头。

二、车间设备

车间设备如图 10-45 所示。

图 10-45　VAS6606、VAS6649 和 VAS6650

1. 检测适配器 VAS6606/10

高压蓄电池和功率控制电子装置使用分离盒 VAS6606 中的检测适配器来实现在线检查，也称为在线检查盒（或 T 型插接器）。

2. 混合动力警告牌 VAS6649

在开始检修混合动力汽车前，必须要保证工作地点的安全。因此必须把这个安全警示牌放在车内容易看到的地方，以提醒人们注意高压电的危险性。必须这样做，相关的说明可通过诊断仪的故障导航来查找。

3. 混合动力警告牌 VAS6650

在开始检修混合动力汽车前，必须要保证工作地点的安全。因此必须把这个安全警示牌放在车内容易看到的地方，以提醒人们"切勿接通，正在检修"。必须这样做，相关的说明可通过诊断仪的故障导航来查找。

4. 12V 充电器

如果高压蓄电池的起动能力不足（组合仪表上有显示），那么应用 12V 充电器（比如 VAS5904 或 VAS5903）以不低于 30A 的电流进行充电。

说明：高压设备的检修工作只可由经过认证的高压电技工来进行操作。只有受训合格的高压电技工才可以拔保养插头，以保证装置处于停电状态。为保证正确、安全地使用高压专用工具，务必遵守维修手册上的规定。注意 ELSA 中的说明。

5. VAS6558 绝缘电阻测量插头

如图 10-46 所示，VAS6558 用于通过一个非常小的电流产生一个 500V（最高可达 1000V）的测量电压，供电是通过 USB2.0 插头获得的。用测量盒借助于某个测量适配器来测量停电（无电压）状态。另外，还可用它来确定绝缘电阻。该测量盒可以与诊断仪

VAS5051B、VAS5052A 和 VAS6150 兼容。

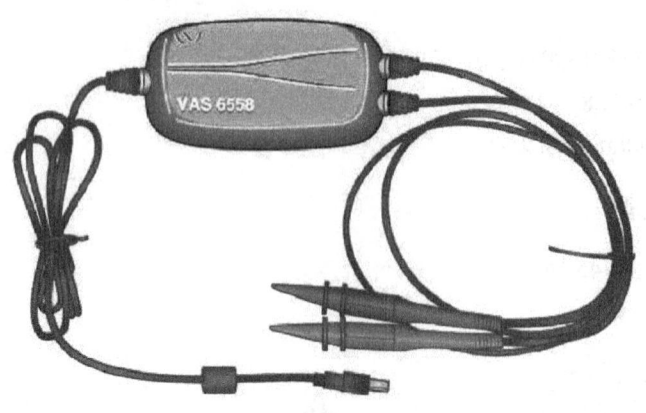

图 10-46　VAS6558

该接头是组件 VAS6558/1A 的一部分，用于配合 VAS6558 来测量高压装置内的停电（无电压）状态和绝缘电阻。

6. 无电压测量适配接头 VAS6558/1-1

图 10-47 所示为 VAS6558/1-1 无电压测量适配接头，该接头直接连接在电源、高压蓄电池和功率控制电子装置上，用于测量无电压状态。该接头内装的是高欧姆电阻，以保证在出现故障时，测量插口上只有很小的电流。在每次测量无电压状况前，应检查一下测量适配接头。适配接头的所有高压连接线在外观上都有机械编码，只能用于与其相配的插口上。适配接头的高压连接线插、拔都要小心，否则可能会损坏插口。这就会产生接触安全方面的问题。

说明：高压设备的检修工作只可由经过认证的高压电技工来进行操作。只有受训合格的高压电技工才可以拔保养插头，以保证装置处于停电状态。

7. 测量接头 VAS6558/1-2

如图 10-48 所示，VAS6558/1-2 这两条高压接线是与混合动力蓄电池单元和功率控制电子装置上的接口相配的。使用这个测量接头，可以测得高压供电网的绝缘电阻。

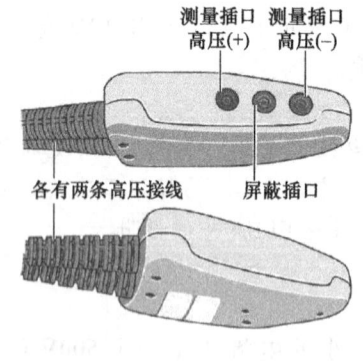

图 10-47　VAS6558/1-1

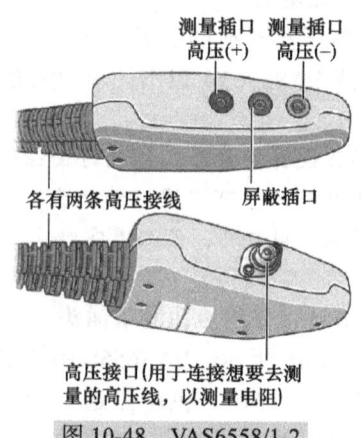

图 10-48　VAS6558/1-2

8. VAS6558/1-3A

空调压缩机和安全线的绝缘电阻测量接头 VAS6558/1-3A 如图 10-49 所示。该测量接头上的一条高压接线只与功率控制电子装置上的空调压缩机测量插口相配。通过这些高压接口可以测得空调压缩机高压线的绝缘电阻。由于安全线整合在空调压缩机的高压接线内，使用这个测量插头还可以检查安全线。

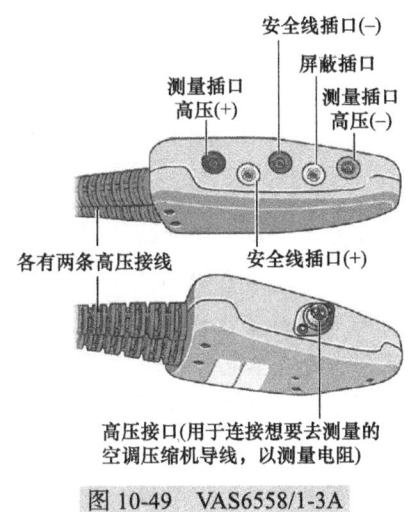

图 10-49　VAS6558/1-3A

说明：接头 VAS6558/1-2 和 VAS6558/1-3A 只有在确定没有电压（停电）的时候才可使用。为保证正确、安全地使用高压专用工具，务必遵守维修手册上的规定。注意 ELSA 中的说明。

复　习　题

1. 说出奥迪 Q5 混合动力车型区别于奥迪 Q5 非混合动力车型的部件有哪些？
2. 说出出奥迪 Q5 混合动力汽车动力系统的工作过程。
3. 说出奥迪 Q5 混合动力系统高压橙色电缆的供电过程。
4. 说出奥迪 Q5 混合动力汽车制动真空泵的工作过程。
5. 说出奥迪 Q5 混合动力汽车电动空调压缩机的工作过程。
6. 说出奥迪 Q5 混合动力汽车电动空调压缩机的工作过程。
7. 对奥迪 Q5 混合动力汽车的电路图做出原理说明。
8. 说出奥迪 Q5 混合动力汽车的显示和操纵有哪些。
9. 使用奥迪 Q5 混合动力汽车专用工具对高压电缆进行测量。

第十一章 大众途锐混合动力汽车技术特点

情境引入

学完德国奥迪 Q5 混合动力汽车的小林同学还想了解一下德国大众混合动力汽车的结构和原理,所以在车间找到了德国大众途锐混合动力汽车的电路图,由于在上课时老师讲过大众途锐混合动力汽车的特点,他昨天带好了上课用的教材,翻阅到本章内容,希望用电路图结合本章内容能很快掌握大众混合动力汽车电力驱动系统的诊断和维修。

不久前,车间一辆大众途锐混合动力汽车的发动机无法起动,在踩下加速踏板时,曲轴丝毫没有转动的征兆,初步分析是高压起动机没有工作。

假如你是车间的小林同学,你知道解决这个问题,需用到哪些知识吗?

学习目标

1. 了解大众途锐混合动力车型与非混合动力车型的部件有哪些区别。
2. 了解大众途锐混合动力系统的工作过程。
3. 了解大众途锐混合动力系统高压橙色电缆的供电过程。
4. 了解大众途锐混合动力汽车制动真空泵的工作过程。
5. 了解大众途锐混合动力汽车电动空调压缩机的工作过程。
6. 能对大众途锐混合动力汽车的电路图做出原理说明。
7. 了解大众途锐混合动力汽车的显示和操纵有哪些。
8. 会使用大众途锐混合动力汽车专用工具对高压电缆进行检测。

第一节 途锐混合动力汽车系统简介

为了使 2011 款途锐混合动力汽车保留了 SUV 的典型特征,如爬坡能力、越野能力、拖挂能力和乘坐舒适性,采用并联的方式,纯电动工况可以行驶大约 2km,主要靠混合工况实现节油目的。为防止维修站工作人员发生意外,高压供电系统具有多种紧急断电功能以及备用装置。图 11-1 所示为途锐混合动力汽车的整车结构,表 11-1 列出了途锐混合动力汽车系统主要部件技术参数。

图 11-1 途锐混合动力汽车整车结构

表 11-1 途锐混合动力系统技术参数

内燃机	3.0L V6 TSI 增压发动机
内燃机输出功率	245kW
电机	三相交流电机
电动输出功率	31kW 发电机输出功率（输出的电功率） 34kW 电动机输出功率（输出的机械功率）
电动助推最大输出功率	279kW
电动助推最大输出转矩	550N·m
高压蓄电池电压	288V（2×144V）
高压蓄电池容量	6.5A·h（相当于 1.87kW·h）
最高速度	240km/h
0 到 100km/h 加速时间	6.6s
混合动力系统组件附加重量	175kg

如图 11-2 所示，在低转速范围内，电机能够对内燃机缓慢的转矩提升做出补偿，因此起步后的加速能力得以提高。在输出功率曲线中，内燃机和电机的总驱动功率峰值达 279kW。这说明输出功率上升了 34kW，即电机的输出功率。只要为混合动力驱动模式，这种功率提升在整个发动机转速范围内都一直存在，这样就能够控制内燃机在最佳效率范围内运转，负载点的推移提高了混合动力车辆的总效率。

途锐混合动力车型的动力及传动系统由以下几部分组成：3.0L 245kW TSI 增压发动机和电机、在内燃机与电机之间的分离式离合器（电动状态保持分离），电机后部是日本爱信公司的 8 档自动变速器，型号 0C8，前、后桥分动器内部采用托森差速器。

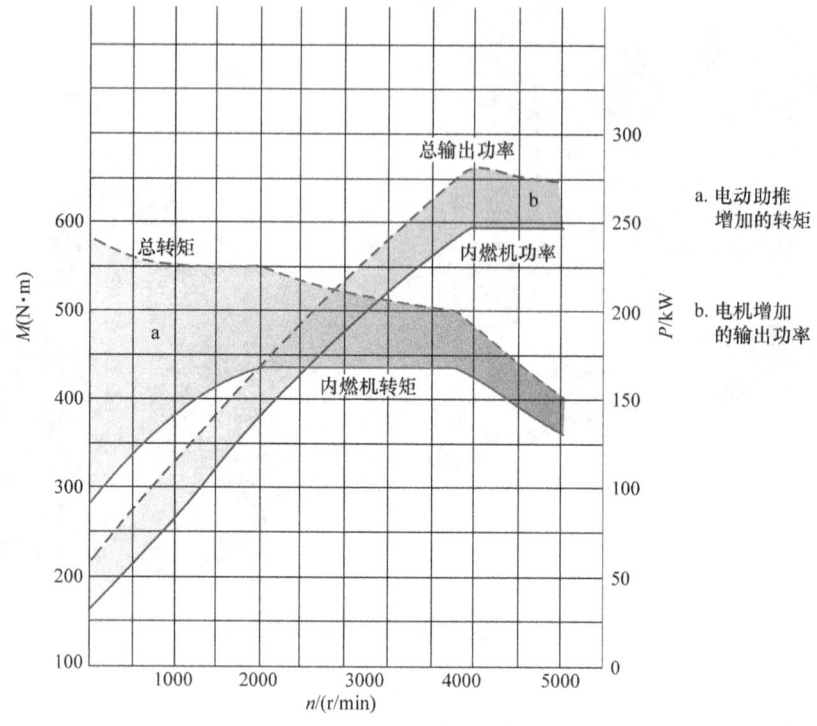

图 11-2 途锐混合动力汽车发动机和混合动力后的转矩和功率对比

一、3.0L 245kW TSI 增压发动机

发动机为 3.0L V6 TSI 增压发动机。通过一条传动带驱动增压器，发动机上的另一条传动带驱动冷却液泵。冷却液泵是整个动力传动系热管理系统的一部分。因为安装了高压电动/发电机，所以无须安装用于 12V 车载电网的起动机和发电机。因此，TSI 发动机中未安装用于驱动交流发电机的传动带。

二、分离式离合器 K0

分离式离合器 K0 为单盘干式离合器，向前与内燃机曲轴相连，向后与电机转子相连。安装于左前车轮罩板后的离合器执行器是压力调节器 N511，由混合动力系统控制，驾驶人不能直操控此离合器。液压系统的工作液来自制动系统的制动液储液罐。当内燃机开始运转时，离合器接合输出动力。当内燃机熄火，车辆依靠电力行驶、处于能量再生模式或车处于静止状态时，离合器保持分离，所以称为分离式离合器。但当高压蓄电池电量低时，混合动力系统起动内燃机为高压蓄电池充电。此时，离合器要接合。

［完成任务］途锐混合动力汽车的离合器 K0 为干式还是湿式：_____；这个离合器在电动工况是否接合：_____。

三、电机

电机有内燃机的起动机、高压蓄电池的发电机和驱动车辆行驶三个主要功能。它是一台三相交流同步电机，电力电子装置（逆变器）将288V直流电压转换为三相交流电压。在维修和保养资料中，该电机被称为"驱动电机"电路图元件编号V141。

在发电机模式下，电机输出电功率为38kW。在电动机模式下，电机输出功率为34kW。二者的差距是由于电机结构而普遍存在功率损耗。在纯电力驱动模式下，途锐混合动力车型在平路上的车速可达50km/h，最高速度取决于运动阻力和高压蓄电池的充电状态。

[完成任务] 途锐混合动力汽车电动最高车速约：_____；电动行驶里程：_____。

四、8档自动变速器

8档自动变速器与已上市的6档自动变速器09D非常相似。变速器控制单元控制液压系统的阀体，阀体对变速器内的执行元件（湿式离合器和制动器）的油液供给方向和稳态压力以及瞬态压力进行调节，以控制8个档位的切换和换档工作的平顺性。变速器内置的电动液压泵用于在车辆静止或电动模式行驶时保持油压，但变速器仍安装有传统发动机的机械液压泵，以便在内燃机模式下提供油压。

五、托森差速器

轴间托森差速器与标准版途锐车型上所使用的相应组件没有区别。通常，标准版途锐车型的传动系统有两种布局："4 motion"和"4X motion"。而途锐混合动力车型则仅有"4 motion"一种布局。

六、动力能源

与新途锐3.0TSI车型不同，新途锐混合动力版车型除了配备了3.0L V形六缸TSI发动机外，还装配了一个由240个电池单体（1.2V，6.5A·h）组成的镍氢蓄电池组，如图11-3所示，它能够产生288V的电压，提供1.7kW·h的能量。

[完成任务] 途锐混合动力汽车电池单体个数：_____；每个单体的容量：_____；总能量是如何算出的：_____。

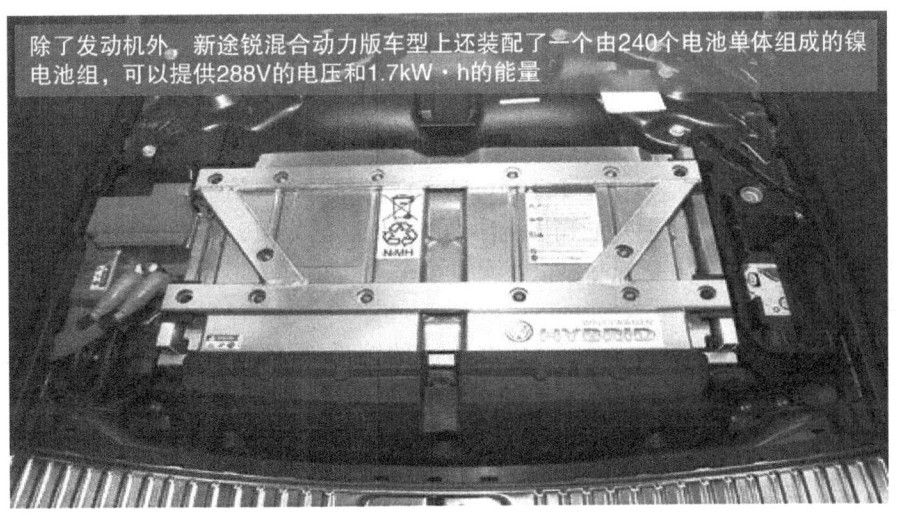

图11-3 途锐混合动力汽车蓄电池箱

七、途锐混合动力汽车工况

途锐混合动力汽车工况如下：

1）电动工况：离合器 K0 保持分离，电机驱动 8 速变速器作为输出。

2）混合动力工况：离合器接合，发动机被反拖起动，电机和内燃机共同驱动汽车，控制系统通过调节电机转矩来调节发动机的输出，从而达到发动机工作效率提高，实现省油。

3）发动机工况：当蓄电池能量不足时，离合器接合，只有发动机工作驱动汽车，同时发动机拖动电机发电给蓄电池充电。

与传统汽车相比较，混合动力汽车发动机系统附件部分采用了电动冷却液泵，转向系统采用了电动转向系统，制动系统采用了电动真空泵，空调系统采用了电动空调压缩机，自动变速器增加了电动油压泵。

八、技术术语

1. 混合动力发动机牵引力矩调节

事实上，发动机牵引力矩调节（MSR）功能是 ABS 的扩展功能，通过发动机系统控制电子节气门实现。

在光滑路面上，发动机牵引力矩调节（MSR）可以防止因发动机制动作用而产生的驱动轮抱死趋势，这种情况出现在驾驶人突然松开加速踏板或者快速降档时由于传动系统的反拖，产生的发动机制动作用可能导致驱动轮倾向于打滑（抱死），驱动轮短时失去了路面附着力，导致行驶状态不稳定。在这种情况下，发动机牵引力控制系统（MSR）会保持行驶稳定性，改善了安全性。

发动机牵引力矩调节（MSR）的工作原理如下：MSR 控制单元从车轮转速传感器和发动机/变速器控制单元经数据总线获取所需信息，如果该控制单元识别出驱动轮打滑了，那么 MSR 就会通过数据总线给发动机控制单元发送一个信号，发动机转速就被稍稍提高了，直至驱动轮转速又恢复到与车速相当的状态，车辆仍保持有转向能力，也就保持了行驶稳定性。发动机牵引力矩调节功能在整个发动机转速范围内都能工作。

2. NTC 电阻

NTC 电阻（英语 Negative Temperature Coefficient 的缩写，译为负温度系数）的特性是在高温时的导电性能要比在低温时的导电性还要好，这种电阻经常被用来测量温度。

3. PWM 信号

PWM 是 Pulse Width Modulator 的缩写，译为脉冲宽度调制，比如要控制电流在两个值之间，在这个范围内电流通过 PWM 控制可动态在范围内选一值，方法是通过改变 PWM 信号控制开关管的工作状态从而控制输出电压，由于电感的作用，可以在电感线圈中产生所要控制的电流，这是用数字电压控制模拟电流的方式。

4. PTC 加热元件

PTC 是英语 Positive Temperature Coefficient 的缩写，译为正温度系数，随着温度升高，PTC 加热元件的电阻也升高，因此流过的电流就减小了，这可防止过热。在柴油汽车发动机系统中提到 PTC 时是指柴油发动机冷却液加热器或副燃烧室加热塞。在混合动力汽车中 PTC 还可以指来自高压蓄电池的电能通过 PTC 加热器转换成热能，而作为空调电暖风。

5. 能量回收

能量回收英语叫 Regeneration，译为再生，是指车辆减速时车身的"平动动能"带动传动系统的电机转动发电，并将电能存储到车辆蓄电池上，因此可大大提高电动汽车续驶里程。

6. 旋变信号

电机可用旋变变压器作为解角传感器，监测电机转子的位置、转速和方向信号，通常传感器是三个线圈，一个线圈（变压器的一次侧）输入一定频率和幅值的正弦信号，由于电机转子位置的作用，另两个线圈（两个二次侧）输出频率不变，但幅值会发生变化的信号，这两个信号被带有高速数模变换器的处理芯片处理成可代表电机转子位置、转速和方向的数字信号。

7. 安全线

安全线就是一根环形导线，它穿过所有高压元件，如果高压元件的插接器脱开，安全线也被脱开。安全线的脱开被混合动力控制系统识别后将令高压上电继电器不工作。安全线也叫 HV 互锁线或安全开关。

8. TFSI

TFSI 是 Turbo Fuel Stratified Injection，是涡轮增压燃油分层喷射的意思。在这里指的是德国大众燃油直喷增压汽油发动机技术，燃油是采用高于 10MPa 的压力喷入的。

9. 检修插头

检修插头、检修塞、保养插头和维修插头等是由于翻译的原因造成同一元件的多种名称，实质是一个放在两组高压蓄电池中间的一个插头，插头内置一个熔丝，在检修高压蓄电池时，必须拔掉这个插头，保证全车高压电断电。

第二节　途锐混合动力汽车动力机械装置

一、发动机

途锐混合动力车搭载 3.0L V6 TSI 发动机，发动机数据见表 11-2。通过混合动力驱动系统在城市道路上往返行驶，可节约燃油 25%，综合（城市、乡村、高速公路）节油率达 17%。

通过罗茨压气机对发动机进行机械式涡轮增压。压气机配有的两个集成水冷式增压空气冷却器位于发动机 V 形夹角内侧。压气机由前侧 V 带驱动，该压气机未配备电磁离合器，这意味着可以 1∶2.5 的比例持续超速驱动压气机。在主动带轮和压气机转子之间安装有带弹簧减振器的张紧轮，以保证传动稳定。

表 11-2　3.0L V6 TSI 发动机数据

发动机代码	CGEA	输出功率（包括电机 34kW）	279 kW（增压模式下）
型号	6 缸 V 形发动机	转矩	420N·m（2500~4850r/min）
排量	2995cm^3	点火顺序	1-4-3-6-2-5
行程	89mm	CO_2 排放	193 g/km
各缸气门数	4	发动机管理系统	博世 MED17.1.6
压缩比	10.5	燃油/废气排放标准	95RON/EU5
输出功率（仅发动机）	7000r/min 时为 245kW	混合气形成	直喷式 FSI（均质）

主水泵由电控真空气动控制阀（与创新热管理系统连接）控制，可在完全供给和零供给之间调节水泵，实现水泵零供给的方法是用带孔的圆筒形板覆盖水道。

因为混合动力车也可以仅靠电力驱动行驶且在超速行驶时内燃机关闭，所以车辆需要配备以下电动辅助零件：

1）电控液压动力转向泵，采用电机（12V）带动液压泵转动。
2）12V 电机带动真空泵用于为制动系统在纯电动状态提供真空源。
3）电动空调压缩机（288V）。
4）两个独立冷却系统的电动冷却水泵（12V）。

二、电机

图 11-4 所示为途锐混合动力汽车动力系统元件组成，图 11-5 所示为途锐混合动力汽车电机和自动离合器安装位置。

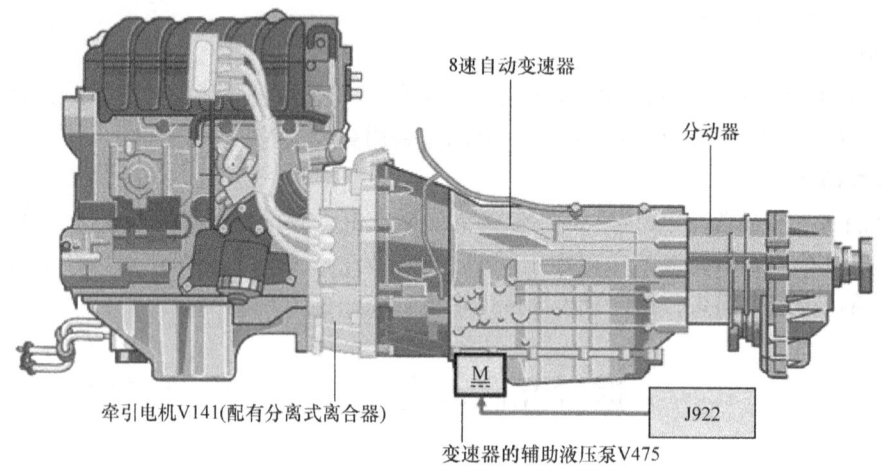

图 11-4　途锐混合动力汽车动力系统元件组成

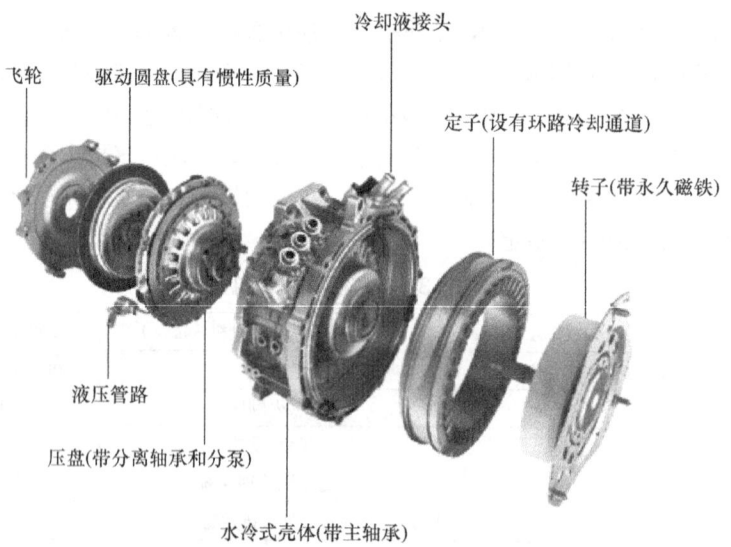

图 11-5　途锐混合动力汽车电机和自动离合器安装位置

1. 车辆驱动方式

1）仅通过牵引电机 V141 驱动。

2) 通过内燃机和电机 V141 混合驱动。

3) 仅通过内燃机驱动。

2. 牵引电机 V141 功能

1) 起动内燃机（未单独配备起动机）。

2) 驱动车辆，加速时为内燃机提供辅助动力。

3) 单独驱动车辆（只能缓慢驱动，无高转矩输出功能）。

4) 给车载电源供电，并为车载电池充电（未单独配备交流发电机）。

5) 在内燃机驱动车辆时，为高压蓄电池充电。

6) 制动和超速时，电机实现能量再生。

在电力牵引模式下，由牵引电机驱动车辆起动，发动机不工作，变速器由辅助液压泵 V475 为变速器齿轮变速机构和变矩器锁止离合器提供油压，以进行变速器换档和锁止离合器锁止。驱动辅助液压泵 V475 的是一个三相交流同步电动机，电动机根据位于右前车轮罩内的辅助液压泵控制单元 J922 进行变频控制。

3. 牵引电机 V141 结构

重量为 45kg 的牵引电机 V141 作为电动机时输出功率为 34kW，作为发电机时输出功率为 31kW。驱动车辆起动时，该电机的最大转矩约为 300N·m，平均效率约为 93%。

电机的三相交流电压通过逆变器 A37 的接头 U、V、W 传输至电机 V141，或在发电机模式下，电机的输出功率通过控制逆变器的输出电压和频率进行控制。电机的每两相线圈在串联的情况下电阻非常小，因此用常规万用表无法检测。牵引电机工作时因定子铁损和铜损产生的热量通过高温冷却回路冷却，冷却回路主要用于定子，冷却液在壳体内围绕定子流动。

位于内燃机和 V141 之间的分离式离合器由发动机管理系统进行电控液压控制，点火开关关闭和发动机工作时，分离式离合器才接合工作。

（1）转子结构

三相永磁同步电机的转速始终与定子产生的旋转磁场的旋转速度一致，转子采用钕铁硼材料的磁铁，可在转子内部产生极小的旋转电阻。精确测量转子的位置和旋转速度是定子旋转磁场和转子二者转速相同的保证，方法是通过三个霍尔传感器（G713、G714 和 G715）进行测量。电机转子转动时扫描传感器后，传感器能够识别转子的位置、方向和转速，以及最低的转速和最终的转差率。

（2）牵引电机结构

图 11-6 所示为途锐混合动力汽车电机的结构。

定子线圈为星形联结，北极和南极的切换偏角为 120° 相位角，与转子位置相关的实际磁零点由牵引电机位置传感器确定，通过牵引电机逆变器

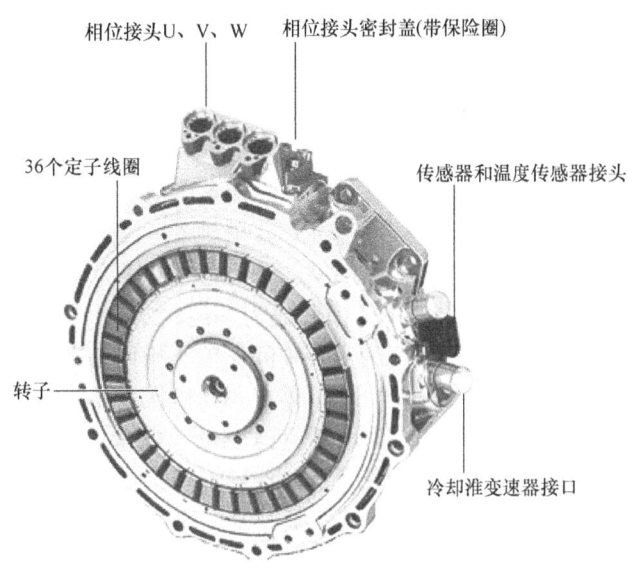

图 11-6 途锐混合动力汽车电机结构

内的控制单元进行调节。同时定子线圈内的电压和电流比也会影响相位角,因此精确调节相位角可减少电涡流和谐波的产生,从而提高电动机/发电机的效率。三个位置传感器插接器位于电机壳体上,逆变器为其提供5V电压。

牵引电机温度传感器G712(20℃时电阻约为11kΩ)测量牵引电机的温度,从而控制冷却水泵的起停。如果电机过热,逆变器则降低功率输出或停止功率输出。

4. 混合动力汽车三相输出电路

图11-7所示为途锐混合动力汽车U、V、W三相输出电路。

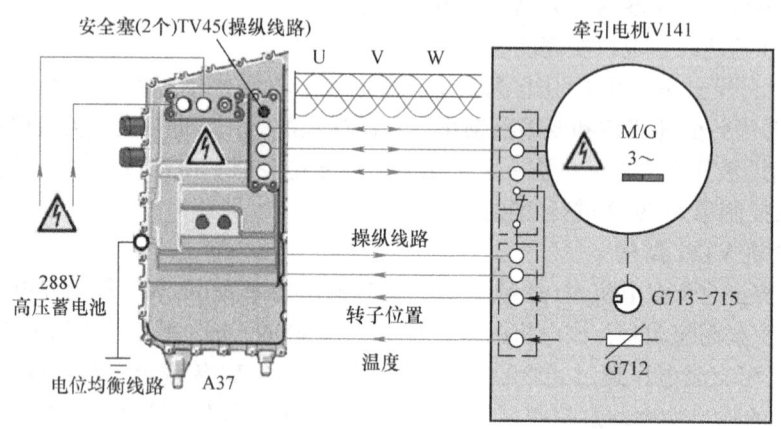

图11-7 途锐混合动力汽车U、V、W三相输出电路

牵引电机V141由混合动力高压蓄电池A38驱动。电位均衡线路(漏电保护电路)是在A38壳体和车身之间设计的漏电保护功能。如果A38内部出现故障或对壳体短路,高压上电电路断开高压电,这样可保证在逆变器A37和车身之间人不会产生危险电压。在进行高压系统工作前,必须首先对电位均衡线路进行测试。

[完成任务]　在老师的指导下完成电位均衡线路测试。

安全线连接在电机逆变器A37的连接壳体和牵引电机V141上。当卸下安全接头或卸下/拆解连接线路或接头时,安全线断开。安全线为串联电路,通过高电压系统的各个模块。理论上,安全线各接头的电阻均为0。

[技师指导]　在电机上设置安全线的方法,丰田普锐斯汽车是否有:_____。

5. 混合动力汽车蓄电池(高压蓄电池)

图11-8所示为混合动力蓄电池箱。蓄电池单体规格如下:1.2V/6.5A·h镍氢蓄电池(NiMH),额定电压为1.2V,最大充电电压为1.6V,容量为6.5A·h,电解液为20%的凝胶状溶液。四个电池单体串联成为一组,240个单元共计60组,每组电池通过蓄电池架内的螺纹母线相互串联。为安装中间保险(检修塞)的需要,混合动力蓄电池又分为两个蓄电池列,每列内含120个电池单体,每列电压为144V,两列蓄电池通过带有熔丝的检修塞串联,提供288V电压。在高压蓄电池充电至电量为75%时,就可以达到约288V的电压,此时,高压蓄电池内储存的能量为1.87kW·h。蓄电池的隔离层用于隔离正、负电极。PTC电阻器用于限制蓄电池电流,从而限制蓄电池单元的最高温度。

蓄电池单元采用密封结构,当电池内部出现过热故障时,安全阀打开,气体和电解液通过安全阀泄漏。电池箱内部除了电池之外,高压蓄电池内部的边缘处(左13-8的左下侧)安装电气箱，电气箱内有用于接通正、负极母线的高压上电继电器。

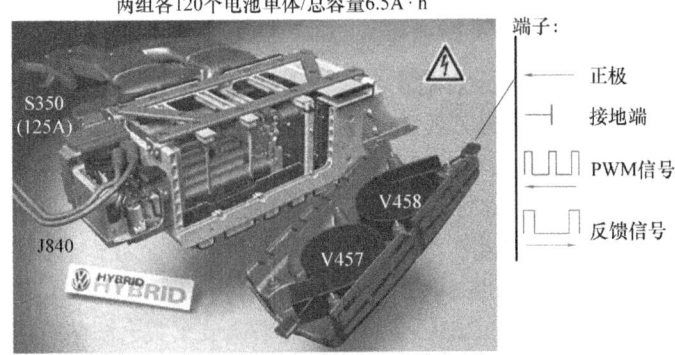

图 11-8 混合动力蓄电池箱

高压蓄电池在充、放电时会产生热量，因此采用风冷方式进行冷却。两个风扇从车内吸入少量空气。热风通过后保险杠处的强制通风系统排出。混合动力汽车的高压蓄电池风扇 V457/V458 由蓄电池调节器控制单元 J840 控制。混合动力汽车的高压蓄电池内设有若干温度传感器，用于检测温度。混合动力汽车的高压蓄电池风扇由风扇起动继电器 J937 控制，风扇供电电压12V，并由 J840 通过 PWM 信号根据需要进行控制，J840 同时会接收有关风扇功能和状态的反馈信号。

[完成任务] 途锐混合动力的电池箱采用什么方式冷却：_____。大众途锐采用什么方式冷却：_____。

当温度在 +10℃ 至 +35℃ 之间时，蓄电池达到最大输出功率 38kW。如果温度低于 +10℃，充放电电流会有效加热蓄电池。受此功能影响，将车辆强劲冷却大约 15min 之后，可启动内燃机的起停功能。

某组蓄电池损坏，更换新的蓄电池组后，这组新电池将无法使用其全部容量，因为余下未换的蓄电池容量一致下降，特别是在接近 10 年的年限时，电池电量下降得更多。为补偿长期使用导致的容量损失，蓄电池管理系统向蓄电池内充入的电量会按多数未换的电池计算。

更新蓄电池调节器控制单元 J840 时，需要在诊断测试仪中输入混合动力汽车的高压蓄电池序列号。

自诊断期间，在 J840 中可检测到下列重要的测量值：
1）混合动力汽车高压蓄电池各部位的温度。
2）冷却风扇电动机的上、下游温度。
3）30 个独立的蓄电池单元组（各组蓄电池架内含有 8 个单体）的充电状态及总充电状态。
4）电压、充放电电流。
5）接触器上、下游的电压差（差值即为电压损耗）。
6）绝缘电阻测量。

绝缘电阻测量方法是在开启点火开关后，每隔一定时间（比如 20s）在 500V 测试电压作用下的电阻。

[完成任务] 途锐混合动力汽车的绝缘电阻测试电压为多少：_____。

第三节　途锐混合动力汽车 12V 电源系统

图 11-9 所示为途锐混合动力汽车 DC/DC 低压充电电路。车载蓄电池和车载电源连接至 A37。A37 中内置 DC/DC 变换器，可将高压蓄电池的 288V 直流电压转换为 12V 直流电压。A37 既能调节输出电压，又能调控车载蓄电池的充电过程。可在诊断仪"传动管理系统"的"读取测量值"中读取流向车载 12V 电源的输出电流值。

12V 蓄电池监测控制单元 J367（不是高压蓄电池的控制单元）可测定车载蓄电池的充电状态、充电电流、放电电流和温度。数据通过 LIN 总线传输至数据总线诊断接口 J533 以及能源管理系统。可将车载蓄电池的充电/放电电流、容量和充电状态作为不同于其他测量值的测量数据块来读取。A37 中的 DC/DC 变换器据此来调节车载电源的电压。

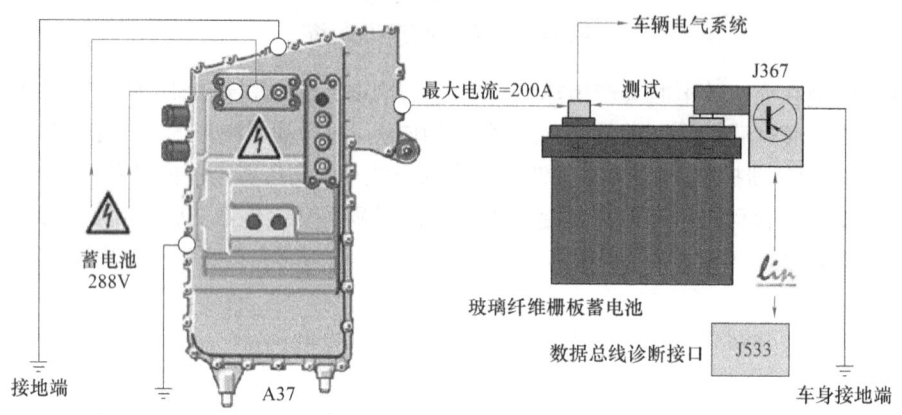

图 11-9　途锐混合动力汽车 DC/DC 低压充电电路

如果车载蓄电池的充电状态允许，在车辆加速时会将该电压调低，而在能量再生过程中将其调高。该方式提高了驱动转矩，同时节省了燃油。

A37 的直流/直流变换器最大额定电流约为 200A，输出电流值可通过测量数据块读取。能够正确读取测量数据块，就无须使用电流探头进行测量。根据车载电源所需的电源或车载蓄电池的充电状态，可能暂时无法仅以电力来驱动车辆。

[完成任务]　传统燃油汽车在急加速时有控制发电机少发电，使发动机功率全部用于驱动的功能，混合动力汽车是否有此功能：_____。

第四节　途锐混合动力汽车电动空调

一、电动压缩机 V470

图 11-10 所示为途锐混合动力汽车空调电路。高压蓄电池电压进入 A37，并经过 A37 内部的一个 30A 熔断器后，将高压电输至电动压缩机 V470。V470 包含 DC/AC 变换器，用于将高压蓄电池来的直流电逆变成三相交流电，以控制电动机。

在电动模式和车辆静止两种情况下，空调系统也能运行。根据电源需求、高压蓄电池的充电状态以及环境空气和车厢的内外温差，可能暂时无法仅以电力来驱动车辆。压缩机输出功率由压缩机逆变器进行变频调节。当车辆静止时,压缩机转速降低,以减小压缩机运行噪声。

用于脱开高压元件而设计的安全线集成在连接压缩机的高压线中,安全线将高压用电器件连成环形,一个元件的脱开被控制单元检测到后,系统将断开高压上电。拔下 A37 或 V470 上的接头将中断安全线的连接,此操作将会中断高压蓄电池的高压继电器对 A37 和 V470 的供电。

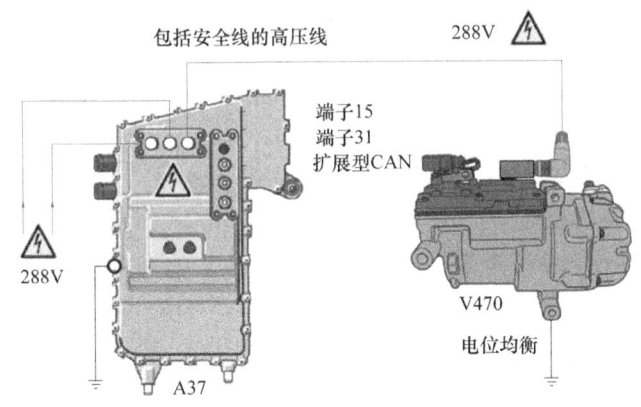

图 11-10　途锐混合动力汽车空调电路

二、电动压缩机 V470 的供电

如图 11-11 所示,在高压蓄电池和 A37 之间省略了高压上电继电器,空调系统电动压缩机 V470 为正、负双线并行连接至高压输入端。A37 内置 30A 熔断器(慢熔)。如果连接压缩机的高压电缆或压缩机内部出现短路,则会烧毁熔断器。如果压缩机无法运行,可通过"读取测量值"测试高压电源。如果未向压缩机供电,可使用 VAS6568/1-2 和 VAS6558/1-3 测量适配器在 A37 内进行正、负极断路检查。只有关闭高压系统后,才能执行该测量。

[完成任务]　在图 11-11 中找到 A37 内置的 30A 熔断器:_____。

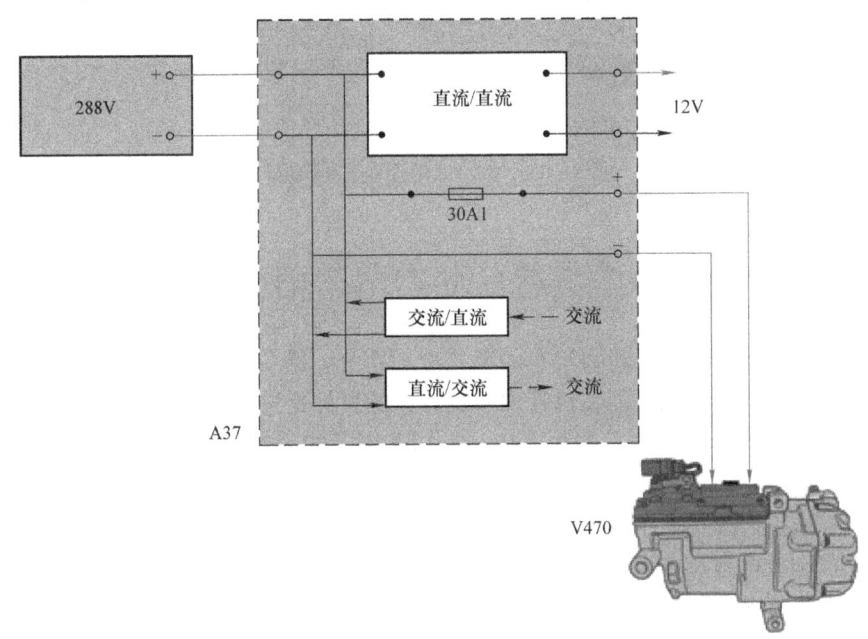

图 11-11　空调压缩机供电电路(省略了高压上电继电器)

如果 30A 熔断器故障，首先要确定熔断器为什么出现故障。当无法单独更换熔断器时，必要时要连同 A37，甚至高压电缆以及 V470 一并更换。电动空调压缩机 V470 分解图如图 11-12 所示。

空调系统电动压缩机 V470 是涡旋式压缩机。进、排气阀（平板阀）在电动机壳体上。电动机和电动机的控制单元（逆变器功能）通过低压气流回路中的残余冷气来降温。根据温度和压力条件，压缩机的功耗可达 7kW。压缩机在售后服务中只能整机更换。

［完成任务］ 电动汽车的电动空调压缩机几乎全部采用什么类型的压缩机：_____。

三、增压空气冷却器

图 11-13 所示为配有水冷式增压空气冷却器的机械式压气机总成（总重 18kg）。机械式压气机采用罗茨压气机。压气机总成中两个转子转速较高，轴承要采用高速轴承，由于压力润滑困难，通常采用封闭式润滑脂轴承。

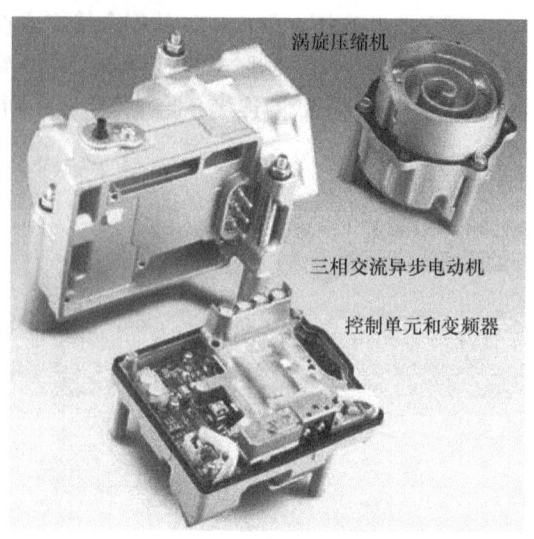

图 11-12 电动空调压缩机

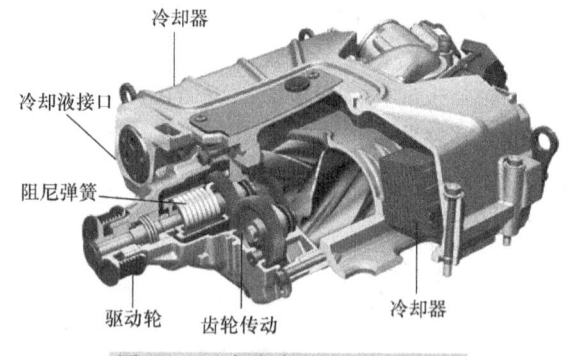

图 11-13 水冷式增压空气冷却器

第五节 途锐混合动力汽车第二冷却系统

图 11-14 所示为途锐混合动力汽车的第二冷却系统。新一代发动机控制单元 MED 17.1.6 带有三个处理器，从而实现了创新热管理系统。它的目标是进一步减少燃油消耗和 CO_2 排放。优化热管理系统会将所有受热元件和连接在冷却系统上的部件（例如发动机和变速器）及组件保持在其工作效率最佳的温度范围内。冷却系统分为低温和高温回路，除了附加的电动冷却液泵外，还配备了按需工作的主冷却液泵，它能够提供满足冷却效率需求的冷却液流量。

充电过程和放电过程中会产生热量，导致蓄电池发热。如果热量不能充分地散发到环境中，可能会导致蓄电池受损，还会增加相关导体的电阻，形成虚接。这会导致电能无法充分转化为机械能，而是变成热量散发掉，因此高压蓄电池有一个单独的电动冷却系统。

蓄电池管理控制单元控制的两个 12V 电动冷却风扇是这个冷却系统的核心组件。两个风扇为高压蓄电池模块的一部分，用来吸入车内的部分空气。在维修和保养资料中，风扇的编号为 V457 和 V458。

工作原理如下：蓄电池管理控制单元通过蓄电池连接端子上的传感器检测到蓄电池的温度过高时，起动两个冷却风扇，空气被吸入进气管道，该管道位于后座椅下方，并通到高压蓄电池。高压蓄电池的各蓄电池组之间存在狭小的间隙，可以让空气流过，风扇可将热空气吹向行李箱两侧。

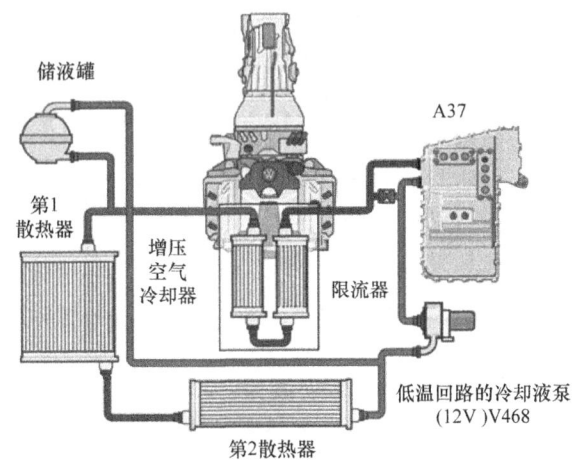

图 11-14 途锐混合动力汽车第二冷却系统

低温冷却回路与高温冷却回路完全分离，并且分别设有膨胀箱。冷却回路的输出率可达 12.5L/min。牵引电机逆变器 A37 中的冷却液最高温度允许达到 65℃。低温回路的冷却液泵 V468 的输出根据 A37 中的进气温度和内燃机增压空气冷却器输出的下游部分的温差而定。第 1 散热器安装在右侧前照灯的后面，第 2 散热器安装在空调系统冷凝器的前面。

第六节 自动离合器和电动真空泵

一、分离式离合器

图 11-15 所示为途锐混合动力汽车的分离式自动离合器。分离式离合器的压差调节器 N511 的电源电压为 12V，与扩展型 CAN 相连。扩展型 CAN 是将电机控制单元、牵引电机逆变器 A37、蓄电池调节器控制单元 J840 和分离式离合器的压差调节器 N511 相互连接在一起的总线系统。变速器控制单元与传动系统 CAN 总线相连，这些系统组件共同构成了欧洲随车自诊断系统（EOBD Ⅱ）。

N511 安装在左前方车轮罩顶部。N511 安装有传感器，用于检测调节器的压力和位置（包括压力缸压力与行程），传感器还可检测液压系统是否出现严重泄漏以及离合器磨损情况。原则上，将分离轴承和工作缸作为标准液压离合器控制装置来安装。

维修更换离合器部件以及更换制动液之后，需要通过诊断仪的引导型故障查询，调校分离式离合器。在操作过程中，先将离合器的接触点分开（20N·m），同时进行调校以进一步实现递增的强制接合（转矩高达60N·m，然后继续提高），从而确保内燃机起动时以及在混合动力系统中能与内燃机平稳接合。只有当混合动力汽车的高压蓄电池的电量（SOC）超过35%时，才能进行该调校操作。如果电量不足，则先短时间内启用内燃机，以便为高压蓄电池充电。

分离式离合器的压差调节器N511连接至制动液储液罐。更换制动液时，需要为该系统重新注油或放气。因此，牵引电机壳体上设有放气阀。同时，还要在引导型故障查询中选择对应的功能。诊断程序将压差调节器移至指定位置，在连接注油装置后，可使制动液从储液罐流向放气阀。最后，需要在引导型故障查询中检查液压系统是否存在泄漏和气锁情况，并且需要再次调校分离式离合器（由于时间限制，仅能目检液压系统的微弱泄漏情况）。更新离合器时，在控制单元中重设调校值（磨损值）。

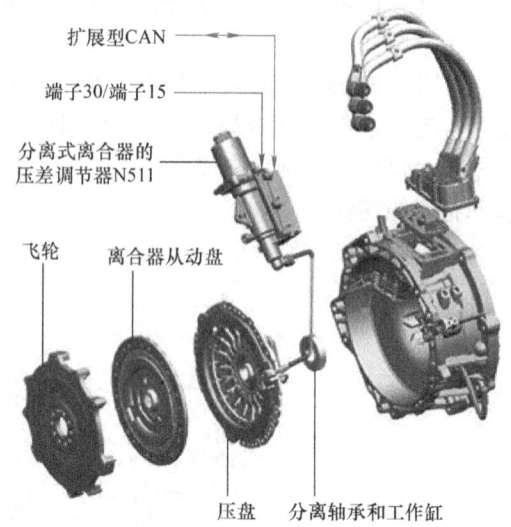

图11-15　途锐混合动力汽车的分离式自动离合器

[**完成任务**]　维修更换离合器部件以及更换制动液之后，需要通过诊断仪的引导型故障查询，调校分离式离合器。

二、电动真空泵

制动助力器的真空供给如图11-16所示。

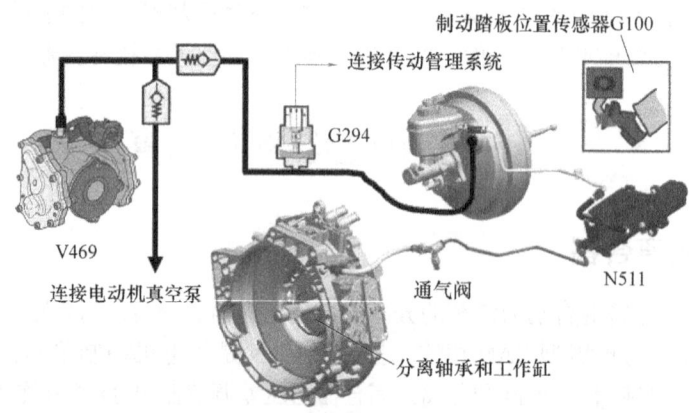

图11-16　途锐混合动力汽车分离式离合器的液压回路/制动助力器的真空供给

压力传感器G294监测制动助力器真空压力，当真空度低时，由12V的电动真空泵或后桥的机械真空泵来排空制动助力器。止回阀将电动真空泵和后桥的机械真空泵分离开。V469由传动管理系统控制，一旦V469的输出功率受限，而车辆仅以纯电动行驶，并且连续多次使用制动器时，将会起动内燃机，以便快速排空制动助力器。

制动踏板位置传感器G100根据踏板位置生成PWM信号，G100能在车轮制动器还未制动工作之前，就检测到驾驶人的制动请求。此时发电机通过高效的能量再生功能实现车辆减速。

第十一章 大众途锐混合动力汽车技术特点

[**完成任务**] 电动真空泵损坏后,汽车是否能以电动工况行驶:_____;在图 11-16 中有几个真空源:_____。

第七节 途锐混合动力汽车电路和修理工具

一、电路图

途锐混合动力电路如图 11-17 和 11-18 所示。

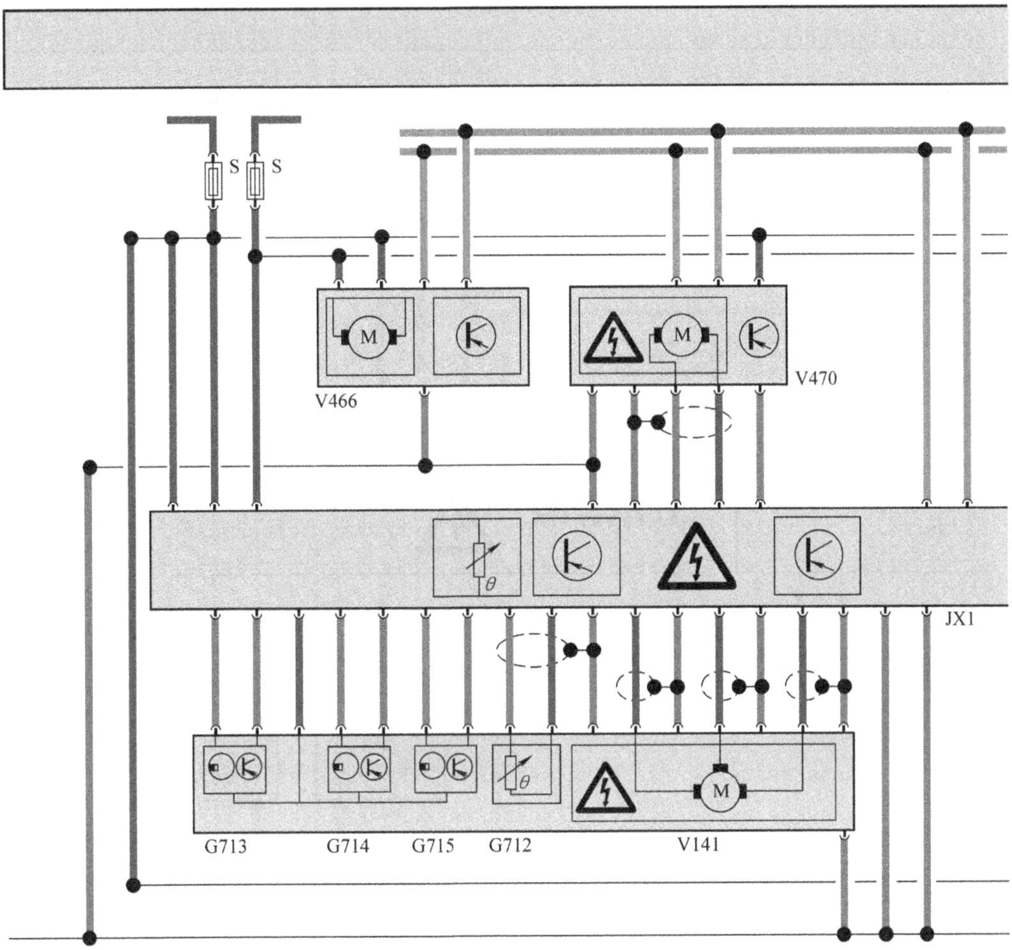

图 11-17 途锐混合动力电路图

G712—驱动电机温度传感器
G713—驱动电机转子位置传感器 1
G714—驱动电机转子位置传感器 2
G715—驱动电机转子位置传感器 3
JX1—用于电力驱动的电力和控制电子装置
S—熔丝
V141—电力驱动电机
V466—电动助力转向泵
V470—空调压缩机

[**完成任务**] 写出元件名称,并在老师的指导下分析电路图 11-17 和图 11-18。
G712:_____;G715:_____;JX1:_____;G713:_____;

188 混合动力汽车构造 原理与检修

V141：_____；G714：_____；V466：_____；V470：_____；
A38：_____；J840：_____；TV44：_____；TW：_____；
V457：_____；V458：_____。

找出高压上电电路：_____。
找出电机供电电路：_____。
找出空调供电电路：_____。
找出电池温度管理电路：_____。

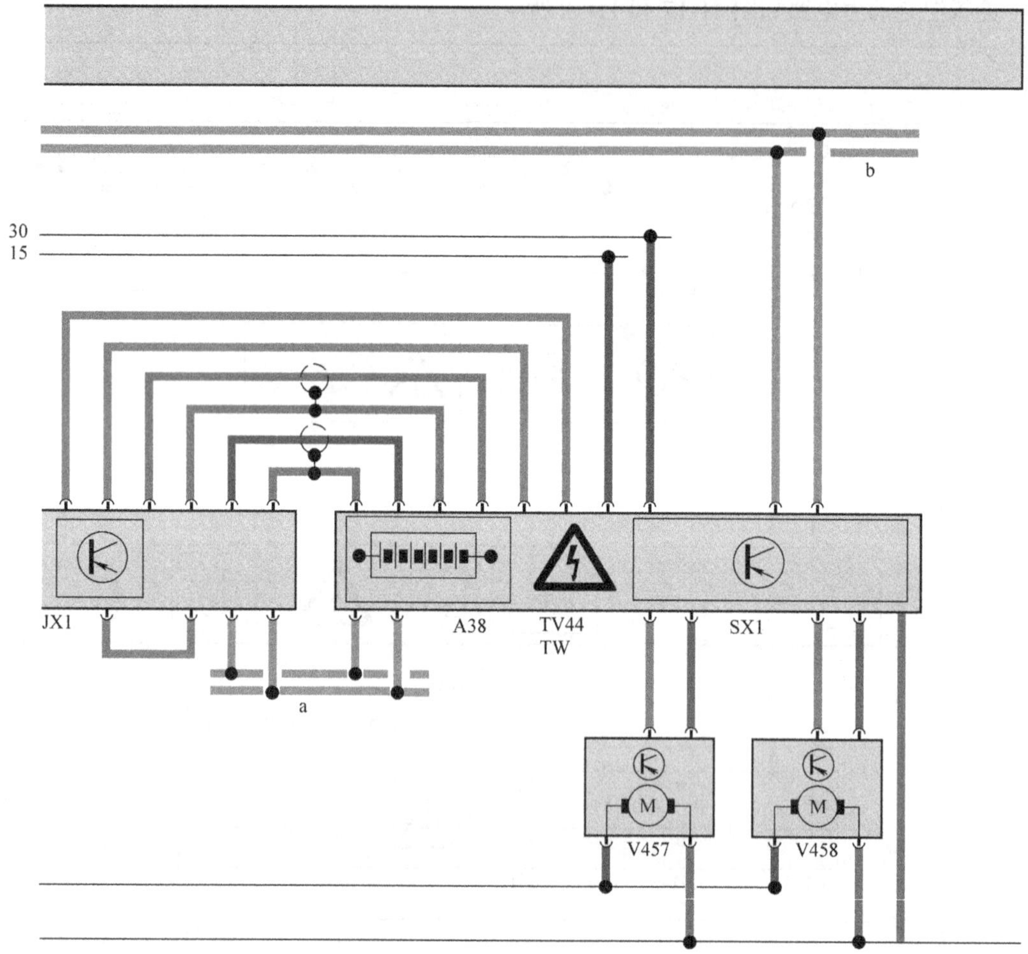

图 11-18　途锐混合动力电路图

A38—高压蓄电池
JX1—用于电力驱动的电力和控制电子装置
SX1—接线盒和配电箱（电气箱）
TV44—安全插头 1
TW—高压系统的维修插头

V457—蓄电池风扇 1
V458—蓄电池风扇 2
a—混合动力 CAN 数据总线
b—驱动系统 CAN 数据总线

二、专用工具（表11-3）

表11-3 途锐混合动力汽车维修专用工具

名称	工具	应用
VAS6558		混合动力测试模块：它可以通过很小的电流产生1000V的测试电压。在测试适配器的辅助下，该模块可以用来测试系统是否断电。它也可以用来测量绝缘电阻 混合动力测试模块可以与VAS5051B、VAS5052A和VAS6150等诊断装置一起使用
VAS6558/1-1 VAS6558/1-2 VAS6558/1-3		VAS6558/1-1：混合动力测试适配器（用于测试断电状态） VAS6558/1-2：混合动力测试适配器（用于测量绝缘电阻） VAS6558/1-3：混合动力测试适配器（用于测量空调压缩机内的绝缘电阻） 适配器是VAS6558/1套件的一部分，可以用来测量绝缘电阻以及测试高压系统的断电状态。所有测试适配器的高压接线都有编码。每条线只能匹配一个专门的插口。插入或拔出高压插头的测试适配器时要小心，否则可能损坏插口，导致触电保护措施失效

复习题

1. 说出大众途锐混合动力车型区别于大众途锐非混合动力车型的部件有哪些？
2. 说出出大众途锐混合动力汽车动力系统的工作过程。
3. 说出大众途锐混合动力系统高压橙色电缆的供电过程。
4. 说出大众途锐混合动力汽车制动真空泵的工作过程。
5. 说出大众途锐混合动力汽车电动空调压缩机的工作过程。
6. 说出大众途锐混合动力汽车电动空调压缩机的工作过程。
7. 对大众途锐混合动力汽车的电路图做出原理说明。
8. 说出大众途锐混合动力汽车的显示和操纵有哪些。
9. 使用大众途锐混合动力汽车专用工具对高压电缆进行测量。

参 考 文 献

[1] 赵振宁，王慧怡．新能源汽车技术［M］．北京：人民交通出版社，2013．
[2] 赵振宁．混合动力汽车构造原理与检修［M］．北京：北京理工大学出版社，2015．

附录 第三代丰田普锐斯电路图（节选）

混合动力系统和换档控制系统

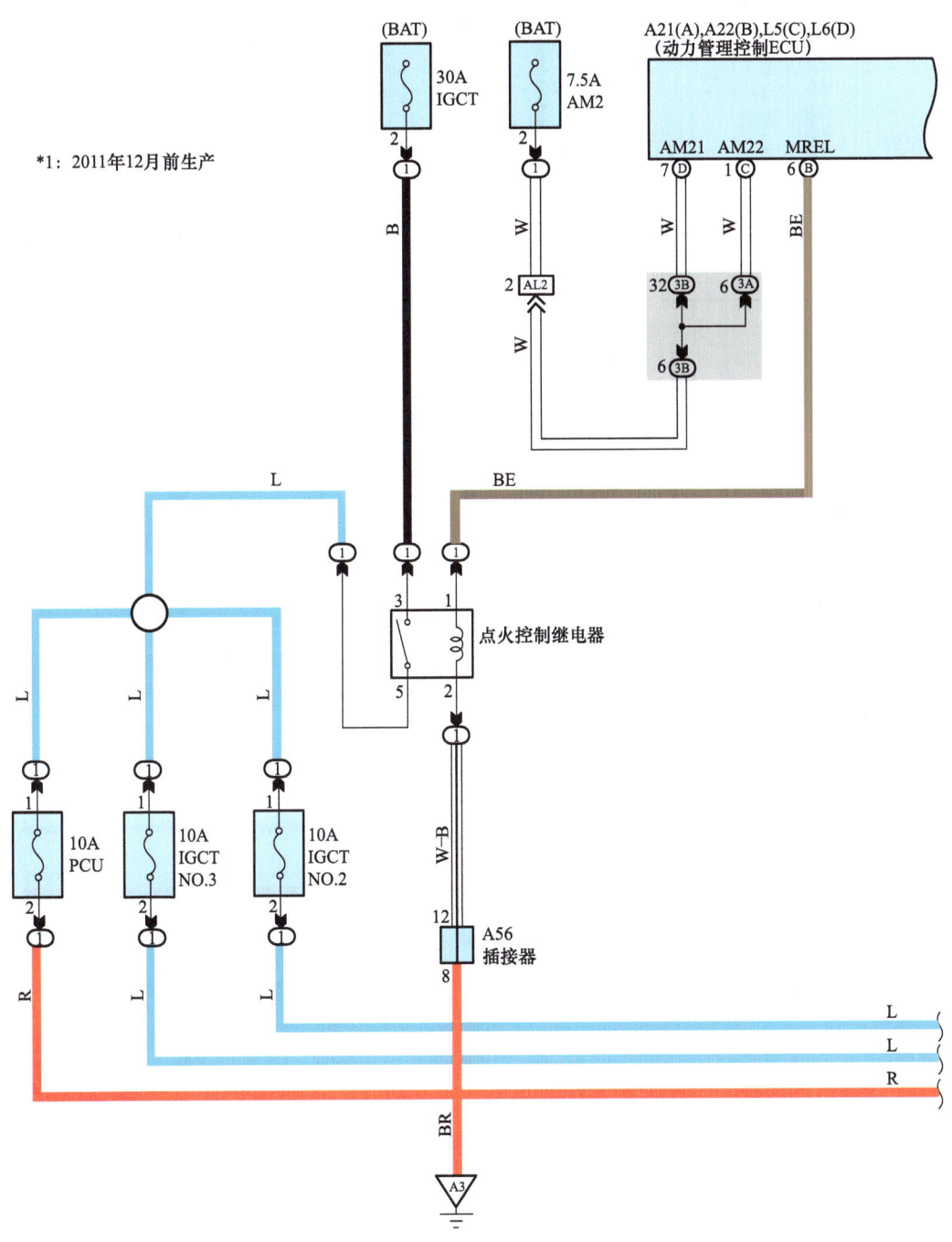

混合动力系统和换档控制系统

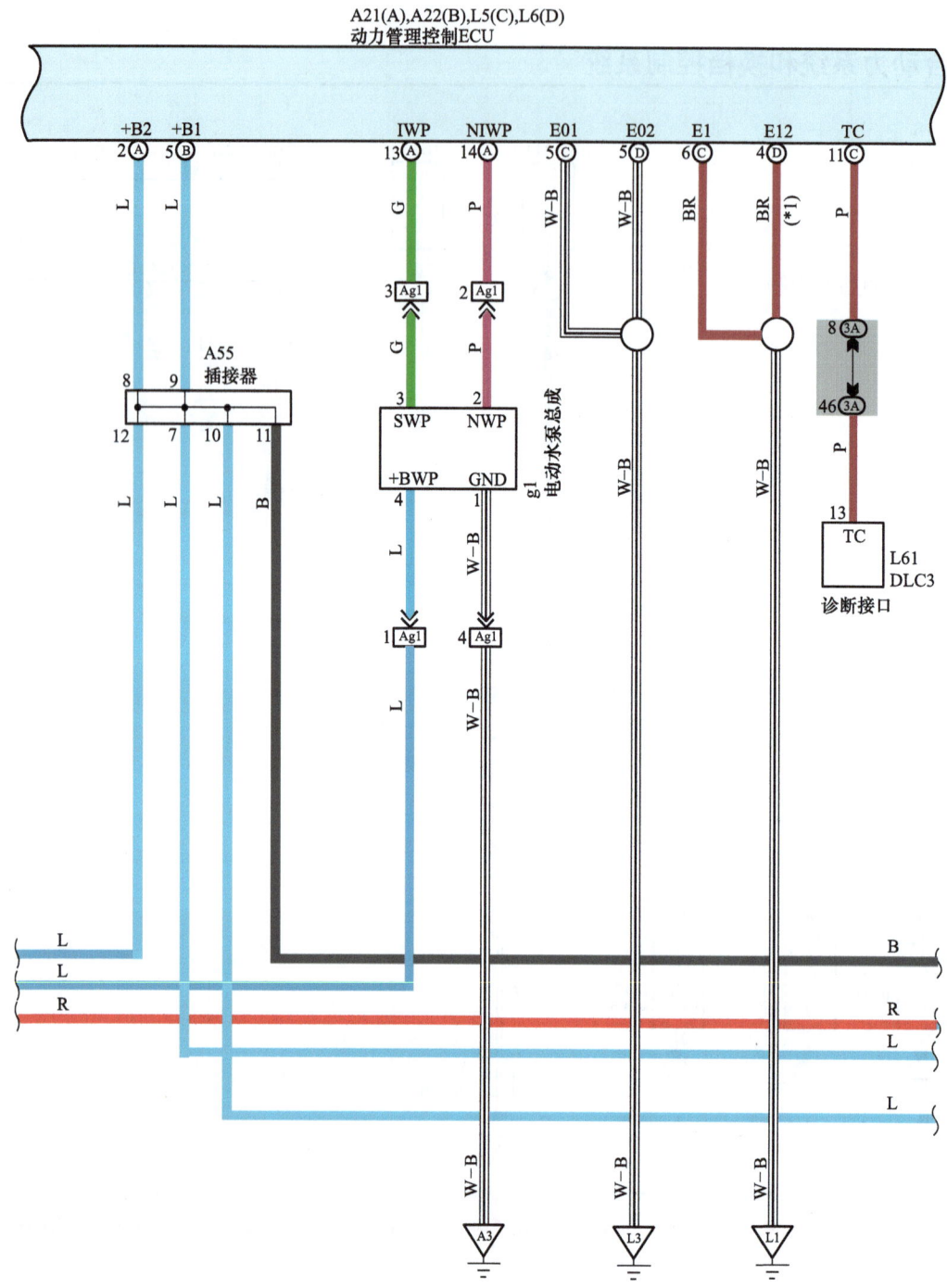

混合动力系统和换档控制系统

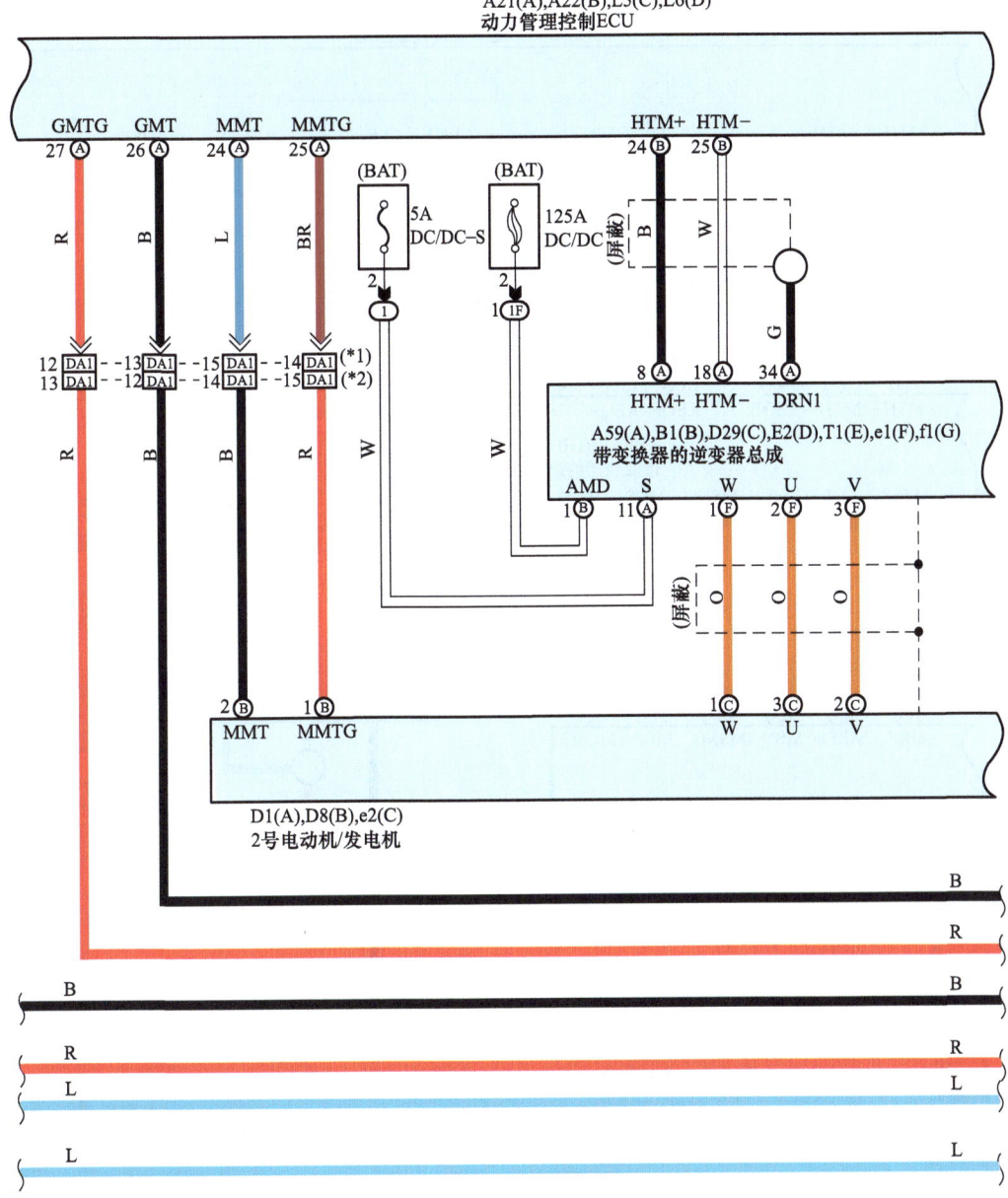

*1：2011年12月前生产
*2：2011年12月后生产

混合动力系统和换档控制系统

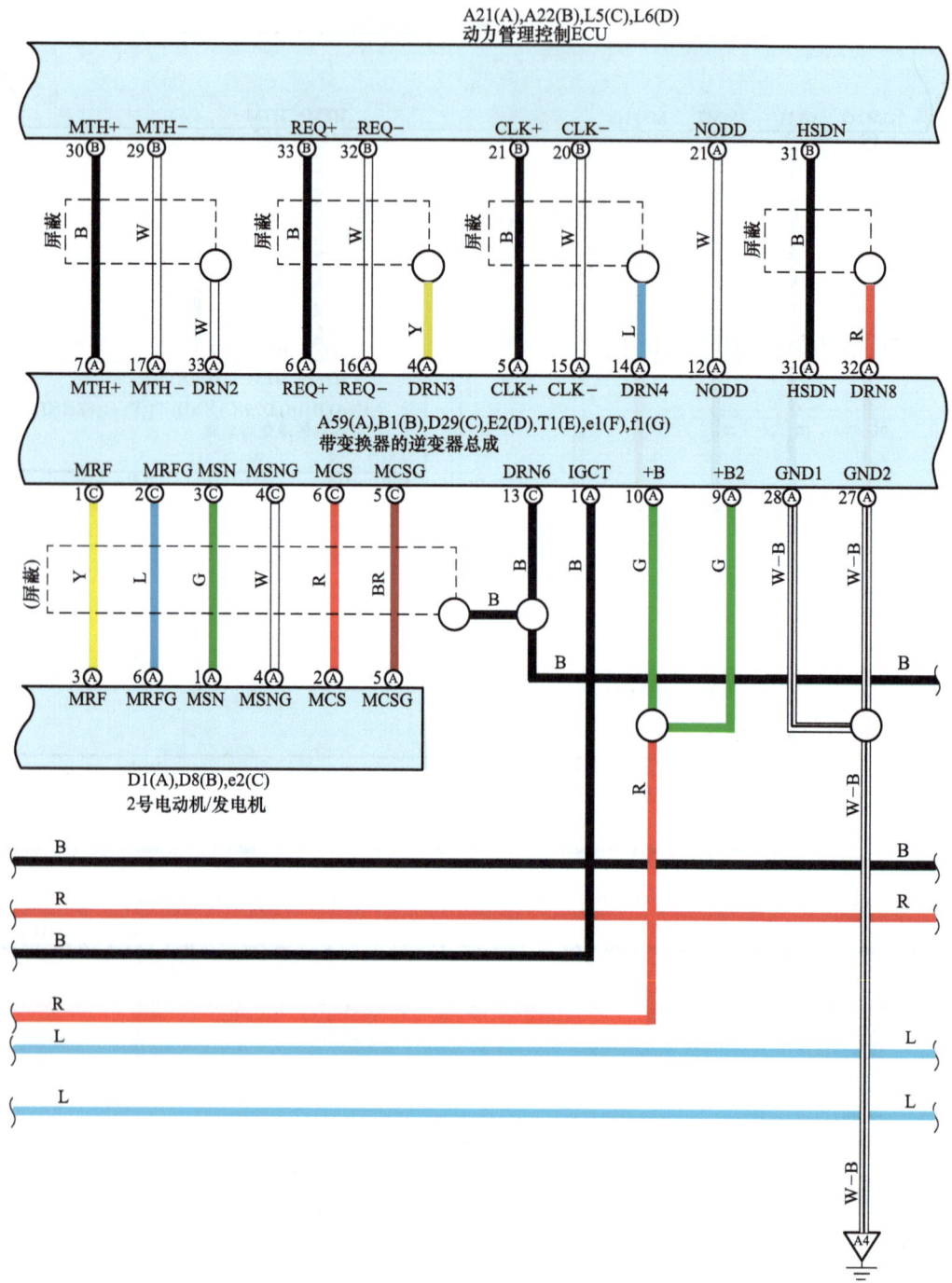

混合动力系统和换档控制系统

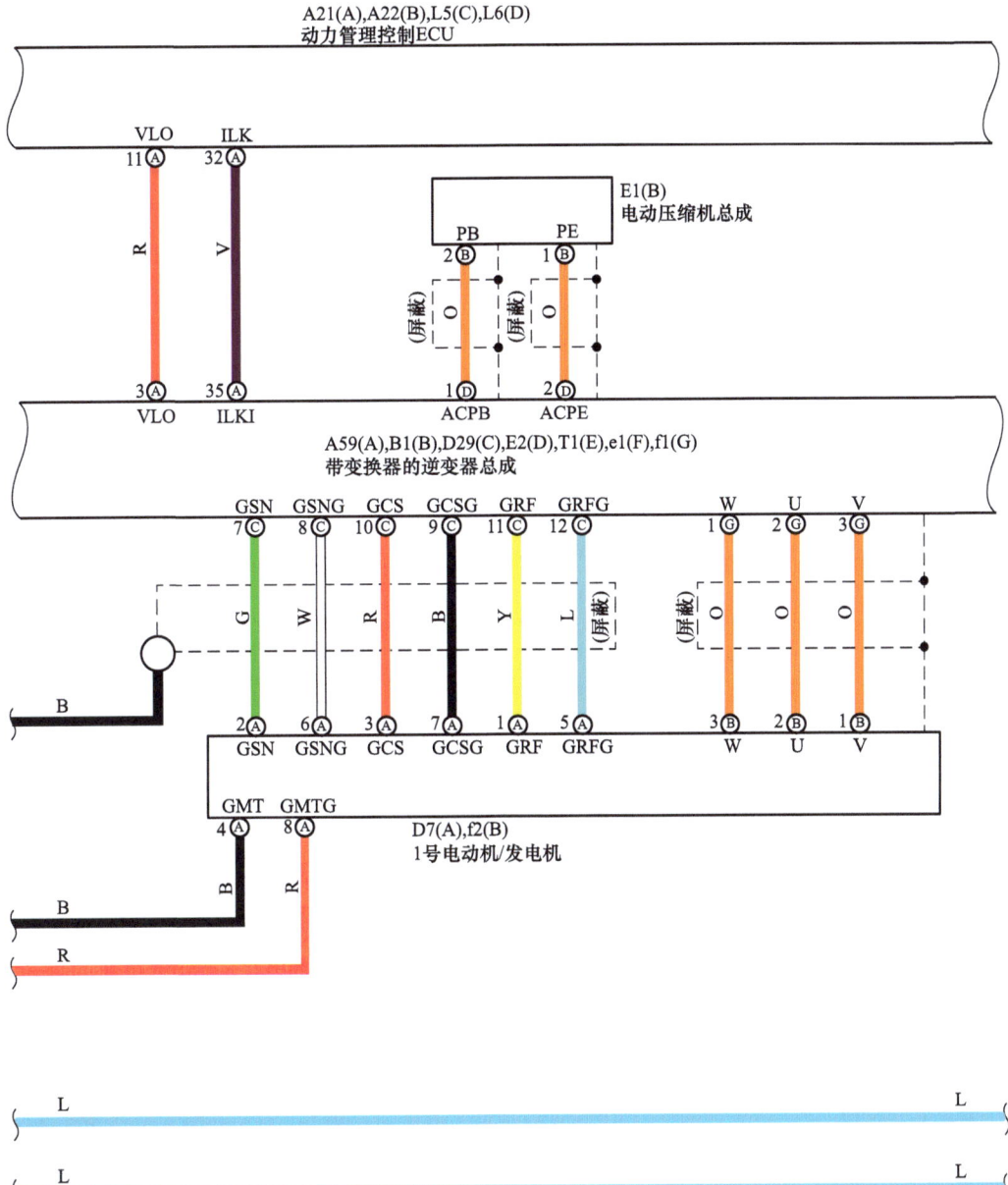

混合动力系统和换档控制系统

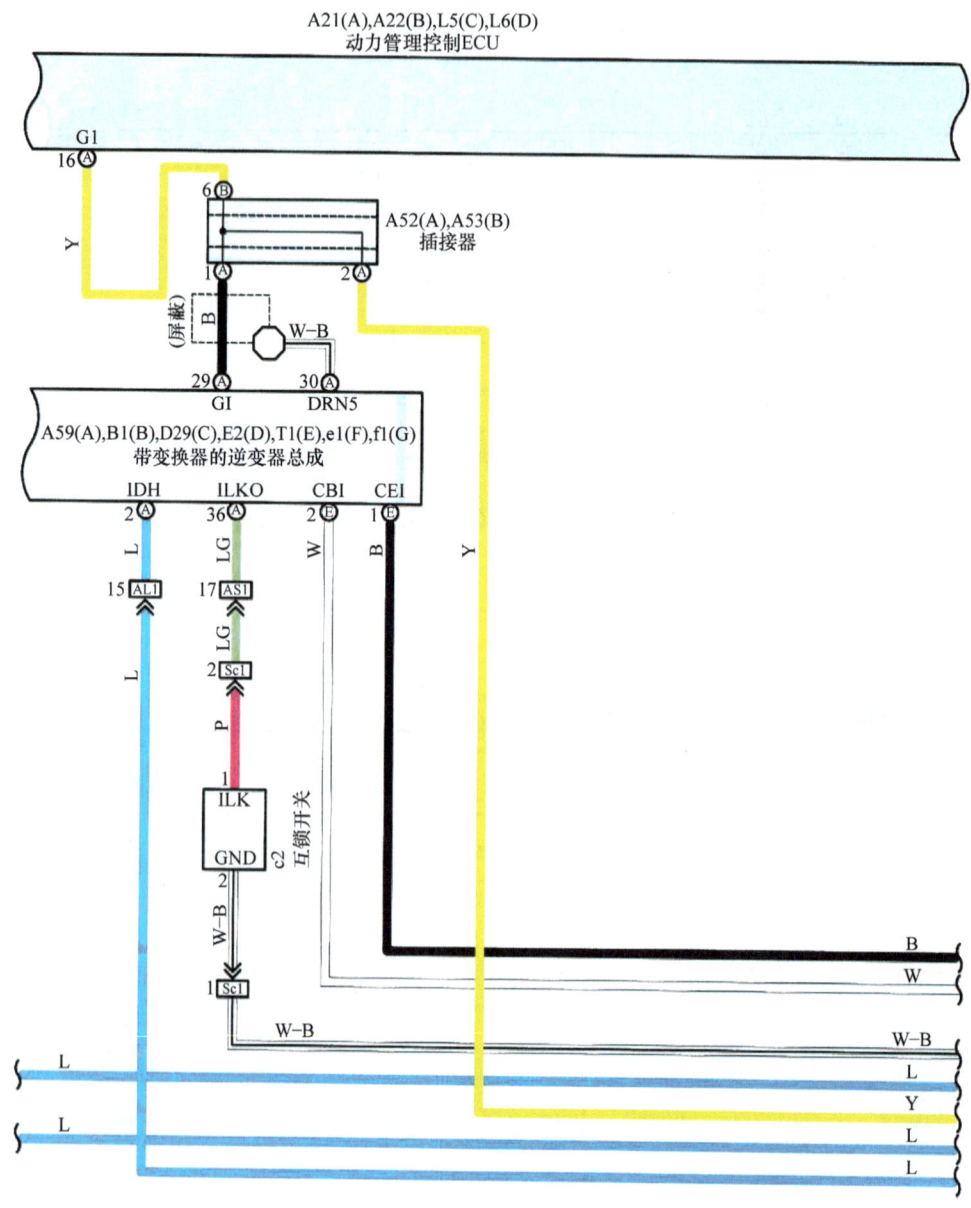

混合动力系统和换档控制系统

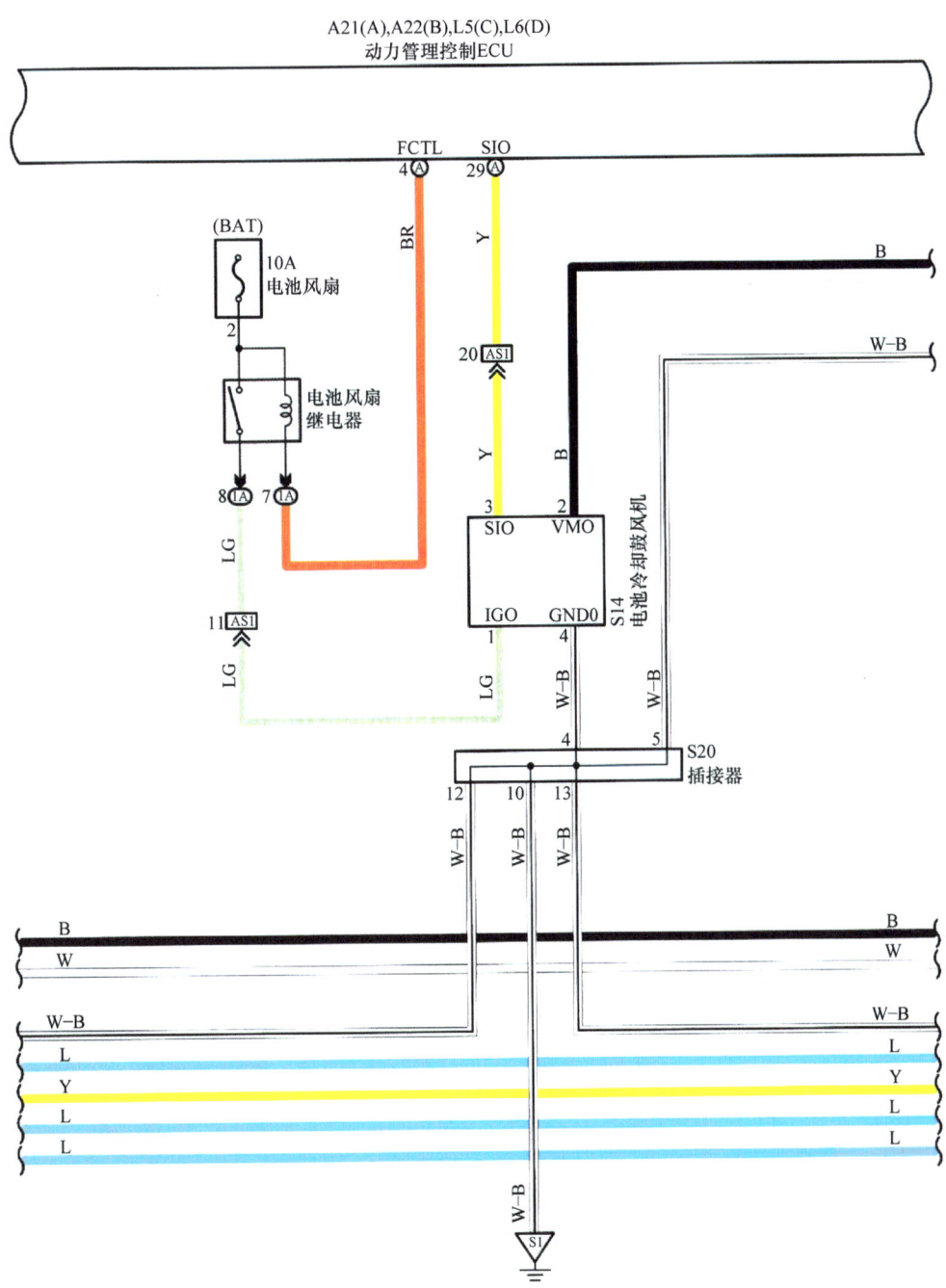

混合动力系统和换档控制系统

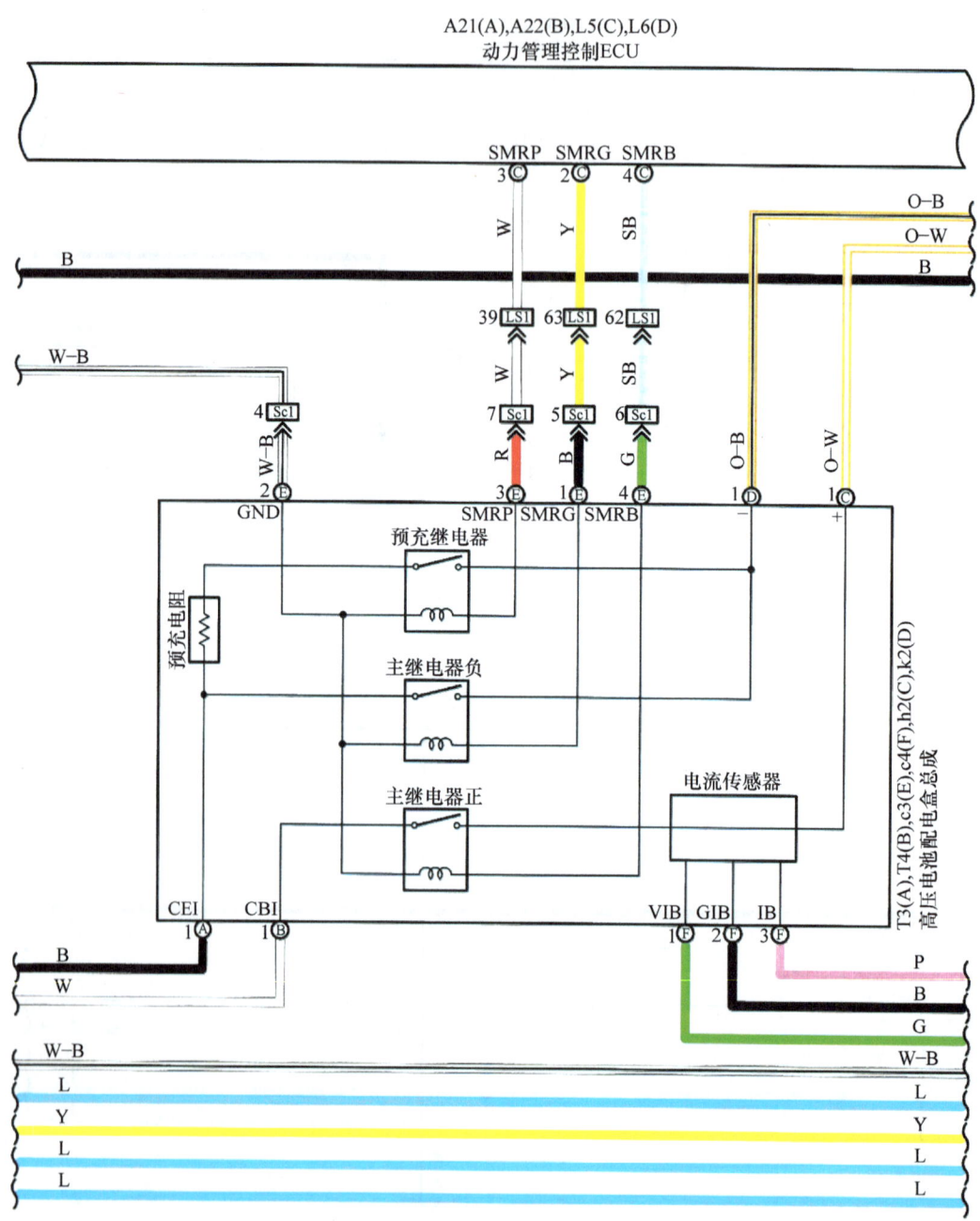

混合动力系统和换档控制系统

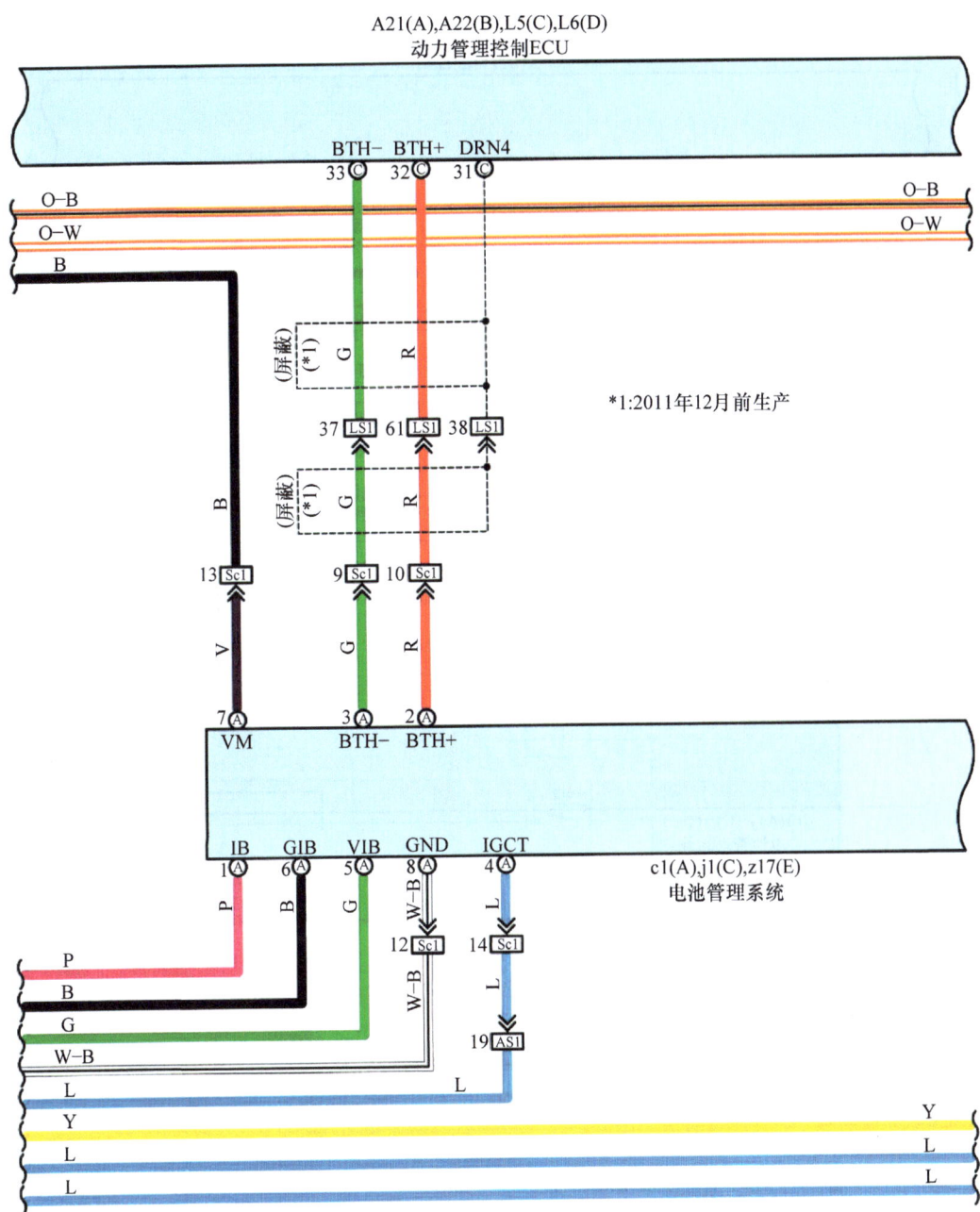

混合动力系统和换档控制系统

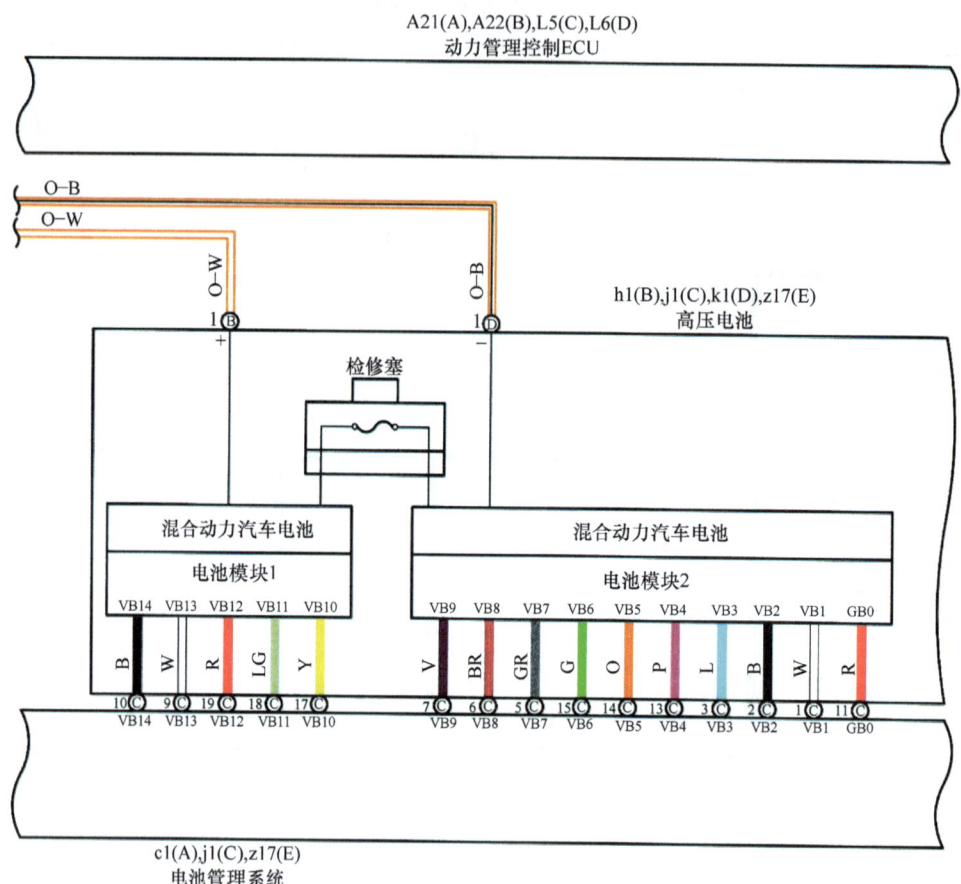

混合动力系统和换档控制系统

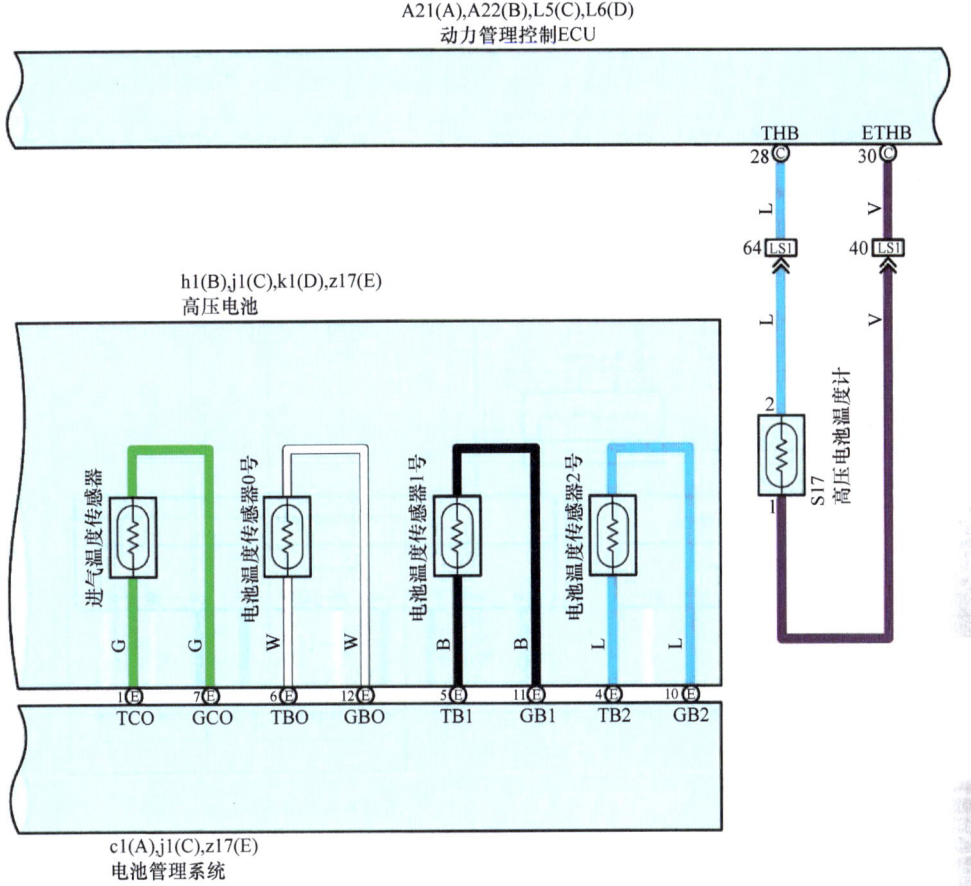

混合动力系统和换档控制系统

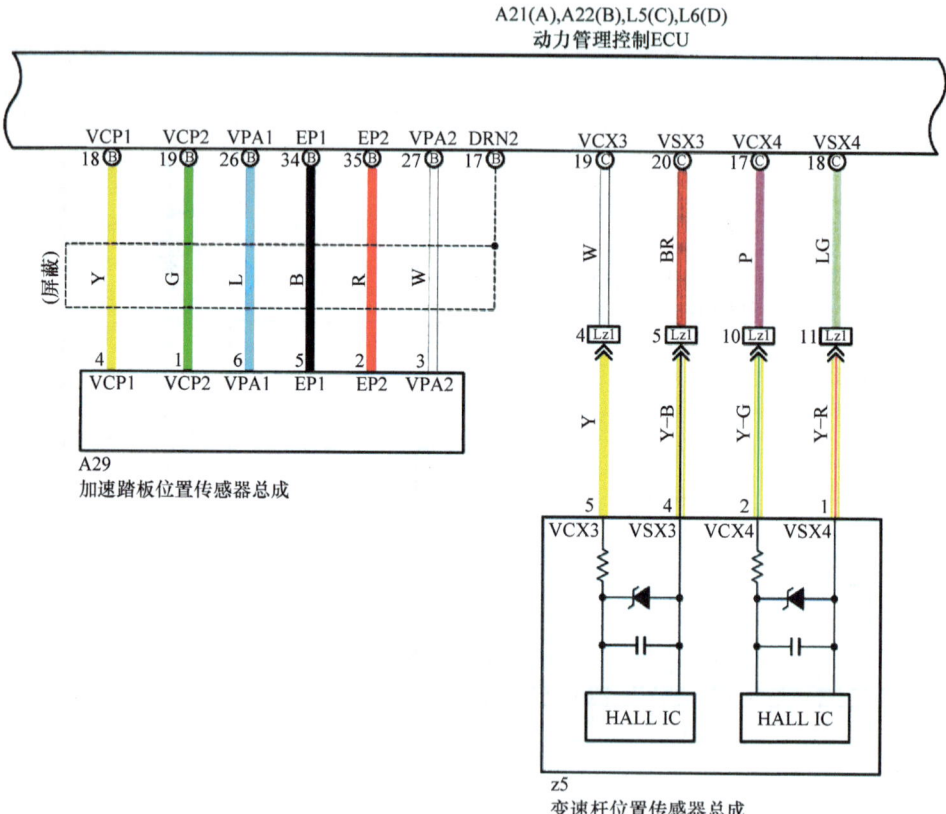